BIBLIOTHÈQUE DU VOYAGEUR

LE GRAND GUIDE DE L'IRLANDE

Traduit de l'anglais et adapté par
Marie-Hélène Hammer, Elisabeth Servan Schreiber,
Bruce Winslow et Jean-Marc Trouillet

GALLIMARD

Aucun guide de voyage n'est parfait. Des erreurs, des coquilles se sont certainement glissées dans celui-ci, malgré toutes nos vérifications. Les informations pratiques, adresses, numéros de téléphone, heures d'ouverture, peuvent avoir été modifiés ; certains établissements cités peuvent avoir disparu. Nous serions très reconnaissants à nos lecteurs de nous faire part de leurs commentaires, de nous suggérer des corrections ou des compléments qui pourront être intégrés dans la prochaine édition.

1er dépôt légal : février 1988
Dépôt légal : septembre 1994
N° d'édition : 67174
ISBN 2-07-071290-7
Imprimé à Singapour

CEUX QUI ONT FAIT CE GUIDE

Hans Hoefer, le fondateur des éditions APA, a chargé **Brian Bell** de diriger la rédaction de ce guide. Il fut convenu dès le départ que l'on couvrirait les deux parties de l'île, divisée depuis 1922, et que l'on aborderait de plein front les conflits politiques qui agitent la société irlandaise, l'une des plus vieilles d'Europe.

Né et élevé en Irlande du Nord, Brian Bell est particulièrement sensible au problème du nationalisme irlandais ; après des études de psychologie à la Queen's University de Belfast, il a entamé une carrière de journaliste au *Belfast Telegraph,* l'un des principaux quotidiens de la ville, et a suivi de très près les événements de 1968, qui divisèrent profondément et durablement l'Irlande. Depuis 1972, il vit en Angleterre et occupe un poste de reporter à l'*Observer Magazine*. L'équipe qu'il a rassemblée comprend des habitants des trois capitales, Dublin, Belfast et Londres.

Pour mieux connaître les auteurs

Liam McAuley, un ancien du *Belfast Telegraph*, travaille actuellement à l'*Irish Times*, à Dublin ; il est l'auteur du chapitre consacré à cette ville, et a contribué également à la description des régions du Centre-Ouest et des Midlands ; le court et humoristique chapitre intitulé « les Archives » est aussi signé de sa plume.

L'*Irish Times*, l'un des meilleurs quotidiens irlandais et une véritable pépinière de talents, nous a procuré de nombreux autres collaborateurs tels que **Seamus Martin**, reporter et éditorialiste, qui a écrit pour ce guide les chapitres consacrés au Sud-Est et... aux pubs ; **Eugene McEldowney**, le nouveau rédacteur en chef du quotidien, à qui l'on doit l'essai sur la musique et la danse ; **Michael Foley**, le responsable de la rubrique « Tourisme », qui nous a proposé d'écrire, avec l'aide de **Niall Fallon**, sur les îles désertes, endroits enchanteurs où l'on peut s'isoler du monde en toutes occasions ; la critique gastronomique **Theodora FitzGibbon**, auteur de trente-quatre livres sur le sujet et de deux récits autobiographiques. Sa vie fut en effet fertile en péripéties : renvoyée à seize ans de son couvent pour avoir joué aux courses, elle a rejoint son père à Calcutta par ses propres moyens ; puis elle a vécu à Paris dans les années 1930 et est devenue l'amie de Picasso, a connu la vie de bohème de Chelsea pendant la Seconde Guerre mondiale, et a suivi son mari, un GI, aux États-Unis à la fin de la guerre.

David Norris, professeur de littérature anglaise au Trinity College de Dublin, a tout naturellement rédigé le chapitre « Les Irlandais et les mots » ; il est connu dans sa ville pour défendre activement le patrimoine culturel du vieux Dublin.

Bell

McAuley

Kelly

Pour décrire la capitale de l'Irlande du Nord, Bell s'adressa à l'un des éditorialistes du *Belfast Telegraph*, **Derek Black** ; contrairement à l'opinion courante qui se plaît à présenter l'Ulster comme une contrée dévastée par la guerre civile, Derek Black a pris le parti de nous brosser le portrait d'une ville belle et où l'on se sent bien chez soi. **Naomi May** nous donne un regard plus « naïf » sur cette région, celui d'une estivante qui vient chaque année passer le mois d'août dans le comté de Down.

Les chapitres de « Culture et environnement », consacrés au sport, au folklore et à la langue gaélique, sont signés par **Breandán O hEithir** : ayant passé toute sa scolarité sur les îles d'Aran, Breandán O hEithir a parcouru son pays de long en large en tant que libraire ambulant, avant de devenir l'un des écrivains et des réalisateurs les plus en vue de son pays. Il est l'auteur d'une histoire du rugby (*Over the Bar*) et d'un roman, *Lead us into Temptation* (*Soumets-nous à la tentation*).

Les Irlandais n'étant pas toujours très objectifs en matière de tourisme, Bell a chargé un Anglais de couvrir les régions très fréquentées du Kerry et du Killarney : en effet, **Peter Kellner**, journaliste politique, connaît bien cette partie de l'Irlande pour s'y rendre chaque année, dans sa famille.

Niall Stokes, l'auteur du chapitre « L'explosion de la jeunesse », est le fondateur et rédacteur en chef du *Hot Press*, un magazine bimensuel de Dublin qui, depuis sa création est considéré comme le journal attitré de la jeunesse ; Niall Stokes est aussi musicien.

Fintan O'Toole, sociologue et critique de théâtre, a rédigé l'essai difficile sur l'évolution du rôle de l'Église catholique en Irlande.

Cette nouvelle édition a été revue par **Mary Morton** qui en a également établi l'index.

Documents et photographies

Une pléiade de photographes, de toutes nationalités, a contribué à l'illustration de ce guide : américains, tel **Joseph Viesti**, allemands, comme **G.P. Reichelt** ; et italiens, avec **Antonio Martinelli**. Il n'est pas surprenant non plus de retrouver des noms connus de photographes de l'*Observer* tels que **Peter Lavery** et **George Wright**. Les paysages de l'Irlande du Nord ont été principalement couverts par **Christopher Hill**, photographe originaire de Belfast. Mais ce guide doit surtout à l'œil sagace et irlandais de **Thomas Kelly**, qui a parcouru tous les continents, à l'exception de l'Australie.

Martin

O'Toole

Black

FitzGibbon

O hEithir

TABLE

TABLE

TABLE

TABLE

CARTES

FIRE STATION
NO
PARKING

FIRE
DEPOT
COMHAIRLE CHONTAE THIOBRAD ARANN (THEAS)

LE CARACTÈRE IRLANDAIS

— A quoi reconnaît-on un Irlandais dans une station de lavage de voiture ?
— C'est celui qui vient à moto.

Les Irlandais tirent un malin plaisir des plaisanteries dont ils font l'objet. Ils impriment même les meilleures sur des serviettes à thé qui se vendent à bon prix dans les boutiques de souvenirs. D'où le malin plaisir: se conformer à une image stéréotypée rapporte de l'argent et, sous le couvert de la naïveté, les Irlandais profitent de la sottise des autres. Ainsi, un guide s'efforcera-t-il de convaincre le touriste le plus sceptique de faire une offrande à la *Blarney Stone*, la « pierre de l'éloquence » mais il s'empressera par la suite, une fois l'obole acquittée, de reconnaître que les pouvoirs attribués à cette pierre ne sont que boniments.

Des milliers de visiteurs succombent régulièrement au charme de l'Irlande. La devise de l'Office du tourisme irlandais, *« Céad Mile Fáilte »* (bienvenue mille fois), reflète parfaitement la gentillesse sans prétention des habitants, dont le souci est de vous faciliter la vie durant votre séjour. L'Irlande demeure un pays à forte tradition rurale: en 1921, aux premiers jours de son indépendance, gagnée au terme de conflits sanglants avec la Grande-Bretagne, la nouvelle République fit connaître ses priorités en frappant sa monnaie à l'effigie, non pas de gouverneurs ou de tyrans, mais de cochons, de poules, de lièvres et de saumons.

La monnaie de la République seulement bien entendu, car il y a deux Irlande: l'une, la république d'Irlande, occupe 26 comtés, c'est le pays de la bière brune et du trèfle vert, des couchers de soleil sur Galway Bay et des statues miraculeuses de la Vierge Marie. L'autre, l'Irlande du Nord, dont les six comtés sont administrés par la Grande-Bretagne, une Irlande dure, qui est la proie d'attentats terroristes, une Irlande désabusée, où l'on peut lire le slogan suivant, sur la façade d'une maison délabrée: *« Y a-t-il une vie avant la mort? »*

Pages précédentes: le Ryan's Bar, à Dublin; palefreniers au haras de Kildangan; écoliers de Rockley College, Fermoy; caserne des pompiers à Fethard, comté de Tipperary; au haras de Mount Cool, comté de Limerick. A gauche, match de football à Croag Park, Dublin; à droite, jeune vendeur de journaux, Belfast.

Paradoxes et optimisme

L'histoire tourmentée de l'Irlande a engendré de nombreux paradoxes, et le visiteur ne tarde pas à s'interroger sur d'inextricables énigmes: comment un catholique de Dublin peut-il détester les Britanniques mais respecter les Anglais, et un protestant

de Belfast dénigrer les Anglais en vouant une fidélité éternelle aux Britanniques ?

Les habitants des deux Irlande, dont le nombre atteint tout juste cinq millions, entretiennent des rapports si conflictuels qu'ils sont même incapables de s'accorder sur la longueur de la frontière qui les sépare: 488 km selon les autorités du Nord, 448 km selon les forces de défense du Sud.

Personne ne songe toutefois à s'inquiéter d'une telle divergence. L'écrivain allemand Heinrich Böll a relevé les deux expressions les plus caractéristiques du parler irlandais: *« Ça pourrait être pire »* et *« Il n'y a pas de quoi s'inquiéter »*. Ainsi dans un monde où la tendance est à l'inquiétude, l'Irlande affiche un optimisme déconcertant.

Les Irlandais proclament leur philosophie sur les fameuses serviettes à thé vendues aux touristes: *« Il n'y a que deux raisons de s'inquiéter: être malade, ou être bien portant. Si vous êtes bien portant, vous n'avez aucune raison de vous inquiéter. Mais si vous êtes malade, vous avez deux raisons de vous inquiéter: vous allez guérir, ou vous allez mourir. Si vous guérissez, vous n'avez aucune raison de vous inquiéter. Si vous mourez, vous avez deux raisons de vous inquiéter: vous irez au paradis, ou vous irez en enfer. Si vous allez au paradis, vous n'avez aucune raison de vous inquiéter. Et si vous allez en enfer, vous serez tellement occupé à serrer les mains de tous les amis que vous y retrouverez que vous n'aurez pas le temps de vous inquiéter. Pourquoi s'inquiéter ? »*

La tristesse du clown

Le caractère irlandais est complexe. On décèle en lui cette combinaison de fierté sourcilleuse et de complexe d'infériorité que ressent tout peuple spolié et persécuté après avoir connu une ère glorieuse.

Un stéréotype de l'Irlandais, personnage grotesque, ivrogne et querelleur, a été installé par le ciména hollywoodien; et les Irlandais n'ont rien fait pour dissiper cette image, souvent même ils l'ont exagérée. Leur caractère a une dimension indéniablement théâtrale. Ils sont insouciants, enclins à la dérision et férus de *codology*, l'équivalent irlandais de la plaisanterie britannique, le *leg-pulling*. La verdeur de leur langage se teinte souvent d'un humour corrosif, plus noir encore que l'humour juif, celui de l'écrivain Jonathan Swift proposant, pour enrayer une trop forte natalité, de manger les enfants rôtis et bouillis.

Mais ils ont également une tendance à la mélancolie, ce que George Bernard Shaw a bien rendu dans *L'Autre île de John Bull*. *« Votre esprit ne peut s'aguerrir dans cette atmosphère douce et morte, sur ces routes blanches et sinueuses, dans ces marais brumeux et ces tourbières sombres, sur ces collines de granit semées de bruyères violacées. Vous n'avez pas de semblables couleurs dans vos ciels, pas de semblables mirages sur vos horizons, pas de semblable tristesse dans vos crépuscules. Oh, la rêverie ! La rêverie ! La torturante, la déchirante, la frustrante rêverie... »* Ce trait de caractère peut être ressenti dans les pubs, à l'heure où l'éclat de la conversation laisse soudain place à la mélancolie générale. G.K. Chesterton a évoqué cette ambivalence dans son poème *Ballad of the White Horse* (la *Ballade du cheval blanc*) :

Les grands Gaëls d'Irlande
Sont les hommes que Dieu a créés fous,
Toutes leurs guerres sont joyeuses,
Et tous leurs chants sont tristes.

Quant à Sören Kierkegaard, philosophe du XIXe siècle d'origine danoise, il déclara qu'il se sentait l'âme d'un Irlandais : *« Les Irlandais n'ont pas le cœur de baptiser complètement leurs enfants ; ils tiennent à leur conserver un brin de paganisme. Bien qu'on doive immerger totalement l'enfant, ils laissent dépasser de l'eau son bras droit pour que, dans l'au-delà, il puisse se saisir d'une épée et prendre une fille dans ses bras. »*

Les Irlandais considèrent en général leur pays avec moins de fantaisie. Le poète Louis MacNeice, par exemple, voit son pays comme une nation *« bâtie sur de la violence et de sombres vendettas »*. La situation dans le nord de l'île, cet état de conflit permanent qui perdure depuis 1969, ont certainement contribué à assombrir leur esprit.

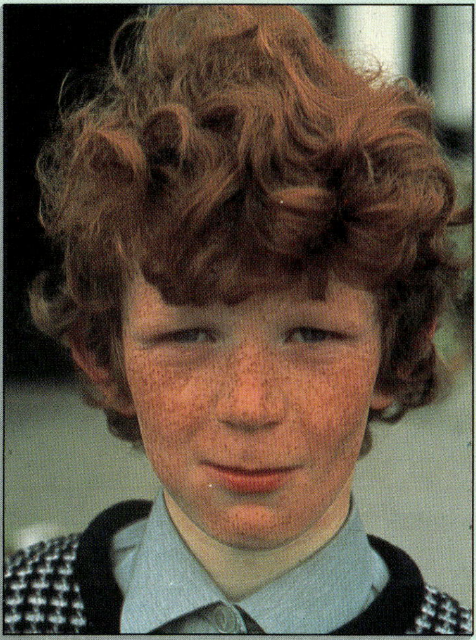

À gauche, jeunes filles aux couleurs de la verte Érin ; ci-dessus, la moitié de la population irlandaise, âgée de moins de 25 ans, témoigne un profond respect pour ses aînés.

Une solitude hostile

La situation géographique de l'île est sans doute en partie responsable de cette mélancolie. *« A l'exception peut-être de Malte et de l'Islande*, a écrit le directeur de théâtre Micheál MacLiammóir, *aucune île d'Europe ne se trouve dans une solitude aussi désolée et aussi hostile que l'Irlande, qui n'a comme voisin de droite que son conquérant, et rien à gauche que le vaste Océan, pas la moindre trace de terre ferme avant l'Amérique. »*

« Cette misérable petite motte de terre, comme l'a nommée Shaw, *détachée d'une motte de terre plus grosse, elle-même détachée de l'extrémité ouest de l'Europe »*, a connu une histoire mouvementée et inachevée, si l'on en juge par la partition de l'île. Les troubles qui ravagent l'Irlande du Nord ont d'abord été ressentis par le reste du monde comme un étrange conflit religieux, une inexplicable régression vers le temps de la Réforme. En réalité, le conflit a à voir surtout avec le nationalisme. Les prédicateurs fondamentalistes ont beau débattre, du haut de leurs chaires, de la théorie de la transsubstantiation, le problème n'en demeure pas moins celui de loyautés séculaires opposées entre un million de protestants qui entendent

rester britanniques, et un demi-million de catholiques qui se sentent liés à la République. Les deux communautés se rendent compte que leur identité nationale est menacée, dans un univers où les emplois et les logements salubres sont rares.

Ces divisions engendrent plus d'un caractère irlandais. On attribue en général aux protestants du Nord un plus grand sérieux qu'aux catholiques du Nord, qui sont à leur tour considérés comme moins ouverts, moins impulsifs que les catholiques du Sud. Les Irlandais eux-mêmes font des distinctions encore plus subtiles, et sont inégalables dans l'importance qu'ils accordent aux lieux. Deux Irlandais se rencontrant pour la première fois essayeront de tout savoir sur les origines de l'autre, du nom de sa rue à ses liens de parenté. Après tout, l'Irlande est un petit pays.

Un rythme de vie immuable

Dans son roman *Mother Ireland*, Edna O'Brien a décrit l'esprit de clocher et l'oppressante monotonie qui l'ont conduite à s'installer à Londres: *« Heure après heure, en songeant à l'Irlande, je peux vous raconter sans guère me tromper ce qui se passe, de jour comme de nuit, dans toutes les petites villes. Je peux presque vous dire ce que mes amis sont en train de faire, tellement le rythme de la vie y est immuable. »*

Pourtant, ce rythme est cher à ceux qui le vivent. Le touriste y retrouve un temps perdu, celui de s'attarder, de regarder, de vivre; un climat psychologique qui fait qu'une course de chevaux suscite plus d'admiration qu'une Rolls-Royce; et une patience jamais résignée, faite de courage et de foi. En Irlande, il ne faut pas s'étonner de cette réponse d'un chef de gare à un voyageur mécontent du retard de son train: *« Vous devez avoir bien mauvais cœur. Pourquoi n'êtes-vous pas allé offrir un verre à vos amis, au lieu de m'importuner? »*

Cette attitude face à la vie, ce rythme immuable, ont été exprimés avec force par le romancier J.P. Donleavy dans *L'Homme de gingembre*: *« Après ma mort, je veux me décomposer dans un tonneau de bière brune qui sera distribuée dans tous les pubs de Dublin. Je me demande s'ils s'apercevront de quelque chose. »*

Un après-midi aux courses, à Dublin.

Miliaria Ibernica Commumia
Oceanus Vergivius
Oceanus
Meridies
Mare
Galway
Lymerik
Ormond

IRLANDIÆ
REGNUM.
Septentrio
SCOTIÆ
Dubritan firth
WEST BREANNY
EAST BREANNY
ANNAVE
OWEN ENIS
The Grange
Route
GLAN
The Mal of Galloway
PARS

ymno dicto
exierunt
in montem oliueti

LES ENVAHISSEURS DE L'IRLANDE

On dit de l'Irlande qu'elle n'a pas d'histoire ancienne : toute son histoire est contemporaine et les mythes du passé façonnent la pensée moderne de manière surprenante. L'historien Thomas Babington Macaulay a écrit au XIXe siècle que s'intéresser à l'Irlande revient à marcher *« sur la fine pellicule de cendres qui recouvre la lave bouillonnante »*.

Au cours d'un dîner ou dans un pub, hasardez quelques mots au sujet du passé mouvementé du pays, et écoutez : vous aurez déclenché une discussion ardente et passionnée, tournant autour d'exploits héroïques et de haines, de revendications et de refus, d'assassinats et de martyrs, de dates décisives et de faits contestés auxquels seront mêlés une foule de personnages allant de Brian Ború à Oliver Cromwell, de Guillaume d'Orange à O'Connell le libérateur, et de Henri VIII à Margaret Thatcher. Les Irlandais n'ont pas leur pareil pour interpréter la politique du moment à la lumière d'événements qui ont eu lieu dix siècles plus tôt.

L'origine d'un tel manque de perspective historique est à rechercher dans l'extraordinaire histoire d'amour et de haine entre l'Irlande et sa puissante voisine l'Angleterre. L'histoire de l'Irlande est tout entière dans sa résistance face à l'Angleterre. Dans ce mariage imposé par la géographie, le partenaire le plus fort a parfois délibérément maltraité l'autre et, le plus souvent, l'a purement et simplement oublié. Or, tout en haïssant les Anglais pour leur arrogance et leur négligence, les Irlandais admiraient leur caractère et leurs actions. Et, pendant une période étonnamment longue, ils ne souhaitèrent guère voir le mariage totalement dissous. C'est une tragédie à l'échelle nationale que l'on a grand-peine à s'empêcher de réécrire avec des *« si »*, et pour laquelle les Anglais se sont depuis longtemps résignés à jouer le mauvais rôle. Au siècle dernier, William Ewart Gladstone, le Premier ministre réformateur d'Angleterre, s'est adressé à son Parlement en ces termes : *« Allez sillonner le monde, dévaliser la littérature de tous les pays, et je vous défends de trouver un seul auteur, un seul ouvrage... qui ne condamne pas avec la plus profonde amertume la conduite de l'Angleterre. »*

Pages précédentes, l'Irlande en 1606 selon un atlas d'Amsterdam, le Mercador-Hondius. A gauche, la mort du Christ, enluminure extraite du Book of Kells*; à droite, broche dite « de Tara », datant du VIIIe siècle.*

L'Irlande gaèle

Pour essayer de démêler le problème anglo-irlandais, il faut remonter au Ier siècle avant J.-C., époque à laquelle les Gaëls, de

fougueux guerriers celtes originaires d'Europe occidentale (surtout de France et d'Espagne), sont arrivés sur cette île pluvieuse et sauvage. Avec cette vague d'immigration, l'Irlande entra dans l'âge du fer. Les Gaëls apportaient une organisation tribale et les germes d'une civilisation; ils n'eurent aucun mal à maîtriser les indigènes de l'île, une peuplade primitive et mystérieuse appelée *Firbolg*.

Sur les premiers occupants de l'Irlande, les historiens n'ont que peu d'indices et doivent souvent s'accommoder des vieilles légendes celtes. Certaines croyances païennes ont d'ailleurs survécu : des puits sacrés et des troncs d'arbres habités par les fées sont toujours révérés. Les découvertes archéologiques ont apporté des témoignages plus concrets : les tribus néolithiques dressaient des dolmens, édifiaient des sanctuaires et chambres funéraires mégalithiques dont les vestiges les plus caractéristiques sont dans la vallée de la Boyne, près de Dublin ; le dolmen à couloir de Newgrange est vieux de 5000 ans. De l'âge du bronze, époque à laquelle l'Irlande était l'un des plus gros producteurs de métal du monde, il subsiste de merveilleuses épées en forme de feuilles et des bijoux en or.

L'Irande ne subira pas l'influence de la Rome conquérante : les légions romaines, préoccupées par la défense du sud de la Bretagne insulaire (l'Angleterre romaine) contre les invasions des Pictes et des Scots, renoncèrent à étendre leur empire aux territoire gaëls. Les retombées de cette décision sont considérables : si Jules César était allé plus avant vers l'ouest, les Irlandais ne se différencieraient pas aussi nettement de leurs voisins les Anglais.

L'apostolat de saint Patrick

Les divergences entre les deux cultures s'accentuèrent à la chute de l'Empire romain. L'Europe sombrait dans le haut Moyen Age, tandis que l'Irlande entrait dans un âge d'or et devenait un pôle intellectuel et religieux isolé, une « Île des saints et des docteurs ».

Le christianisme fut introduit dans l'île par le missionnaire saint Patrick, et se superposa aux mythes païens, sans toutefois les détruire. Saint Patrick, natif de la Grande-Bretagne romaine, fut capturé dans sa jeunesse et garda des troupeaux de moutons en Irlande pendant six ans. Puis il s'évada et reçut une instruction ecclésiastique en Gaule. Devenu évêque, il retourna en Irlande en 432 pour évangéliser le pays. Sur cette terre dont il allait devenir le saint patron, il trouva un peuple fort

paisible, en dépit des querelles inévitables que se livraient les quelque 150 roitelets (sur une population de 500000 habitants) pour le titre de « roi suprême » (*Ard-Ri*). Dans cette société très aristocratique, la conversion des grands entraînait celle du clan tout entier ; saint Patrick s'assura donc en priorité leur évangélisation, et l'Irlande embrassa le christianisme sans violence ni martyrs.

L'organisation de la société irlandaise était différente du modèle romain (très centralisé, avec des villes et des capitales). Les populations se concentraient autour des monastères, ce qui correspondait mieux à leur existence rurale et tribale.

Du VIe au VIIIe siècle, ces monastères devinrent de véritables universités. Les moines étaient passés maîtres dans l'art de l'enluminure et de la calligraphie, comme en témoignent le *Livre de Kells* et celui *de Durrow*, miraculeusement épargnés par les pillages des Vikings.

L'Irlande suscita, en effet, la convoitise de nouveaux envahisseurs. Protégée par sa seule insularité, elle ne put se défendre, au IXe siècle, contre l'assaut des Vikings, venus de Norvège et du Danemark sur leurs drakkars. Pour parer à toute attaque, les moines entreprirent la construction de hautes tours rondes, qui servaient à la fois de refuges et de beffrois. Les premières croix sculptées en grès, dont les ciselures élaborées illustrent les scènes bibliques, datent de cette époque.

BrianBorú, roi suprême qui se prenait pour le « Charlemagne de l'Irlande », mit fin à la tyrannie des Scandinaves en 1014 à la bataille de Clontarf, au cours de laquelle il trouva la mort.

L'influence des Normands

Au Xe siècle, l'Irlande fut le théâtre de nouvelles luttes intestines entre roitelets. Le roi de Leinster, Dermot MacMurrough, détrôné par ses rivaux, commit alors l'imprudence de trouver secours auprès des chevaliers normands. Un premier corps d'armée anglo-normand s'introduisit dans l'île en 1169 : il était commandé par le Gallois Richard, deuxième comte de Pembroke, plus connu sous le nom de Strongbow.

Mais la fortune des seigneurs normands n'était pas à la mesure de leurs titres. Et à peine eurent-ils mis le pied sur l'île que ces aventuriers, avides de nouveaux fiefs, commencèrent à s'enrichir et à investir le territoire en bâtissant des donjons, des châteaux et des villages fortifiés.

Le roi d'Angleterre Henri II, duc de Normandie et d'Aquitaine, s'alarma de la conquête de ses vassaux ; il se rendit aussitôt en Irlande le temps de faire reconnaître sa suzeraineté et nomma Strongbow vice-roi de Leinster. Il marqua ainsi le début des rapports entre les deux pays, qui allaient se prolonger, pendant huit siècles, et inscrire le roi Henri II dans la mémoire de l'Irlande comme le premier d'une longue liste de propriétaires terriens absentéistes.

Trois siècles durant, Celtes et Normands se livrèrent combat. Un grand nombre de châteaux très élaborés datent de cette époque (Blarney, dans le comté de Cork, Bunratty, dans le comté de Clare). D'abord dominés, les chefs irlandais reprirent le dessus et l'autorité de la couronne d'Angleterre fut réduite à une bande de territoire autour de Dublin, appelée le *Pale*.

A gauche, Richard II d'Angleterre mena deux expéditions contre l'Irlande, en 1394-95 et en 1399 ; à droite, Walter Devereux, dépêché par Elizabeth Ire pour coloniser l'Ulster en 1570.

Les colons protestants

Mais la colonie anglaise n'était pas seulement menacée par les Celtes, elle était rongée de l'intérieur. De nombreuses familles anglo-normandes s'étaient complètement assimilées à la population irlandaise.

En 1541, Henri VIII, bien décidé à briser le pouvoir des clans irlandais, se proclama *« roi de cette terre d'Irlande, unie, annexée et liée à jamais à la couronne impériale du royaume d'Angleterre »*. Les seigneurs virent leurs titres et biens confisqués puis *« réassignés par la grâce du roi »*, en échange de leur soumission. Les terres des rebelles étaient octroyées aux colons protestants anglais et écossais. Sa fille, Elizabeth Ire, mena quatre guerres contre l'Irlande et mit au pas les provinces de Leinster, Connacht et Munster. Tout en essayant d'imposer, elle aussi, la Réforme au pays, elle s'efforçait de protéger l'Angleterre contre une invasion de sa principale rivale, l'Espagne.

Dernière province rebelle, l'Ulster fut écrasée en 1601, sous Jacques Ier, avec la mise en déroute à la bataille de Kinsale du puissant comte de Tyrone, Hugh O'Neill. La quasi-totalité de l'Ulster (six comtés sur neuf) fut annexée par la Couronne et redistribuée, selon une politique dite de

« plantation », à des colons protestants. Les différends, entraînés par ces confiscations, sont encore vivaces aujourd'hui.

L'insurrection de 1641

Les troubles religieux commencèrent en 1641 à Portadown, avec l'insurrection des catholiques romains de l'Ulster, qui voulaient récupérer leurs terres. L'Angleterre exagéra beaucoup l'ampleur du massacre des colons, mais quel que fût le nombre des victimes, les protestants ne devaient jamais oublier 1641.

Après la décapitation de Charles Ier, le nouveau Parlement puritain anglais s'engagea dans une véritable guerre sainte. Les catholiques organisèrent la *« grande rébellion »*, qui fut impitoyablement réprimée par le « Protecteur » de l'Angleterre, Olivier Cromwell. Une armée de 20 000 « côtes de fer » mit les campagnes à feu et à sang. En 1652, un tiers des Irlandais catholiques avaient été massacrés.

A la restauration de la monarchie, les espoirs des catholiques furent déçus, car Charles II se rangea du côté des protestants. Son successeur, Jacques II, lui-même catholique, prit l'initiative de faire adopter une loi qui devait expulser les colons protestants. Mais il fut détrôné en 1688 et vaincu en 1690 à la bataille de la Boyne, par Guillaume d'Orange, appelé par les Anglais pour mettre fin au règne des « idées papistes » de ce souverain.

Une majorité persécutée

A partir de 1690, les catholiques devinrent en Irlande une majorité persécutée. A peine 15% des terres leur étaient attribuées. De nouvelles mesures anticatholiques, les « lois pénales », les privèrent de tout droit civique et réduisirent leurs activités sociales. Il leur était interdit d'acheter des terres ou de louer à profit. Quand un propriétaire catholique mourait, ses biens étaient partagés entre tous ses fils au lieu d'être transmis à l'aîné — à moins que l'un d'eux ne se convertisse au protestantisme, auquel cas il héritait de la totalité. Au milieu du XVIIIe siècle, les catholiques ne possédaient plus que 7% des terres.

Afin de s'octroyer le monopole du commerce, l'Angleterre instaura le protectionnisme. Les Irlandais durent se rabattre sur la culture de leurs terres. Les paysans, réduits à l'état de serfs, ne devaient espérer aucune amélioration de leur condition, car s'ils travaillaient dur pour accroître leurs revenus, les propriétaires fonciers (*landlords*) augmentaient leur loyer. Le vice-roi la suprématie de la monarchie anglaise. Et, tandis que les colonies américaines déclarèrent leur indépendance en 1776, ils réaffirmèrent leur loyauté envers Georges III.

Le conflit était pourtant inévitable. Peu à peu, des actes de violence furent menés la nuit contre les oppresseurs: mutilation de bétail, granges incendiées, etc. Mais ces agissements perpétrés par des sociétes secrètes — les *White Boys* ou les *Ribbon Men* — n'offraient aucune perspective de réformes. Jonathan Swift, Irlandais, doyen de Saint-Patrick, cathédrale protestante de Dublin, et auteur de satires mordantes comme *Les Voyages de Gulliver*, œuvra

constata lui-même en 1770 que les paysans *« comptaient parmi les êtres les plus misérables de la terre »*.

Un parlement indépendant

Il convient cependant de noter que la haine du peuple irlandais était moins contre le roi que contre les *landlords*. De même, les catholiques ne contestaient pas

A gauche, Guillaume d'Orange, vainqueur de la bataille de la Boyne. Ci-dessus, Powerscourt, dans le comté de Wicklow, était l'un des plus somptueux manoirs construits par les Anglais.

pour une solution plus « radicale ». Il exhorta ses compatriotes à brûler tout ce qui était anglais, excepté le charbon, et revendiqua un parlement irlandais indépendant.

Le changement politique fut fortement encouragé par des patriotes protestants tel Henry Grattan. En 1782, une armée de 80 000 « Volontaires irlandais » protestants prit les armes. Londres s'inclina devant la menace et accepta la formation d'un parlement indépendant à Dublin. L'Irlande obtenait une indépendance législative, mais la majorité catholique (les trois quarts de la population) restait privée de tout rôle politique, et le népotisme pratiqué par les Anglais facilitait la manipulation politique à Dublin.

La Révolution francaise eut un grand retentissement en Irlande et les catholiques réclamèrent leur émancipation. Le gouvernement anglais avait pourtant adopté deux lois leur octroyant un droit de vote limité et l'accès à la propriété foncière. Or, fait caractéristique en Irlande, ces mesures bien intentionnées dégénérèrent en anarchie. Les catholiques, en acquérant des terres en Ulster, entraînaient une plus-value foncière ; les protestants, inquiets, mirent sur pied une milice, les *Peep o'Day Boys* (les gars du point du jour), qui incendiait les biens des catholiques au cours de raids nocturnes. Ces derniers ripostèrent avec leur propre milice, les *Defenders*.

Le Club des Irlandais unis

En 1791, un groupe de protestants et de catholiques d'Ulster entreprit une courageuse initiative : s'unir pour obtenir ensemble une réforme. Thomas Wolfe Tone, avocat épiscopalien du barreau de Dublin, fonda à Belfast le premier « Club des Irlandais unis » ; un second s'ouvrit aussitôt à Dublin. C'était principalement une société de débats éclairés qui connut un succès pendant trois ans avant d'être dissoute par William Pitt : le Premier ministre britannique craignait une alliance entre l'Irlande et la France alors en guerre contre l'Angleterre. Wolfe Tone, après avoir accusé l'Angleterre d'être *« la source intarissable de tous nos maux politiques »*, s'enfuit en Amérique. Mais le club de Belfast ne se rendit pas et se transforma en société secrète.

L'association des « Irlandais unis », constituée principalement de bourgeois protestants et des *Defenders*, ouvriers catholiques pour la plupart, inquiéta le gouvernement. Mais une alliance infiniment plus dangereuse allait se former : les Irlandais unis persuadèrent Wolfe Tone de se rendre en France pour trouver un appui. Il s'agissait de déclencher une insurrection nationale en Irlande, soutenue par la milice irlandaise. Le 16 décembre 1796, une escadre française de 43 vaisseaux prit la mer ; mais de violentes tempêtes dispersèrent la flotte, qui ne put accoster. Les quelques troupes qui débarquèrent dans la baie de Bantry ne suscitèrent guère d'enthousiasme parmi les paysans irlandais, persuadés que les Français étaient envoyés par les protestants du Nord pour les exterminer.

Pitt, redoutant une deuxième expédition française, imposa la loi martiale en Ulster. L'armée, composée en grande partie de paysans irlandais catholiques, procéda à l'arrestation des chefs rebelles. Alors que la terreur sévissait, les orangistes, dont le rôle est demeuré prépondérant en Ulster, se préparaient à entrer en scène.

Le mouvement avait pris naissance en 1795 à la suite de la bataille du Diamond, près d'Armagh, entre les *Peep o' Day Boys* et les *Defenders*. Les protestants, sentant que la situation s'envenimait, se rebaptisèrent l'ordre d'Orange, du nom de leur héros Guillaume d'Orange, et fondirent sur les catholiques. Le gouvernement devait profiter de leur aide pour sa victoire sur les Irlandais unis.

Napoléon Bonaparte, exhorté par Wolfe Tone de ne pas abandonner l'Irlande, envoya en août une expédition, mal préparée. Les troupes qui accostèrent à Killala, dans le comté de Mayo, n'y trouvèrent pas les bataillons rangés et enthousiastes qu'ils attendaient et, à leur grande stupéfaction, ces gens se servirent des armes distribuées pour tirer sur les corbeaux. Wolfe Tone aborda avec de nouvelles troupes à Donegal; capturé, il se suicida dans sa cellule.

Effrayé par les risques d'invasion, Pitt proposa l'union de l'Angleterre et de l'Irlande: les 300 sièges du Parlement irlandais à Dublin seraient supprimés pour être remplacés par 100 sièges de représentants irlandais au Parlement de Londres. En théorie, Anglais, Irlandais, Gallois et Écossais seraient donc traités sur un pied d'égalité. L'opinion était divisée en Irlande.

Un an plus tard, par la suite de procédés douteux et de corruption, le Parlement irlandais se prononçait en faveur de l'Acte d'union. Le 1er janvier 1801, la Grande-Bretagne et l'Irlande proclamaient, selon les mots de Pitt, leur *« association volontaire »* au sein de l'Empire, avec *« des lois égales, une affection réciproque et des intérêts indissociables »*. Les témoins de ce jour étaient certes loin de se douter des terribles souffrances à venir.

La rébellion de 1798

L'hostilité à l'égard de l'autorité royale atteignit son paroxysme au mois de mai 1798, date d'un soulèvement général. Mais, les chefs des Irlandais unis ayant été arrêtés en nombre, la rébellion était trop mal organisée pour réussir. Tout fut terminé en six semaines. Les quelque 50 000 victimes inspirèrent d'innombrables ballades, qui célèbrent le courage d'une petite nation dans son combat pour la liberté.

A gauche, un soulèvement à Ballinahinch, lors de l'insurrection de 1798; ci-dessus, exécution des prisonniers loyalistes.

PAT MURFY
For AMERIKY

NAISSANCE D'UNE NATION

L'union n'avait résolu aucun des problèmes fondamentaux de l'Irlande. La réorganisation parlementaire ne s'accompagnait d'aucune transformation économique et sociale. La classe paysanne augmentait et n'avait toujours aucun droit sur les terres qu'elle exploitait.

Robert Emmet débarqua dans ce climat en 1802, à son retour de France, après la signature de la paix d'Amiens, qui mit fin aux hostilités entre la Grande-Bretagne et la France. Emmet, fils d'un médecin protestant, avait été profondément influencé par les Irlandais unis et il élabora, en 1803, un plan pour s'emparer du château de Dublin, le siège du pouvoir britannique.

L'insurrection, comme tant d'autres, échoua. D'une part, Emmet en avait si bien gardé le secret que trop peu de ses partisans en furent avertis. D'autre part, organisée à la hâte, elle se solda par une bagarre dans les rues de Dublin et une trentaine de victimes. Emmet, très vite fait prisonnier, fut condamné à mort et exécuté, mais les paroles qu'ils prononça sur son banc d'accusé devaient inscrire son nom dans la mémoire de l'Irlande: *« Que nul n'écrive mon épitaphe. Le jour où mon pays prendra place parmi les nations de ce monde, et ce jour-là seulement, vous pourrez écrire mon épitaphe.»* Son dernier souhait fut exaucé un siècle plus tard, lorsque Padraic Pearse, l'un des chefs de l'insurrection de Pâques 1916 qui fut à l'origine de la séparation de l'Irlande et de l'Angleterre, évoqua la mort d'Emmet en ces termes: *« Ce fut un sacrifice dont la perfection rappelle celui du Christ. »*

O'Connell l'homme du peuple

Daniel O'Connell, avocat catholique issu d'une vieille famille gaèle du Kerry, eut recours à des méthodes plus démocratiques. Comme bon nombre de ses contemporains, il avait étudié en France et était influencé par l'idéologie révolutionnaire. Cependant, il ne souhaitait pas de sédition pour l'Irlande, pas même de séparation d'avec la Couronne britannique. Il revendiquait, au cours de fervents discours, le droit pour les catholiques d'occuper des fonctions officielles et la défense de leurs intérêts. Les propriétaires fonciers ne tardèrent pas à s'inquiéter du succès remporté par l'« Association catholique » que présidait O'Connell, surtout lorsque ce dernier, se présentant comme *« homme du peuple »*, fut élu député en 1828 à une écrasante majorité. Robert Peel, Premier ministre britannique, se vit alors contraint

A gauche, l'émigration des Irlandais vers l'Amérique du Nord; à droite, les propriétaires absentéistes expulsaient les paysans qui ne pouvaient pas payer leur loyer.

de présenter un projet de loi pour l'émancipation catholique, qui fut voté en 1929. Dès son arrivée à la Chambre des communes, O'Connell, devenu *« le roi sans couronne d'Irlande »*, œuvra pour obtenir la révocation de l'Acte d'union. Ses arguments ne trouvant pas d'écho auprès des parlementaires, il se tourna vers ses compatriotes et organisa des rassemblements gigantesques à travers toute l'Irlande. Au cours d'un attroupement de 300 000 personnes à Tuam, l'*Union Jack*, le drapeau du Royaume-Uni, fut déployé sur le clocher de la cathédrale pour bien signaler que O'Connell ne souhaitait pas que l'Irlande renonce à sa loyauté envers le roi ni envers l'Empire, mais qu'elle puisse simplement gérer elle-même ses problèmes internes.

« Nous refusons toute violence », clamait-il à la foule ; mais ses propos, d'une extrême véhémence, laissaient à penser que seul O'Connell empêchait la guerre civile d'éclater. Le gouvernement conservateur de Peel ne le comprit pas et s'opposa à un rassemblement à Clontarf, site de la victoire historique du roi BrianBorú sur les Vikings. O'Connell céda et, accusé d'insurrection, fut emprisonné pour une courte durée. Puis, alors qu'il fomentait un autre assaut contre l'Union, le destin intervint.

Vingt ans avant la famine, le romancier Walter Scott avait écrit au sujet de la paysannerie irlandaise : *« Leur pauvreté n'est pas exagérée, ils sont au bord de la misère humaine. »* Une misère qui s'aggravait à mesure que la population augmentait — celle-ci doubla entre 1800 et 1840 pour atteindre huit millions. A la première mauvaise récolte de pommes de terre succédèrent de nombreuses expulsions. *« Des centaines d'êtres humains chassés comme des corbeaux d'un champ de blé »*, raconta un député britannique.

Une deuxième mauvaise récolte, en 1846, aggrava la situation. Ils furent des milliers,

La Grande Famine

Le plus grand désastre de l'Irlande, la Grande Famine de 1845, fut la conséquence d'une désatreuse récolte de pommes de terre. Mais, tandis que le peuple mourait de faim, les céréales ainsi que des milliers de bœufs, moutons et porcs continuaient à être exportés vers l'Angleterre. Ces produits étaient inaccessibles aux paysans, dont les maigres revenus servaient à payer le fermage aux innombrables créanciers — souvent jusqu'à sept par agriculteur — intermédiaires avec les *landlords* établis en Angleterre. Privés de leur seule nourriture, la pomme de terre, ils périssaient.

toutes générations confondues, à errer dans les rues et par les routes, hurlant qu'on leur donne du pain. On rapporta même que des mères mangeaient la chair de leur bébé mort. Et le journal *Mayo Constitution* déclara : *« Les rues de toutes les villes du pays sont infestées de squelettes errants. »*

Le refus anglais de porter secours à l'Irlande est considéré aujourd'hui comme un effroyable manque de compréhension de la gravité de la situation. Il ne se trouva personne parmi les esprits éclairés de l'époque pour remettre en question la logique du système économique, pour ébranler la conviction que les choses allaient empirer si l'on en dérangeait l'ordre établi.

L'émigration en Amérique

Un million de paysans irlandais ont péri dans la Grande Famine. Plus nombreux encore furent ceux qui, dans l'espoir d'une vie meilleure, émigrèrent vers l'Amérique du Nord sur des embarcations infestées par les épidemies et que l'on nomma *coffin ships* (bateaux-cercueils). Dans ce Nouveau Monde, ils allaient transmettre aux générations futures leur aversion profonde pour le peuple anglais.

La famine ruina de nombreux *landlords* et environ un tiers des terres changèrent de mains. Mais les nouveaux propriétaires, pour la plupart irlandais, qu'ils soient catholiques ou protestants, furent encore plus intransigeants sur l'augmentation des fermages. Le nationalisme pacifique de O'Connell n'avait plus prise, et une fraction de ses adeptes bourgeois fonda le mouvement de la « Jeune Irlande », partisan de l'action par la force. O'Connell mourut en 1847 à l'âge de 71 ans, ses rêves brisés.

En 1848, année qui vit des soulèvements nationaux dans de nombreux pays d'Europe, une émeute à Kilkenny fut aisément maîtrisée. L'appui était dérisoire parmi la population affaiblie et inexistant parmi le clergé influent. Plusieurs projets insensés ne furent jamais réalisés, comme l'enlèvement de la reine Victoria lors de sa visite à Dublin en 1849.

De la révolution dans l'air

Du fait de plusieurs bonnes récoltes après 1851, les droits des tenanciers furent débattus avec moins d'ardeur par les députés irlandais à la Chambre des communes. Dans une lettre adressée en 1856 à Friedrich Engels, Karl Marx analysait la situation de la population bafouée d'Irlande en termes de lutte de classes : « *A force d'être continuellement opprimés, ils ont été artificiellement changés en une nation totalement démoralisée qui joue le rôle dégradant de fournisseur de l'Angleterre, de l'Amérique et de l'Australie, etc., en prostituées, ouvriers temporaires, proxénètes, voleurs, escrocs, mendiants et autre racaille.* »

La même année, James Stephens, un des insurgés de 1848, entamait à son retour de France ce qu'il nomma sa « *promenade de cinq mille kilomètres* » à travers le sud et l'ouest de l'Irlande, répandant l'idée d'une république indépendante. Devant l'indiffé-

A gauche, Daniel O'Connell; cuisine irlandaise en 1840; ci-dessus, un cottage au XIX*e siècle : bétail et travail à domicile sous le même toit.*

rence des propriétaires et des tenanciers, il pensa que seuls les ouvriers répondraient à l'appel de la révolution. Le 17 mars 1858, le jour de la Saint-Patrick, Stephens fondait une société secrète, l'*Irish Republican Brothehrood* (Fraternité républicaine irlandaise), déterminée à lutter pour une république démocratique indépendante; elle traitait ses opposants de *« tyrans impitoyables »* et d'*« aristocratie étrangère »*. Un groupe identique fut créé à New York: les *fenians*, du nom d'anciens guerriers gaëls. Stephens fit remarquer que les Irlandais d'Amérique avaient acquis une précieuse expérience militaire au cours de la guerre

de Sécession. A la suite d'une escarmouche au Canada, le mouvement fenian fut rebaptisé l'*Irish Republican Army*. L'IRA faisait son apparition sur la scène mondiale.

Stephens organisa un soulèvement en 1865 qui se solda par un échec. En 1867, des troupes bien entraînées étaient à nouveau prêtes à intervenir; mais Stephens tarda trop à donner le signal d'attaque, et l'« organisation » fut démantelée par les agents du gouvernements. Lorsque l'*Erin's Hope* (*Espoir-de-l'Irlande*), un navire chargé d'armes en provenance de New York, accosta, il ne trouva personne pour réceptionner la cargaison.

Apparition du terrorisme

Les fenians organisèrent alors des attentats pour frapper l'opinion. De nombreux déraillements de train marquèrent l'apparition des actes terroriste, tactiques dont l'Irlande allait désormais user.

La même année, l'Angleterre devait faire l'expérience sur son propre territoire de la réaction irlandaise face à l'injustice. Un fourgon cellulaire transportant deux chefs révolutionnaires tomba dans une embuscade près de Manchester. Un policier fut tué et trois des assaillants capturés et condamnés à mort. Ils supplièrent qu'on reconnût la noblesse de leur cause et moururent en martyrs. Peu après, une explosion destinée à faire évader d'autres Irlandais de la prison de Clekenwell, à Londres, fit 12 morts et 30 blessés parmi la population.

Réforme et projets de loi

Pourtant, ce n'est pas le terrorisme qui allait faire progresser la cause de l'Ir-lande, mais deux hommes: William Ewart Gladstone, Premier ministre de Grande-Bretagne en 1868, et Charles Stewart Parnell, propriétaire protestant du comté de Wicklow, qui étudia en Angleterre.

L'attitude de Gladstone ne rappelait en rien l'indifférence de ses prédécesseurs. « *Ma mission*, disait-il, *est de pacifier l'Irlande.* » Il commença, en 1869, par abolir les privilèges de l'Église anglicane d'Irlande qui ne représentait qu'une infime partie de la population. Puis il présenta un projet de loi agraire visant à dissuader les propriétaires terriens d'expulser leurs tenanciers.

Dès son arrivée à la Chambre des communes, en 1875, Parnell entreprit d'entraver le travail parlementaire, à la fureur générale, au moyen d'amendements et de discours interminables. L'une de ces sessions se prolongea pendant 41 heures. Ses inquiétudes pour l'Irlande étaient justifiées. Après quelques bonnes récoltes, le pays connut un été pluvieux en 1877; une vague d'importation de céréales bon marché en provenance d'Amérique contraignit les fermiers irlandais à baisser leurs prix, et ils ne furent plus en mesure de payer leurs loyers. Une nouvelle vague d'expulsions menaçait.

Michael Davitt, un ancien fenian, fonda la *National Land League of Ireland* (Ligue agraire nationale d'Irlande) et nomma Parnell à sa présidence. Davitt était fils de paysans expulsés et travailla dans une usine d'Angleterre où, à l'âge de 11 ans, il eut le bras amputé au cours d'un accident.

Le destin du capitaine Boycott

Au sein du pays, les agitateurs gagnèrent un précieux allié: le clergé catholique. Bientôt, la Ligue agraire s'empara de régions où elle fut seule habilitée à rendre la justice. Une méthode efficace, qui consistait à mettre en quarantaine quiconque reprenait les terres d'un fermier expulsé, réussit si bien aux dépens d'un certain capitaine Boycott qu'elle garda son nom.

En 1881, Gladstone proposa une loi agraire jugée révolutionnaire. Elle garantissait des terres aux tenanciers qui payaient leur loyer, stipulait que ceux-ci devaient être indemnisés en cas de départ pour toute amélioration apportée à leur ferme, et instituait un tribunal agraire qui fixait le montant des loyers. Parnell ne s'y opposa pas, car ces mesures étaient vitales pour les paysans. Mais, afin de calmer le mouvement extrémiste fenian américano-irlandais, il se vit contraint de dénoncer

A gauche, les deux grands rivaux au Parlement de Londres: William Ewart Gladstone et Charles Stewart Parnell; ci-dessus, le buste d'O'Connell dans les rues de New York, en 1874, lors du défilé de la Saint-Patrick.

violemment la médiocrité des dispositions prises par le gouvernement. Il se retrouva en prison et la Ligue agraire fut abolie.

La lutte pour le « Home Rule »

A sa libération, Parnell fonda l'*Irish National League* afin de lutter sans concession pour le *Home Rule* (autonomie interne). Aux élections de 1885, il enleva 85 des 103 sièges irlandais à la Chambre des communes et joua sur l'équilibre entre les libéraux de Gladstone et les conservateurs de lord Salisbury. Le *Home Rule* était soudain au cœur de la politique britannique.

Les conservateurs voyaient dans le *Home Rule* l'amorce d'une indépendance totale. Puisque, disaient-ils, le *Home Rule* allait laisser le Parlement impérial décider des affaires extérieures, de la guerre et de la paix, des douanes et de la régie, quel avantage les Irlandais en retireraient-ils ?

Or, selon les témoignages de l'époque, bon nombre d'Irlandais instruits, y compris des nationalistes, ne voyaient aucun inconvénient à faire partie de l'Empire britannique. Leur fierté les poussait à vouloir gérer seuls leurs problèmes internes. Ainsi, si le *Home Rule* avait été accordé en 1886, l'Irlande ferait-elle peut-être encore partie du Royaume-Uni, avec *« une identité indépendante mais non distincte »*, sur le modèle du pays de Galles et de l'Écosse.

L'Ulster sur le qui-vive

Cette issue aurait cependant été vivement contestée par une fraction non négligeable de la population. L'Irlande comptait encore un million de protestants dont la moitié vivait dans l'Ulster. Le *Home Rule* aurait considérablement limité le pouvoir de cette minorité influente. Bien que, pour eux, la propriété en Irlande ait toujours été plus stable, les descendants des colons écossais du XVIIe siècle ne s'étaient pas défaits de la crainte de voir les catholiques s'emparer de leurs terres.

Ils avaient par ailleurs beaucoup à perdre. Du fait des barrières commerciales, la révolution industrielle britannique n'avait pu pénétrer en Irlande, mais elle s'était implantée en Ulster. Belfast prospérait grâce à l'industrie florissante du lin, qui ne connaissait aucun équivalent en Angleterre. Entre 1800 et 1850, sa population passa de 20 000 à 100 000 habitants. C'est à cette époque que Belfast se distingua pour toujours de Dublin.

Devant la menace du *Home Rule*, l'ordre d'Orange s'enflamma au cri de *« Pas de pape, pas de reddition »*, qui définit encore aujourd'hui sa position. La façade de respectabilité conférée au mouvement par des chefs tels que le comte d'Enniskillen ne parvenait pas à dissimuler ses assises violentes. Au nom des conservateurs, lord Randolph Churchill affirmait aux protestants du Nord que, si le *Home Rule* était imposé, *« l'Ulster se battrait, et l'Ulster gagnerait »*. Mais le premier projet de *Home Rule* fut rejeté en 1886.

Le renouveau celtique

Le Sud n'acceptait pas les valeurs de l'Angleterre si chères aux orangistes. Une « Ligue gaélique » fut fondée en 1893, qui réveilla l'intérêt pour la langue irlandaise jusqu'alors considérée comme une langue vulgaire au déclin accéléré, et s'accompagna d'un renouveau littéraire, source de redécouverte de la culture et des mythes celtes. William Butler Yeats, fils d'un artiste irlandais protestant, publia des recueils de légendes dont *The Celtic Twilight* (*Le*

Crépuscule celtique), qui donnaient une nouvelle dignité à la paysannerie irlandaise souvent ridiculisée.

Sur la scène politique en revanche, les forces s'étaient affaiblies. La crédibilité de Parnell avait été ébranlée lorsqu'en 1889 éclata le scandale de sa liaison avec Kitty O'Shea, avec qui il avait eu trois enfants. Son mari, le capitaine Willie O'Shea, député du comté de Clare, favorable au *Home Rule*, intenta un procès en divorce, offrant ainsi à Gladstone l'occasion d'évincer Parnell du Parti irlandais. Deux ans plus tard, Parnell mourut après un meeting à Galway, tenu sous une pluie battante. Gladstone quitta la scène politique en 1893, à l'âge de 84 ans. Son deuxième projet de *Home Rule* venait d'être voté de justesse à la Chambre des communes, mais rejeté par la Chambre des lords. Une nouvelle génération se devait de prendre la relève.

Apparition de nouvelles forces

A l'aube du XXe siècle, le gouvernement conservateur ne laissait présager aucun espoir d'autonomie. Dublin fit bon accueil à la reine Victoria en 1900 et à Édouard VII en 1903, mais de nouvelles forces nationalistes furent rassemblées par Arthur Griffith, journaliste à Dublin, et John MacBride, républicain originaire du Mayo. Ces deux hommes revendiquaient *« une république d'Irlande unie et indivisible »* et créèrent en 1900 le parti *Sinn Fein*.

En 1910, deux élections en Grande-Bretagne donnèrent aux libéraux et aux conservateurs un nombre de sièges presque identique. De nouveau, le Parti irlandais, avec à sa tête le modéré John Redmond, se servit de cet équilibre pour faire accepter un autre projet de *Home Rule*. La Chambre des lords ne fut plus en mesure d'apposer son veto aux propositions de la Chambre des communes pendant plus de deux sessions parlementaires successives. Il ne faisait donc plus de doute que le projet de *Home Rule* présenté en 1912 par le Premier ministre Herbert Asquith allait être accepté si la Chambre des communes le votait.

A gauche, manifestation orangiste contre la campagne autonomiste à Belfast en 1886; à droite, le Dublinois Edward Carson rallie les Ulstériens protestant contre le Home Rule.

Conscients de ce danger, les protestants s'armèrent. Ils mirent à leur tête Edward Carson, député au Parlement de Dublin et brillant avocat, membre du parquet lors du procès pour homosexualité d'Oscar Wilde. *« A quoi bon le Home Rule*, demandait Carson, *puisque à présent la plupart des Irlandais possèdent leur ferme, que les grandes injustices ont été réparées, et qu'une université catholique a été fondée ? »*

Plus de 40 000 Ulstériens, hommes et femmes, signèrent des pétitions, souvent de leur sang, stipulant qu'ils ne reconnaîtraient pas l'autorité d'un Parlement du *Home Rule*. En 1913, le corps des *Ulster*

Volunteers (Volontaires de l'Ulster), composé de 100 000 membres, organisa des dépôts d'armes sur le territoire. *« Le pays s'armait jusqu'aux dents »*, déclarait Carson.

Le Sud riposta en créant la force des *Irish Volunteers* (Volontaires irlandais), dont l'emblème portait les initiales de *Fianna Fáil*, une bande de guerriers légendaires. Les bases du problème étaient posées : les protestants du nord-est de l'Irlande tenaient à rester sujets britanniques, quitte à se battre contre l'Angleterre pour conserver ce statut. La minorité catholique de la région, comme la majorité catholique du reste de l'île, aspirait à une identité plus profondément irlandaise. Les deux positions semblaient incompatibles.

Winston Churchill, alors ministre libéral, fut le premier à proposer une solution. Six des neuf comtés de l'ancienne province d'Ulster — les plus colonisés par les protestants au XVIIe siècle — ne seraient pas affectés par le *Home Rule*. Redmond, se sentant contraint d'agir vite, admit que ces six comtés pourraient en être exclus provisoirement pendant six ans. Il espérait que, passé ce délai, les unionistes de l'Ulster auraient la sagesse de se ranger du côté de leurs compatriotes irlandais. Pour les nationalistes, c'était une concession fatale.

La Première Guerre mondiale

L'avenir réservait à l'Irlande de plus graves problèmes. Lorsque la Première Guerre mondiale éclata, en 1914, le *Home Rule* fut admis, mais avec un décret suspendant son application pendant la durée du conflit ou jusqu'au rajout possible d'un amendement concernant l'Ulster. L'Irlande se laissa si bien convaincre qu'elle donna en proportion plus de soldats à l'armée britannique qu'aucune autre partie du Royaume-Uni. Les Irlandais gagnèrent 17 croix de Victoria au cours des 13 premiers mois de la guerre. Selon Redmond, une telle marque de courage devait avoir raison de toutes les inquiétudes, même de celles des unionistes de l'Ulster.

La réalité s'avéra tout autre. Carson était devenu l'un des membres du ministère de la Guerre britannique. En contrepartie des lourdes pertes subies par les régiments ulstériens, surtout lors de la bataille de la Somme, en 1916, il revendiqua pour l'Ulster un lien indéfectible avec le Royaume-Uni. En Irlande, forts du vieil adage selon lequel le malheur de l'Angleterre est une chance pour l'Irlande, les nationalistes menés par Arthur Griffith se regroupèrent sous la large bannière du parti *Sinn Féin* (prononcé « chine faine » et signifiant « Nous seuls »).

Deux nationalistes extrémistes, militants de l'*Irish Republican Brotherhood* (IRB), s'apprêtaient à entrer en scène: James Connolly, syndicaliste endurci issu d'une famille pauvre du Mayo, soldat de l'armée britannique à 14 ans, et adepte du socialisme, avait fondé l'*Irish Citizens'Army* (Armée des citoyens irlandais) pour défendre les grévistes contre la violence policière; Padraic Pearse, instituteur timide et austère, entretenait la conviction mystique que l'Irlande ne serait purifiée que par le sang, de la même façon que l'humanité avait été sauvée par le sang du Christ.

Le lundi de Pâques 1916

Le lundi de Pâques 24 avril 1916, mysticisme et force physique devaient se rencontrer dans la rue. Connolly et Pearse lançèrent une insurrection dans les rues de Dublin. Pearse, suivi par 150 Irlandais mal armés, s'empara de la Grande Poste, d'où il proclama la nouvelle république d'Irlande.

Quelque 800 insurgés prirent d'assaut une brasserie, une biscuiterie, un asile d'aliénés et d'autres points stratégiques. L'un des chefs de l'insurrection, Eamon De Valera, jeune mathématicien né en Amérique d'une mère irlandaise et d'un père espagnol, libéra une boulangerie contre le gré des employés: même dans une république, les gens devaient manger.

Mais, comme de coutume dans la politique irlandaise, la discorde régnait entre les insurgés. Les Volontaires irlandais ne prenaient pas au sérieux les militants de l'*Irish Republican Brotherhood*. Eoin

MacNeill, président des Volontaires irlandais, jura alors de faire tout son possible — sauf d'alerter les Anglais — pour enrayer la révolte, qu'il qualifiait de *« romantisme délirant »*. Il annula les manœuvres prévues par Pearse pour le dimanche de Pâques, retardant ainsi l'insurrection, qui ne fut d'ailleurs suivie que partiellement, à Dublin.

Très vite, Dublin, en état de siège, fut en proie à la panique et aux rumeurs. Les pauvres pillaient les magasins, et les enfants dévalisaient les pâtisseries. Depuis la rivière Liffey, une canonnière britannique bombarda le centre de Dublin. Les abandonna la lutte, 64 insurgés, 134 policiers et soldats, et au moins 220 civils avaient été tués. Le centre de Dublin était en ruine. La loi martiale fut imposée et 40 000 personnes emprisonnées.

« Pour l'instant la population n'aime guère le Sinn Féin, écrivit un éminent député irlandais à Redmond. *Mais prenons garde. »* Il ajouta ensuite cette phrase prophétique : *« Surtout, insistez auprès du gouvernement afin qu'il n'exécute aucun des prisonniers. »* Redmond ne se fit pas entendre et, le 3 mai, trois chefs principaux, dont Pearse, furent jugés par une cour martiale et fusillés au petit matin.

Anglais ainsi que de nombreux Dublinois étaient confondus. Cette rébellion, qui survenait en plein conflit mondial, était un véritable coup de poignard porté dans le dos.

La sanglante riposte anglaise

Les Anglais brûlèrent les environs de la Grande Poste, obligeant ainsi les insurgés à se rendre. Lorsque, le samedi, Pearse

A gauche, le syndicaliste James Connolly, l'un des chefs de l'insurrection de 1916 ; ci-dessus, les rues de Dublin en ruine après les bombardements anglais.

Chaque jour, d'autres exécutions suivirent. Le 12 mai, ce fut le tour de Connolly. Nul ne pouvait prévoir la fin de l'hécatombe. C'était, a-t-on dit plus tard, *« comme une mare de sang que l'on aurait regardée couler sous une porte fermée »*. Peu à peu, l'hostilité dont les insurgés faisaient l'objet se changea en solidarité. Comme dans le poème de Yeats, ils avaient acquis une *« beauté redoutable »*.

A Noël, par un acte de bienveillance, David Lloyd George, le « magicien gallois » devenu Premier ministre charismatique de la Grande-Bretagne, relâcha 560 Irlandais prisonniers en Angleterre. Parmi eux se trouvaient Arthur Griffith et Michael Collins, âgé de 27 ans et ancien fonctionnaire à Londres, originaire du comté de Cork. A Pâques 1917, d'autres prisonniers furent amnistiés, dont Eamon De Valera, seul survivant des chefs de l'insurrection de Pâques. Les trois coups étaient frappés pour le grand acte de la tragédie irlandaise.

La grève de la faim

Les événements qui suivirent allaient se répéter avec une troublante exactitude dans les années 1970 et 1980. Lors d'élections partielles, les candidats du *Sinn Féin* l'emportèrent sur le parti de Redmond.

Devant le refus des autorités à leur reconnaître le statut de prisonniers politiques, des insurgés entamèrent une grève de la faim. L'un d'eux mourut après avoir été alimenté de force et Collins organisa des funérailles qui attirèrent un long cortège. On amassa des armes et, dans les campagnes, l'anarchie croissante n'était pas sans rappeler celle du XVIIIe siècle. Redmond mourut en 1918.

Le mois suivant, paniquée par l'évolution de la guerre en France, l'Angleterre étendit la conscription à l'Irlande, ce qu'elle tenta malencontreusement de faire accepter par un nouveau *Home Rule* reposant sur la partition de l'île. L'Église catholique condamna la conscription, qui s'avéra inutile puisque la guerre touchait à sa fin. Le Parti irlandais quitta la Chambre des communes, renonçant à lutter de façon démocratique. Plus rien ne pouvait arrêter le *Sinn Féin* qui, au lendemain de la guerre, remporta une éclatante victoire aux élections de décembre 1918.

Les nouveaux élus, boycottant la Chambre des communes, formèrent leur propre parlement, le *Dáil Eireann*, dans la Mansion House de Dublin. A la tête de leur nouvelle « République », ils élirent De Valera, toujours en prison, ce qui lui valut certainement quelques voix supplémentaires.

La lutte sans merci pour l'indépendance

Le *Sinn Féin* était soutenu par les Volontaires, connus dans le pays sous le nom d'*Irish Republican Army* (IRA), de plus en plus convaincus de l'efficacité de la violence. Ils commencèrent à tuer toute personne en uniforme se trouvant sur leur chemin, puis ils procédèrent à des assassinats prémédités. Le conflit, typiquement irlandais, prit rapidement l'allure d'une guerre civile. Les cadavres marqués *« Espion assassiné par l'IRA »* étaient souvent ceux d'Irlandais. Les femmes errant sur les routes de campagne, la tête rasée, étaient des Irlandaises accusées de frayer avec des policiers ou des soldats. A la suite d'une tentative d'assassinat en plein jour du vice-roi, l'Angleterre interdit le *Sinn Féin*. « *La nation irlandaise, comme autrefois l'Église catholique, vient d'être proclamée assemblée illégale par le gouvernement britannique en Irlande* », annonça Arthur Griffith, sarcastique. Nullement découragé, le *Sinn Féin* obtint de bons résultats aux élections municipales de janvier 1920.

La police fut boycottée et environ un dixième des policiers démissionnèrent pour être remplacés par des recrues britanniques dont beaucoup avaient été formées sur les champs de bataille français, les « *Black and Tans* ». Organisés en pelotons motorisés antiterroristes, ils frappaient au moindre signe de trouble. Cependant, il y avait certaines zones où même eux n'osaient s'aventurer: là les Volontaires, vêtus de trench-coats, punissaient jusqu'au moindre délit. Une humiliation pour le gouvernement, ses 100 000 policiers et ses 50 000 soldats.

La police ne tarda pas à riposter à chaque attentat de l'IRA par des représailles aveugles. Lorsque le 21 novembre 1920, le « Dimanche sanglant », Michael Collins fit assassiner 12 officiers anglais, presque tous dans leur lit, la police excécuta le jour même 12 civils au cours d'un match de football gaélique au Croke Park de Dublin. La guérilla terrorisait le peuple.

Le traité de Londres

En mai 1921, l'Angleterre proposa une autre solution et fit élire deux Parlements, l'un dans le Nord, qui fut majoritairement unioniste, et l'autre dans le Sud, où le *Sinn Féin* remporta une écrasante victoire. La partition était inévitable. En octobre, Londres fut le siège d'une conférence qui réunit l'Angleterre et l'Irlande sur le point de se déclarer la guerre. Finalement, à 2 h 20, le 5 décembre 1921, à force de compromis, le traité de Londres fut signé. C'était la fissure qui allait mener à l'éclatement de l'Empire britannique.

L'événement venait de mettre fin, avec une soudaineté surprenante, à huit siècles de domination britannique sur l'Irlande, mais il n'apportait pas de solution véritable au problème de l'Irlande, qui devait continuer à être le théâtre de violents conflits.

A gauche, loin de mettre fin à la violence, l'indépendance de l'Irlande engendra une guerre civile sans merci à Dublin; ci-dessus, jeunes Dublinois célébrant la fin du conflit anglo-irlandais en brandissant le drapeau américain.

A1

LA PARTITION

Dans un appel à la réconcilation, David Lloyd George déclara que le traité anglo-irlandais, en donnant à tous un peu de ce qu'ils réclamaient et à aucun tout ce qu'il voulait, était un compromis acceptable. Mais c'était revenir à la même vieille erreur : les Irlandais étaient des « Anglais parlant avec un accent ». Les ambitions des deux peuples étaient bien différentes, et après huit siècles de luttes irrédentistes entre Irlandais, le premier fruit de l'indépendance fut une vraie guerre civile.

Le traité allait au-delà des espérances des nationalistes et des promesses du *Home Rule* : il faisait de l'« État libre d'Irlande » un dominion au sein de l'Empire britannique, au même titre que le Canada. Mais il y avait une ombre au tableau. Six comtés de l'Ulster — Antrim, Down, Tyrone, Fermanagh, Armagh et Londonderry — demeuraient toujours liés au Royaume-Uni. Et le conflit mondial n'avait pas ébranlé la résolution des protestants du Nord. *« Émergeant des eaux après le déluge, les clochers de Fermanagh et de Tyrone se dressent encore*, déclara Winston Churchill à la Chambre des communes. *Leur querelle est l'une des rares institutions que le cataclysme qui a dévasté le globe n'ait pas ébranlée. »*

La commission de frontière

Pour faire accepter la division de l'Irlande aux nationalistes, le gouvernement proposa un amendement : une commission de frontière allait décider quelles régions du Nord à forte population catholique seraient plus tard intégrées à l'État libre. De ce fait, les patriotes, tel Michael Collins, savaient que la partition n'irait pas sans heurts. Après le retrait des zones catholiques de Tyrone, de Fermanagh et du sud de l'Armagh, firent-ils remarquer, l'État du Nord-Est cesserait d'être une entité viable.

Or les espoirs de Collins, bien minces il est vrai, n'étaient pas unanimement partagés.

A gauche, la satue de la reine Victoria est enlevée du nouveau Parlement irlandais, à Dublin ; à droite, la nouvelle nation, en quête de son identité, redécouvre le gaélique.

Le jeune État libre fut divisé par de violents désaccords, et de vieilles rancunes ressortirent au grand jour. D'un côté se tenaient Arthur Griffith et son gouvernement provisoire, de l'autre, sous la férule d'Eamon De Valera, les forces républicaines fermement opposées au traité. Après 12 jours d'un débat parlementaire acharné, le traité fut voté par 64 voix contre 57.

La majorité était trop faible pour assurer la paix, d'autant plus que l'IRA, reflétant le déchirement du pays, se scindait en deux : une moitié se tourna vers Collins et devint l'armée officielle de l'État libre ; l'autre, niant le nouveau gouvernement,

s'ordonna en organisation terroriste clandestine, persuadée que si la force les avait contraints à négocier, elle pouvait aussi leur faire gagner une Irlande unie et libre.

Une lutte sans merci

En 1922, Dublin était à nouveau en flammes, 60 personnes trouvèrent la mort en huit jours d'un combat sanglant. Au cours des six premiers mois de son existence, l'État libre exécuta 77 républicains, surpassant de loin les Anglais dans le dernier conflit anglo-irlandais. Les protestants du Nord, impassibles devant le conflit, ne voulaient pas entendre parler d'une redéfinition de frontière. Une guerre civile éclata également en Irlande du Nord, et, au bout de six mois, le bilan s'éleva à 274 morts. En août 1922, Arthur Griffith, le premier Premier ministre de la nouvelle Irlande, mourut d'épuisement sans connaître l'issue du combat. Le destin de Collins fut plus violent; il fut assassiné dans une embuscade sur la route de Maeroom à Bandon, dans le Cork, son comté natal. Une lettre, écrite à un ami après la signature du traité, laissait présager une telle fin: *« Qui va se trouver satisfait du traité? Qui? Tu vois, ce matin de bonne heure, j'ai signé mon arrêt de mort. »*

Dans son rapport, la commission de frontière nota que seules des modifications mineures pouvaient être apportées. Contrairement à l'opinion de De Valera, la frontière n'avait rien d'une *« vieille forteresse délabrée que seul le plâtre de l'irréalité empêchait de s'écrouler »*. La partition était bien définitive.

La guerre civile se termina en 1923 lorsque De Valera déposa les armes. Mais la partition allait continuer à dominer la vie politique de l'État libre pendant le demi-siècle à venir. Les deux grands partis actuels, *Fine Gael* (Tribu d'Irlande) et *Fianna Fáil* (Soldats de la destinée) sont les descendants directs des forces pro et anti-traité.

Le nationalisme économique de De Valera

En 1927, ne voyant pas la nécessité de rester en dehors du système politique, De Valera entra au Parlement (le *Dáil*) à la tête du parti *Fianna Fáil*, qui constitua une opposition légale. En 1933, son accession au pouvoir inaugura le rétablissement de la langue et de la culture gaéliques. *« Plus jamais*, déclara-t-il, *nous n'élèverons nos enfants pour qu'ils soient exportés comme notre bétail. »* Lors d'un célèbre discours de à l'occasion de la Saint-Patrick, il exprima ses ambitions pour l'avenir du pays: De

Valera préférait une Irlande rurale plutôt que l'intégra-tion dans l'Europe industrielle. Il allait donc développer les petites entreprises agricoles.

« Dev », tel était le diminutif qu'on lui attribua, engagea, conformément à sa politique nationaliste, une guerre économique avec l'Angleterre et il augmenta les taxes sur l'importation des produits britanniques; en 1933, une taxe frappa même les journaux britanniques: il était clair alors que les nationalistes voulait écarter les Irlandais de toute influence anglaise et que le renouveau de la langue gaélique était en fait une tactique politique, une barrière protectrice contre les idées et valeurs étrangères, une sorte de « protectionnisme moral ».

L'émigration, principalement vers l'Angleterre et l'Amérique, ravissait une nouvelle partie de la population : des fils ne pouvant hériter de l'exploitation familiale et des femmes désespérant de trouver un mari. Au début des années 1920, pas moins de 43% des Irlandais nés en Irlande vivaient à l'étranger. Par ailleurs, les Anglo-Irlandais, jadis riches — l'« *Ascendancy* » protestante — virent leur opulence décliner et leurs « *Big Houses* », bâties au bout de longues allées bordées d'arbres, se délabrer.

côte ouest, elles aussi en ciment d'os de hareng. » Mais que faire d'autre ?

Certainement pas imiter le Royaume-Uni, répétait De Valera. En 1937, il rédigea une nouvelle constitution dans laquelle il abolissait le serment d'allégeance au roi d'Angleterre. D'autre part, l'Église catholique conservait sa profonde influence, rejetant pour toujours les protestants du Nord. Yeats, membre du Sénat irlandais, avertit De Valera du danger : « *Si vous montrez que ce pays, l'Irlande du Sud, va être gouverné uniquement par une idéologie catholique, vous n'obtiendrez jamais le Nord. Vous allez faire éclater la nation en deux.* »

Une voie étroite

Les Irlandais se demandaient de plus en plus s'il était bien raisonnable de respecter le credo de leur chef : « *Small is beautiful* » (ce qui est petit est beau). « *Il était vraiment difficile*, raconta plus tard un témoin de cette époque, *de s'enthousiasmer pour l'industrie de la tourbe et la possibilité d'utiliser toutes les parties du hareng, dans des usines mobiles et préfabriquées sur la*

A gauche, Eamon De Valera, partisan d'une Irlande rurale. A droite, la tourbe, source d'énergie naturelle, trouva des débouchés dans l'industrie.

La Constitution avait finalement engendré un curieux équilibre. Les prêtres du Sud et les orangistes du Nord exerçaient chacun une pression sectaire et conservatrice sur leur Parlement respectif.

Un parlement indépendant à Belfast

Les unionistes se seraient contentés de faire partie intégrante de la Grande-Bretagne ; cependant, pour bien rendre compte de la différence de l'Ulster, Lloyd George leur avait donné leur propre parlement, Stormont, bâti dans la banlieue de Belfast et imitant, mais en plus grandiose, le style de Buckingham Palace. Les

Ulstériens s'étaient empressés par ailleurs de rendre leur État provisoire impénétrable. Londres, soulagée d'être débarrassée de l'éternel problème irlandais, ne fit rien pour les en empêcher. Pas plus, hélas, que les représentants catholiques, qui boycottèrent Stormont. Les unionistes se targuaient du fait que l'assemblée était *« un Parlement protestant pour un peuple protestant »*. Aucun apaisement n'avait été apporté à la vieille haine entre les deux communautés. Elle s'était en fait accrue. Profitant du boycott des nationalistes, les unionistes s'octroyèrent les meilleurs emplois et les meilleurs logements. Chaque communauté était retranchée dans un monde à part. Pendant la crise des années 1930, les manifestations de chômeurs affamés semblèrent pouvoir réunir les ouvriers protestants et catholiques. Mais ils furent vivement encouragés par des leaders fanatiques à retourner à leurs querelles sectaires. Une force de police spéciale, entièrement protestante et travaillant à mi-temps (les *« B » Specials*), était constamment en rapport avec les orangistes et aidait la police à maîtriser les dissensions. L'IRA, ne progressant guère en Ulster, commença, en 1938, à faire exploser des valises piégées dans les villes anglaises.

La neutralité à tout prix

Alors que l'histoire de l'Irlande se répétait, l'Europe se préparait à entrer dans un nouveau conflit mondial. Lorsque, en 1939, la Grande-Bretagne déclara la guerre à l'Allemagne, l'Irlande du Nord affirma son allégeance à la Couronne tandis que De Valera annonçait que l'État des 26 comtés resterait neutre. Winston Churchill, le nouveau Premier ministre, promit secrètement à De Valera une Irlande unie si l'île se mettait en guerre et laissait la marine britannique se servir de ses ports. De Valera refusa, persuadé que la neutralité conférait enfin à l'Irlande l'identité d'une véritable nation indépendante. 50 000 Irlandais du Sud s'engagèrent néanmoins dans l'armée britannique.

Les craintes de Churchill étaient justifiées. Les Allemands avaient en effet prévu l'invasion de l'Irlande, *« Operation Green »* (Opération verte), qui leur aurait servi de tremplin pour attaquer l'Angleterre. Dans un recueil d'instructions destiné à leurs bataillons, ils avaient noté : *« Les Irlandais rêvent d'une communauté fondée sur l'égalité, mais ils sont si extraordinairement indépendants qu'ils peuvent aisément devenir indisciplinés et bagarreurs. »*

L'Irlande du Nord ne fut pas épargnée par les bombardements allemands. En avril 1941, un raid nocturne particulièrement meurtrier lancé sur Belfast fit plus de 700 victimes.

Une liberté illusoire

Au cours des dernières années, même le nom d'« État librc » avait donné lieu à des débats acharnés. Anglais et Irlandais semblaient trouver *Eire* (Irlande en gaélique) acceptable. Mais, en 1948, un nouveau gouvernement de coalition fut formé par John A. Costello et, le 18 avril 1949, l'Eire se proclama « République d'Irlande ». L'Angleterre déclara que, par conséquent, l'Irlande ne serait plus membre du Commonwealth. L'Irlande, ou du moins 26 de ses comtés, était enfin vraiment libre.

Sur le plan politique uniquement, car les libertés individuelles étaient sévèrement réduites. En 1948, l'émigration était devenue incontrôlable, motivée non seulement par le manque d'attrait général de l'existence dans une grande partie de l'Irlande rurale mais aussi par la progression de la censure. En 1954, pas moins de 134 livres furent interdits, et les cinéphiles devaient se rendre en Irlande du Nord pour voir les versions intégrales de nombreux films.

Les protestants du Nord réprouvaient ce qui était pour eux une intrusion inacceptable de l'État du Sud dans la vie privée de ses citoyens — la condamnation du divorce, par exemple, ou l'illégalité des méthodes contraceptives. En 1949, le parlement de Westminster vota l'*Ireland Act*, qui garantit à la province du Nord qu'elle ne cesserait pas de faire partie du Royaume-Uni, sans le consentement de Stormont.

A gauche, le Parlement de Stormont, en Irlande du Nord; ci-dessus, la colonne Nelson sur O'Connell Street fut détruite en 1966 pour commémorer l'insurrection de Pâques 1916.

Les consommateurs du Pays vert

En 1958, menée par Sean Lemass, l'Irlande décidait de rattraper le XXe siècle. Lemass chercha à créer de nouveaux emplois en ouvrant l'économie aux capitaux étrangers. Il attira ainsi des entreprises de petite ingénierie, de produits pharmaceutiques et d'électronique, modernisa l'agriculture. Le rêve de De Valera — dont le rôle de président n'était que symbolique — s'estompait rapidement. La langue et la culture gaéliques perdaient de leur intérêt. Sean Lemass venait d'inaugurer ce que l'on a appelé la « révolution des managers ». Les Irlandais, embrassant la société de consommation avec un plaisir non dissimulé, semblaient destinés à ne plus se distinguer des Anglais.

Même l'IRA délaissait son combat continuel pour une Irlande unie. Entre 1956 et 1962, une campagne de raids sur la frontière lui permit d'amasser une belle quantité d'armes. Mais ce fut tout. En 1965, Lemass trouva tout naturel d'organiser une rencontre amicale avec son voisin, le capitaine Terence O'Neill, Premier ministre de l'Irlande du Nord. Les unionistes les plus fervents s'en offusquèrent. Bon nombre de ses collègues du cabinet, ainsi que le pasteur Ian Paisley, fondateur

d'une « Église presbytérienne libre », ne manquèrent pas de rappeler à O'Neill que la République de Lemass revendiquait toujours la juridiction sur les six comtés.

La revendication des droits civiques

Par son origine aristocratique, O'Neill était mal préparé à faire face à la boîte de Pandore qui allait être ouverte à peine trois ans plus tard. Tout commença par un fait banal.

A Caledon, dans le comté de Tyrone, un conseil à majorité unioniste attribua un de ses logements à une jeune célibataire protestante, alors que de nombreuses familles catholiques étaient très mal logées. Les nationalistes, à l'instar des Noirs aux États-Unis, organisèrent un sit-in, suivi d'une manifestation pour l'égalité des droits civiques. Une deuxième manifestation était prévue pour octobre 1968 dans la ville fortifiée de Londonderry.

Le gouvernement de O'Neill interdit la manifestation, qu'il considérait comme une conspiration nationaliste. 2000 personnes y prirent néanmoins part, se heurtant à la RUC (Police Royale de l'Ulster) et à ses deux canons à eau mobiles. Les images du combat qui s'ensuivit furent retransmises par la télévision dans le monde entier.

En janvier 1969, emboîtant le pas à Martin Luther King, les militants catholiques organisèrent une marche de 110 km entre Belfast et Londonderry. Presque parvenus à destination, ils tombèrent dans une embuscade de protestants sur le pont de Burntollet. Plus tard, la RUC se déchaîna dans le Bogside, un ghetto catholique de Londonderry. Les habitants se retranchèrent derrière des barricades et proclamèrent leur territoire : *« Free Derry »*.

O'Neill, qui avait souhaité en vain des relations pacifiques entre les deux Irlandes, dut renoncer à ses fonctions sous la pression d'unionistes militants. La bonne volonté de son successeur, le major Chichester-Clark, lui aussi descendant de l'aristocratie ulstérienne, fut impuissante à maîtriser le malaise.

Entrée en scène de l'armée

En août, le défilé annuel des protestants à travers Londonderry ne manqua pas de déclencher de nouvelles violences. Les combats s'étendirent au quartier catholique de Falls Road et au quartier protestant de Shankill Road. La RUC, complètement dépassée, demanda des renforts et, le 16 août 1969, sans grand enthousiasme, le gouvernement britannique envoya l'armée dans les rues de Londonderry et de Belfast, *« pour soutenir le pouvoir civique »*. C'était une mesure d'urgence, un arrangement temporaire. Et personne ne s'imaginait alors que ces troupes seraient toujours en faction un quart de siècle plus tard.

A gauche, Bernadette Devlin, militante républicaine ; à droite, le pasteur Ian Paisley lors d'une manifestation protestante, dans les années 1960.

So I ALWAYS LOOKed The OTHER way
WHEN THE BRITS WERE HAVING A GO.
"WHO CARES I THOUGHT ?"
AND WHEN SOMETHING REALLY ROUGH HAPPENED I JUST TRAINED HARDER TO FORGET IT.
GIBRALTAR
INTERNMENT
BLOODY SUNDAY
ANYTHING FOR A QUIET LIFE.. SEE.
CHILD KILLED BY PLASTIC
STRIKE
WHERES IT GOT ME? WHAT HAVE THESE LADS IN KHAKI DONE FOR ME?
WE'RE NOT HERE TO DO THINGS FOR YOU WERE HERE TO DO THINGS TO YOU
HEY! DON'T FORGET US WEVE DONE OUR SHARE OF WRECKING HOMES, HARASSING PEOPLE, WEVE MURDERED AND TORTURED AND ....
AND WHEN I SAW THEIR KIND OF JUSTICE I THOUGHT "THERES GOT TO BE SOMETHING BETTER THAN THIS
SO I MADE UP MY MIND. I WANTED THESE THUGS OFF OUR BACKS
YOU MAY THINK IM A CORRUPT ORANGE BIGOT
NOW THAT IM A VERY WELL CORRUPT ORANGE BIGOT! ONLY JUSTICE YOUR GOING IS BRITISH JUSTICE
IS IT ANY WONDER THAT THE BRITISH TOURIST IS THE MOST DESPISED PERSON ON EARTH?
YOU SEE I WANT A DECENT FUTURE, AND ITS NOT GOING TO HAPPEN WHILE THESE "HEROS" ARE DOING THE DIRTY WORK OF BRITISH IMPERIALISM!
AND ITS NOT GOING TO HAPPEN IF YOU'RE WAITING FOR SOMEONE ELSE TO DO SOMETHING
HALLO? IS THAT THE SINN FEIN OFFICE ?
622112

L'IRLANDE AUJOURD'HUI

Les soldats anglais furent d'abord accueillis comme des libérateurs. Les ménagères catholiques, dont beaucoup s'étaient préparées à se réfugier dans la République, les soutinrent à grand renfort de tasses de thé. L'illusion que tout allait peut-être s'arranger plana un temps. Mais il était déjà trop tard pour espérer, car l'IRA venait de faire sa réapparition.

En tant que force de combat, l'IRA avait virtuellement cessé d'exister en 1962. A la fin des années 1960, réduite à une fraction de marxistes, elle déclara que son objectif était de renverser le pouvoir conservateur établi dans les deux Irlandes. Mal armée, elle était très consciente de son impuissance à protéger la population catholique contre les assauts des protestants, échec dont les graffiti *« IRA = I Ran Away »* (*« Je me suis sauvé »*) lui montraient cruellement toute l'étendue. En 1969, à un congrès de l'IRA dans la République, le mouvement se scinda en deux factions rivales : l'IRA officielle, marxiste et politicienne, et l'IRA provisoire, nationaliste et militaire, « les Provos ».

Les « Provos » gonflèrent leurs rangs lorsque l'armée britannique organisa des raids nocturnes dans les ghettos catholiques à la recherche d'armes. Ils perdirent cependant la considération des catholiques modérés. Pour empêcher les deux communautés de s'entretuer, l'armée bâtit à la hâte une muraille de fortune avec des briques et des tôles ondulées, *« The Peace Line »* (la Ligne de la paix). Personne n'aurait imaginé que 15 ans plus tard, la ligne serait devenue une fortification de béton et d'acier, un « mur de Berlin » au sein du Royaume-Uni.

Les profondes divergences entre les deux communautés

Nationalistes et unionistes n'ont jamais réussi à se témoigner ni confiance ni compréhension. Leurs traditions culturelles sont trop distinctes. Les enfants protestants ne fréquentent que des écoles protestantes totalement gérées par l'État, et les catholiques des écoles largement financées par l'État mais administrées par leur Église. Les enfants catholiques apprennent les jeux gaéliques tandis que les protestants jouent au cricket.

L'unification des écoles, solution qui, à long terme, pourrait aplanir les différences culturelles entre les deux communautés, pose des problèmes insolubles. L'Église catholique exige que ses enfants reçoivent un enseignement confessionnel. Par ailleurs, il reste si peu de quartiers où protestants et catholiques se côtoient, que cette solution reviendrait à faire passer sans cesse des milliers d'écoliers d'un quartier à un autre.

A gauche, les murs de l'Uslter se couvrent de graffiti aux messages sectaires ; à droite, une loyaliste de Belfast exprime son opposition à un rapprochement avec le Sud.

Le terrorisme

Au milieu de l'anarchie du début des années 1970, les rapports entre Ulstériens se sont dégradés. Les commerçants étaient soumis au racket systématique des milices de leur propre communauté et ceux qui refusaient de payer s'exposaient à retrouver leur boutique saccagée.

Une tête devait tomber ; ce fut celle du major Chichester-Clark. Le dernier des

Premiers ministres aristocrates fut remplacé en 1971 par un politicien pragmatique, Brian Faulkner. L'IRA avait alors repris son offensive armée, semant la terreur par des tirs embusqués, des véhicules piégés et des bombes placées dans des bars bondés. Dans les ghettos catholiques, les refrains d'admiration envers l'armée avaient cédé la place au couplet macabre *« If you kill a British soldier, clap your hands »* (*« Si vous tuez un soldat britannique, applaudissez »*). Les milices protestantes et les groupes terroristes comme la *Ulster Defence Association* et la *Ulster Volunteer Force* s'engagèrent dans une escalade de violence.

à la liste des dates que l'Irlande allait commémorer avec amertume à l'avenir. Le mois suivant, en représailles, une bombe explosa en Angleterre, à la caserne d'Aldershot. Comme dans les années 1850 et 1930, les troubles avaient inexorablement franchi la mer d'Irlande.

Dans la République, qui servait de refuge aux membres de l'IRA, les chefs du gouvernement condamnaient la violence perpétuelle du Nord, tout en veillant à ce que le Sud n'y soit pas précipité. En effet, si l'économie de l'Irlande du Nord était mise en pièces, la République jouissait d'une prospérité sans précédent.

Faulkner obtint du Premier ministre anglais Edward Heath l'établissement de camps d'internement sans procès pour les terroristes. Les catholiques se liguèrent contre la police, et la situation des prisonniers torturés, arrêtés souvent sur simple présomption, déclencha la réprobation internationale.

Le Dimanche sanglant

Le 30 janvier 1972, la situation évolua de façon tragique. A Londonderry, lors d'une manifestation pacifique contre l'internement, un corps de parachutistes de l'armée britannique tira sur la foule, tuant 13 personnes. Ce « Dimanche sanglant » s'ajouta

Avec l'entrée du pays dans la C.E.E., au début de 1972, les subventions affluèrent. D'anciens paysans se trouvèrent ravis de gagner un bon salaire à assembler des composants électroniques. Le climat intellectuel était également au beau fixe. Les écrivains et les artistes, autrefois contraints d'émigrer à la recherche de liberté d'expression, furent exonérés d'impôts. Frederick Forsyth, auteur de romans policiers, fut l'un de ceux qui vinrent s'installer en Irlande pour profiter de cet avantage.

Parvenu à Dublin, le féminisme connut un grand succès dans ce climat depuis longtemps hostile à l'initiative féminine. Pour protester contre l'illégalité des contraceptifs, des groupes de femmes organisèrent des voyages à Belfast qui firent beaucoup de bruit. A la douane de Dublin, elles ne manquaient pas de déclarer leurs achats illicites, en annonçant, au grand embarras des douaniers qui les réclamaient, qu'elles les portaient sur elles.

Londres prend les rênes

Dans le Nord, le ciel s'assombrissait encore davantage. Deux mois après le « Dimanche sanglant », Edward Heath abolit le parlement de Stormont, imposant le *direct rule* (autorité directe) de Londres, et tenta de persuader les dirigeants protestants et catholiques d'instaurer un pouvoir exécutif commun. Les Anglais jugèrent le compromis raisonnable mais, pour les Ulstériens, c'était une abomination : les protestants extrémistes y voyaient la première étape d'une unification de l'Irlande, et l'IRA un obstacle permanent à une telle issue.

L'Assemblée instituée en janvier 1974 pour assurer le pouvoir exécutif ne devait pas durer. Un premier coup lui fut porté lorsque Heath organisa des élections et que les protestants de l'Ulster élirent des candidats opposés au partage du pouvoir. Le coup fatal lui fut assené trois mois plus tard, en mai. Les ouvriers protestants, déchaînés par les discours enflammés du pasteur Paisley, lancèrent une grève dont le succès eut des retombées catastrophiques : les centrales électriques fermées, la vie s'arrêta en Ulster. L'Assemblée, incapable de gouverner, laissa Westminster reprendre l'administration directe.

A gauche, policier en faction ; les trois Premiers ministres (Brian Faulkner pour l'Ulster, Jack Lynch pour la République d'Irlande et Edward Heath pour l'Angleterre) se concertant comme des apprentis sorciers sur le sort de l'Ulster au début des années 1970 ; ci-dessus, l'Ulster est devenue un vrai champ de bataille.

La discrimination dans le travail et le logement avait été pratiquement éliminée. Mais la violence s'était incrustée : elle était présente depuis trop longtemps et était devenue pour beaucoup une *« seconde nature »*. Trop de jeunes chômeurs étaient bien heureux de pouvoir placer leurs espoirs dans cette guerre de conflits nationalistes. Les atrocités se multipliaient. Le nombre de victimes passa à 2 500, et une génération entière est parvenue à l'âge adulte sans jamais avoir connu la paix. Londres proposait solution sur solution. Même les vieilles tactiques nationalistes n'avaient plus aucun effet. Une grève de la faim dans une prison de l'Ulster, à laquelle le Premier ministre

Margaret Thatcher refusa de céder, se solda par la mort de 10 grévistes dont le plus populaire était Bobby Sando. Les politiciens britanniques envoyés en Irlande auraient pu se faire l'écho de l'un de leurs prédécesseurs qui, au XIXe siècle, s'adressa en ces termes au Premier ministre anglais : *« L'Irlande est un pays infernal à diriger, la diplomatie n'y a pas sa place. Il faudrait sans doute avoir recours à la vieille méthode qui consiste à placer les deux factions comme des coqs de combat, et à en soutenir une. Je ne m'y risquerai pas. Je souhaiterais être envoyé aux Indes. L'Irlande est une malédiction pour toute réputation. »*

implanter des usines en Irlande du Nord fit du chômage un spectre aussi redouté que le terrorisme. Et, de ce point de vue, le Sud s'en tirait plutôt mieux. Les prix élevés que la C.E.E. garantissait aux bovins, ovins et volailles apporta un surcroît de revenus aux agriculteurs ; mais, lorsque les effets du premier choc pétrolier de 1973 se firent sentir, le chômage s'accrut dans l'industrie et l'inflation frôla les 25%.

La situation de l'économie, déjà précaire, perdit toute chance de se rétablir lorsque le *Fianna Fáil*, qui avait perdu le pouvoir en 1973, remporta les élections générales de 1977 grâce à un programme démago-

gique et irresponsable. Les dépenses publiques, destinées pour la plupart à offrir des emplois improductifs dans la fonction publique, s'accrurent démesurément et la dette extérieure de l'État atteignit des proportions inquiétantes.

La plupart des Irlandais s'étaient adaptés à la violence. Alors que les tireurs de l'IRA et l'Irish National Liberation Organization visaient principalement la police et l'armée, il était possible aux habitants de mener une vie relativement calme. Des statistiques tendaient même à démontrer que les risques cumulés d'être tué au cours des troubles et sur la route étaient, à 22 pour 100000, de beaucoup inférieurs aux mêmes risques en France (30) ou aux USA (32).

Des temps difficiles

La récession économique et les hésitations bien compréhensibles des industriels à

L'ère Haughey

En 1979, Jack Lynch, qui avait suivi Sean Lemass, chef du *Fianna Fáil*, se démit de ses fonctions de Premier ministre (*Taoiseach*), et, après une vive querelle interne au parti, Charles Haughey lui succéda. Sa personnalité devait dominer la vie politique de la république pendant 13 ans — et y provoquer des divisions. Haughey était un personnage controversé : en 1970, alors qu'il était secrétaire d'État aux Finances, on l'avait accusé d'avoir favorisé un trafic d'armes à destination de l'Irlande du Nord (accusation pour laquelle il fut acquitté).

C'était un chef charismatique, comme le montre ce portrait dû à l'historien J.J. Lee : *« Comptable de profession, capable de cerner rapidement une question, il avait beaucoup de flair et d'imagination, une immense capacité à se maîtriser en public, ainsi qu'une aptitude à bousculer les pesanteurs avec une vigueur qui rendait les bureaucrates furieux, et une énergie propre à satisfaire son insatiable appétit de pouvoir. Il était du bois dont on fait les Premiers ministres. On l'admirait largement pour ses talents mais on le critiquait copieusement pour l'usage qu'il en faisait. Il dégageait une aura qui en faisait aux yeux du public une sorte de prince de la Renaissance : il avait une immense fortune (discrètement bâtie après son entrée en politique), sa cour de fidèles, un penchant florentin pour la guerre des clans, un goût pour les arts, une personnalité hors du commun, à la fois rusée et retorse, énergique et pleine de ressource, pleine d'imagination mais instable. »*

A gauche, membre de l'Ulster Police Force ; ci-dessus, Charles Haughey, personnage politique charismatique.

Une grande instabilité de la politique intérieure marqua les premières années de l'« ère Haughey ». En 1981-1982, il y eut trois élections en 18 mois. Des gouvernements minoritaires du *Fianna Fáil* alternèrent avec des coalitions du *Fine Gael* et du Parti travailliste sous la conduite de Garret FitzGerald, dont l'apparence simple et directe cachait un esprit politique pénétrant.

Un grand succès est à mettre au crédit de la dernière de ces coalitions : la négociation avec le Premier ministre britannique, Mme Thatcher, d'un accord anglo-irlandais qui donnait au gouvernement de la République d'Irlande un rôle consultatif dans la conduite des affaires de l'Ulster. La justice et la police des deux pays devaient par ailleurs collaborer dans la lutte contre le terrorisme. Cet accord suscita l'opposition farouche des unionistes comme de l'IRA, mais il finit par mener à des pourparlers sur l'avenir de l'Irlande du Nord, pourparlers sporadiques mais qui offraient au moins un petit espoir de progresser vers une solution du conflit.

Le gouvernement de FitzGerald aurait pu établir la discipline budgétaire dont l'économie irlandaise avait besoin, mais le parti travailliste refusa toute coupe claire dans les budgets de santé et d'aide sociale et la coalition se disloqua. Le *Fianna Fáil* remporta les élections qui s'ensuivirent et, ironie du sort, c'est à Haughey, qui dans l'opposition avait combattu les efforts de FitzGerald pour une réforme budgétaire, qu'échut la tâche de redresser l'économie.

Le traitement fut douloureux — surtout pour les plus pauvres, car c'est dans les budgets de la santé et du logement que furent pratiquées les coupes les plus importantes — mais il donna des résultats. Les syndicats, dans l'intérêt de la nation, acceptèrent des restrictions de salaires, la

confiance revint et les investissements affluèrent d'entreprises américaines, japonaises et européennes, attirées par de généreuses incitations fiscales. La courbe des exportations s'envola et, à la fin des années 80, la croissance atteignait un taux exceptionnel de 7% par an, plus du double du taux moyen de la C.E.E.

En dépit de cette expansion, le chômage continuait à croître. Le nombre d'emplois augmentait, mais restait insuffisant en regard du flot de jeunes gens qui se présentaient sur le marché du travail, conséquence de la forte natalité des années 1960 et 1970. (En 1981, le nombre d'enfants par famille était tombé à 2,1 contre 4 en 1971.)

Une amélioration de la situation rétablit la popularité du gouvernement, mais Haughey montrait des signes d'essoufflement. En 1989, il provoqua des élections législatives dans l'espoir, vite disparu, d'obtenir la majorité parlementaire qui allait lui échapper tout au long de sa carrière; l'objectif était ambitieux puisque, depuis l'indépendance, seulement 6 des 24 gouvernements ont bénéficié d'une majorité absolue.

A ces élections, le *Fianna Fáil* perdit des sièges au lieu d'en gagner et Haughey fut contraint de faire entrer pour la première fois son parti dans une coalition avec, ironie du sort, le parti des démocrates progressistes du centre-droite, fondé en 1986 par des membres du *Fianna Fáil* rebelles à la suprématie de Haughey.

Une femme à la présidence

Aux élections présidentielles de 1990, le candidat du *Fianna Fáil* subit une défaite spectaculaire face à la candidate de gauche, Mary Robinson, bien connue pour ses positions féministes et libérales.

L'année suivante, plusieurs scandales politico-financiers allaient défrayer la chronique. Après un débat parlementaire houleux, Haughey annonçait une enquête judiciaire publique. La presse révéla que des dirigeants d'une compagnie alimentaire nationale avaient détourné des fonds à leur profit et que le président de l'entreprise d'État des télécommunications avait revendu au prix fort à la compagnie un terrain dont il était propriétaire.

Bien qu'on n'ait pu prouver que Haughey ai été mêlé à ces affaires, il fut éclaboussé en raison de ses liens d'amitié avec les personnes impliquées et parce que sa fortune personnelle, ostentatoire et inexpliquée, laissait aisément soupçonner une complicité. Il dut se démettre de ses fonctions en 1992, sous la pression de son parti qui craignait de devoir affronter des élections anticipées; en effet, les démocrates progressistes avaient menacé de quitter la coalition gouvernementale.

Albert Reynolds, son ancien ministre des Finances, lui succéda le 6 février 1992. Ce personnage terne, dépourvu du charisme de Haughey, commença par promettre *«d'ouvrir les fenêtres et d'aérer»*. Reynolds était désireux de marquer une rupture avec son prédécesseur et il composa un gouvernement ne comportant plus que trois ministres du cabinet précédent.

Mais le 5 novembre 1992, le gouvernement de coalition de Reynolds fut renversé à la suite à la défection de six députés du Parti démocrate progressite de Desmond O'Malley. Ceux-ci rejoignirent l'opposition (*Fine Gael* et Parti travailliste) dans la dénonciation de la corruption du pouvoir.

Les élections législatives qui s'ensuivirent, en novembre 1992, confirmèrent le désir de changement qui avait porté Mary Robinson à la présidence deux ans plus tôt. Les deux grands partis nationalistes de centre-droite, le *Fianna Fáil* et le *Fine Gael*, sortirent laminés du scrutin, tandis que le Parti travailliste doublait sa représentation parlementaire, ce qui allait lui permettre de jouer un rôle décisif dans la vie politique. Un paysage politique plus moderne semblait enfin se dessiner. En janvier 1993, le *Fianna Fáil* et le Parti travailliste formèrent un gouvernement de coalition, dirigé par Reynolds qui était parvenu à se faire réélire Premier ministre.

Le débat sur l'avortement

L'élection de 1992 fut remarquable pour une autre raison : les électeurs devaient aussi se prononcer par référendum sur la question de l'avortement. La controverse avait éclaté juste après la première prise de fonction de Reynolds, quand on apprit que l'*attorney-general* (procureur général dépendant du ministre de la Justice) avait engagé une action afin d'empêcher une jeune fille de 14 ans victime d'un viol de se rendre en Angleterre pour avorter. Le procureur avait eu vent de l'affaire lorsque les parents de la jeune fille avaient demandé aux policiers chargés de l'enquête si l'on pouvait se servir des tissus du fœtus avorté pour identifier le violeur.

A gauche, Mary Robinson, première femme président de l'Irlande ; ci-dessus, manifestation contre l'interdiction de l'avortement, à Dublin.

Cet arrêt relançait la polémique entre partisans et adversaires de l'avortement. En 1983, les Irlandais avaient déjà été amenés à se prononcer par référendum sur l'avortement. Le résultat ne faisait guère de doute dans un pays où la population se déclare catholique à plus de 95%. Après un débat public au vitriol, l'interdiction fut entérinée et la constitution fut amendée en ces termes : *« La constitution reconnaît le droit à la vie de l'enfant à naître et, sauf le respect également dû à la vie de la mère, garantit que les lois respecteront et, autant qu'il sera possible, que les lois défendront et feront valoir ce droit.* » (Article 40.3.3)

Le procureur général, ayant été informé que la victime du viol avait résolu d'avorter, se sentit, en tant que gardien de la constitution, tenu d'intervenir. Un juge de la Haute Cour obéit à l'injonction du procureur et interdit à la jeune fille et aux membres de sa famille de quitter le pays pendant 10 mois. Étrangement, le gouvernement se retrouva au côté de la famille pour faire appel auprès de la Cour suprême, garant de la constitution, et offrit de payer les frais de la procédure d'appel.

Au milieu d'une intense controverse, la Cour suprême accepta l'appel, non pas, comme on s'y attendait, au nom des lois européennes garantissant la libre circulation entre les États, mais parce qu'elle estima que l'article 40.3.3 permettait l'avortement en cas de risque réel et immédiat pour la vie de la mère (par suicide en l'occurrence). En d'autres termes, l'amendement de 1983 avait abouti au résultat inverse de celui qu'il se proposait : la légalisation de l'avortement en Irlande.

Les adversaires de l'avortement, avec le soutien des évêques, exigèrent un nouveau référendum sur ce sujet. Le gouvernement accepta, en partie pour éviter que le référendum sur l'union européenne (le traité de Maastricht) prévu pour l'été ne soit victime d'un vote de protestation ; prudent, il attendit cependant la ratification du traité de Maastricht pour rendre publiques ses propositions exactes.

Le moment venu, il soumit trois propositions aux électeurs. La première garantissait la liberté de circulation (par conséquent le droit des femmes d'aller subir une interruption de grossesse à l'étranger). La seconde promettait la liberté d'information *« sur les services légalement disponibles dans un autre État »*. La troisième, la plus sujette à controverse, rendait l'avortement illégal à moins de nécessité *« pour sauver la vie de la mère, distincte de sa santé »*. Le risque de suicide, que la Cour suprême avait admis, était explicitement écarté.

Les « associations de défense de la vie » protestèrent vigoureusement : selon elles, les électeurs devaient avoir la possibilité de se prononcer pour une interdiction ferme de l'avortement dans le pays. Les partisans de l'avortement jugèrent spécieux le distinguo entre la « vie » et la « santé » de la mère ; ils contestaient qu'on néglige la notion de santé mentale pouvant conduire au suicide, et le fait que le gouvernement ait opté pour la voie du référendum plutôt que de légiférer sur la base de l'interprétation que la Cour suprême avait fait de l'article 40.3.3.

Finalement, le 25 novembre, les électeurs rejetèrent à 65% le droit à l'avortement quant la vie de la mère était menacée. Les propositions sur la liberté de circulation et d'information furent entérinées. L'avortement était par conséquent légal, mais dans des limites étroites et incertaines, et les législateurs se trouvaient contraints de résoudre un problème que la plupart d'entre eux avaient été trop contents d'éviter.

Il était cependant prévisible que le référendum de 1992 donne une réponse partielle à une question qui concernait de si près le rôle de l'Église et le statut de la femme dans la société irlandaise. On ne manqua pas de remarquer que les débats avaient été menés principalement par des hommes. Et l'une des particularités des élections législatives de novembre 1992 fut le succès des candidats féminins.

Une jeunesse sacrifiée

Au cours des dernières années, les observateurs de la société irlandaise ont été nombreux à prédire une explosion sociale. Avec près de la moitié de la population âgée de moins de 25 ans, et sans perspective de solution à la crise de l'emploi, ils la jugeaient inévitable. Mais rien ne s'est produit, principalement en raison de la soupape que constitue l'émigration, constante de la société irlandaise depuis la Grande Famine du milieu du XIXe siècle.

Le plus frappant peut-être est le sentiment de résignation des jeunes gens qui émigrent, pour la plupart, vers le Royaume-Uni ou les États-Unis. Ils ont besoin de travail, mais se considèrent surtout comme des « oubliés du système ». Ils ne voient pas l'utilité de rester dans leur pays et de lutter pour le transformer. *« Ce n'est pas un pays pour les vieillards »*, a écrit le poète Yeats à propos de l'Irlande des années 1920 ; il est triste aujourd'hui de constater que les jeunes citoyens du pays le plus jeune d'Europe ont l'impression qu'il n'est pas fait pour eux.

Pour que les choses puissent changer, les ministres de la République doivent faire preuve de courage et d'imagination. Ils doivent aussi restaurer la confiance des citoyens envers les valeurs politiques, à l'égard desquelles un sentiment de cynisme prévaut. D'un autre côté, les trois *« ambitions nationales »* que prônait sans cesse Eamon De Valera (faire renaître le gaélique, mettre fin à l'émigration et réunifier l'île) demeurent des vœux pieux.

De nos jours, seulement 100 000 personnes, le long de la côte ouest, parlent encore le gaélique ; les jeunes continuent à s'expatrier par milliers ; et le conflit apparemment insoluble en Irlande du Nord a coûté plus de 3 000 vies humaines depuis 1969. Les gens vivent avec, comme on vit avec un hôte indésirable qui occupe une chambre à l'étage et qu'on tâche d'ignorer malgré le bruit qu'il fait.

Les jeunes Irlandais se considèrent souvent comme des « oubliés du système ».

La question cruciale

Quelqu'un a dit un jour : *« Si vous croyez que vous avez compris la question de l'Irlande du Nord, c'est que vous êtes mal informé. »* La plupart des Anglais, quels que soient leurs efforts pour comprendre cette question, ont plus de raisons que jamais de rester perplexes. Que peut bien faire l'Angleterre à propos de l'Ulster ?

Si l'administration directe continuait, les chances de venir à bout des terroristes de l'IRA demeureraient faibles. Si l'on intégrait complètement la province au reste de la Grande-Bretagne, ce serait sans espoir de retour. Évoquer une Irlande réunifiée pousserait un million de protestants ulstériens (la majorité) à prendre les armes. Dessiner de nouvelles frontières engendrerait des réfugiés venus des deux camps. Retirer les troupes pourrait provoquer une guerre civile susceptible de s'étendre aux villes britanniques à forte population irlandaise. Accorder l'indépendance à l'Ulster serait revenir à la situation antérieure à 1969, un État à majorité protestante dans lequel les catholiques ne seraient que des « citoyens de seconde zone ».

Pour les touristes, la question est : comment les Irlandais, du Nord comme du Sud, si charmants et accueillants à l'égard de ceux qui visitent leur beau pays, peuvent-ils entretenir une querelle de famille aussi virulente ? La réponse de Macaulay est plus vraie que jamais : sous la fine couche de civilisation, la lave en fusion de huit cents ans d'histoire refuse de refroidir.

LES ARCHIVES

Ces dernières années, un nombre croissant d'étrangers ont fait la démarche de se rendre sur la *« vieille terre »* d'Irlande (*«the ould sod »*) pour y retrouver leurs racines. Ce phénomène s'est beaucoup développé, surtout auprès des Américains, depuis la visite du président Reagan, en 1984, à la demeure de ses ancêtres, dans le comté de Tipperary.

La *Hibernian Research Company*, l'agence de généalogie la plus importante d'Irlande, identifia Ballyporeen comme étant le petit village où les ancêtres du président vécurent. Elle a également retrouvé les racines du coléreux et brillant joueur de tennis John McEnroe dans les comtés de Cavan et de Longford. Cette agence, dirigée par Tom Lindert, reçoit entre 150 et 200 demandes par semaine et propose deux services. Le premier informe gratuitement le public sur les méthodes d'investigation à suivre. Enfin pour ceux que la démarche, souvent laborieuse, rebute, un deuxième service se propose d'effectuer toutes les recherches à leur place et de dresser l'arbre généalogique de leur famille. Il n'y a pas de prix fixe : les clients ne payent pas en fonction du résultat, mais du temps passé. Le coût s'élève en moyenne à 150 livres.

Que l'on se lance soi-même dans cette recherche ou que l'on ait recours à un spécialiste, il est indispensable de rassembler à l'avance le plus de renseignements possible dans son pays de résidence : nom de l'ancêtre qui a émigré, son lieu de naissance en Irlande, les dates approximatives de naissance, mariage et décès, sa religion, son métier et niveau social, le nom des enfants. Les journaux intimes, les correspondances ou les bibles de famille sont souvent de précieuses sources d'informations.

Auprès des archives nationales américaines, les Américains de souche irlandaise peuvent souvent retrouver la date et le port de débarquement de leurs ancêtres dans le Nouveau Monde. Les registres d'immigration et les listes de passagers font mention du pays, de l'âge et du métier de l'immigrant, ainsi que du port d'embarquement. Les archives australiennes sont particulièrement utiles, car maints immigrants ont effectué la traversée « sous les auspices » de l'État.

Principales adresses en Irlande

En Irlande, toutes les archives pour les 26 comtés de la République sont centralisées à Dublin :

The National Library, dans Kildare Street, rassemble une impressionnante collection de registres d'entreprises locales, d'annuaires commerciaux, de journaux, de documents personnels et de lettres. Le personnel y est patient et serviable.

The Public Record Office (Bureau des archives publiques), dans les Four Courts (palais de justice). De nombreux documents ont malheureusement été détruits au cours d'un incendie en 1922, au début de la guerre civile.

The General Register Office, dans la Joyce House, Lombard Street, regroupe les registres civils de naissance, mariage et décès depuis 1864.

The Register of Deeds, dans Henrietta Street, possède des titres de propriété et des contrats de mariage remontant à 1708, et dont la plupart concernent la *gentry* de l'époque.

The Genealogical Office, récemment transféré à Kildare Street, comprend le State Heraldic Museum. Ce bureau retrouve et dessine des blasons, et se charge de toute recherche moyennant rémunération.

The State Paper Office, dans le château de Dublin, intéresse surtout les Australiens. Il archive tous les documents concernant les Irlandais condamnés à être déportés en Australie. Il n'y a aucune honte à effectuer cette démarche, car les crimes en question étaient bien souvent insignifiants, voire inventés, ou soutenaient une cause rebelle.

En ce qui concerne les six comtés de l'Irlande du Nord, les archives sont réunies au *Public Record Office* de Belfast.

Dans le Nord comme dans le Sud, les archives sont souvent conservées dans les paroisses, et certaines remontent à 200 ans.

Pour obtenir la liste des agences de recherches généalogiques contacter : *The Genealogical Office, 2, Kildare Street, Dublin 2.*

Les vieux portraits de famille apportent des indices précieux dans la recherche d'ancêtres qui ont quitté l'Irlande au XIXe siècle.

LE RÔLE DE L'ÉGLISE

En Irlande, où sacré et profane se confondent aussi loin que remonte la mémoire, le catholicisme est aussi bien une affaire de nationalité que de religion. Tout comme en Pologne ou en Croatie, une identité nationale longtemps disputée a fait de l'Église une sorte d'État parallèle et, de fait, jusqu'à l'indépendance, l'unique expression organisée et institutionnalisée du sentiment national.

Le droit d'aînesse

C'est ainsi que la République d'Irlande d'aujourd'hui, devant la nécessité de se joindre aux démocraties européennes, se heurte encore au fait que l'Église était là avant l'État. Celle-ci s'est longtemps reposée sur ce droit d'aînesse afin de ralentir une séparation de l'Église et de l'État accomplie dans d'autres pays européens. L'Irlande est une jeune République d'à peine plus de 70 ans. L'Église, elle, est aguerrie et presque sans âge, à tel point que la vie de tous les jours est imprégnée de son langage, de sa culture, de son imagerie, et de son autorité (même si elle a été secouée depuis peu). Les difficultés rencontrées dans ce processus de séparation de l'Église et de l'État qui semble maintenant inévitable, permettent de se faire une idée de la place qu'elle a occupée et occupe encore dans la société irlandaise.

Car le véritable enjeu de ce processus n'est pas l'importance de la culture catholique (bien qu'en baisse, le nombre de catholiques pratiquants représente 86 % de la polpulation, bien plus que dans n'importe quelle autre société judéo-chrétienne), ni l'importance que les Irlandais accordent à la présence de Dieu dans leur vie. C'est en fait son rôle dans la société qui caractérise le catholicisme irlandais. Il ne faut pas oublier que le soulèvement de 1916, qui devait ouvrir la voie de l'indépendance, était de nature politique et religieuse. Accompli au moment de Pâques, interprété selon une imagerie de sacrifice mêlée de rédemption, il a donné naissance à une conscience politique catholique très particulière qui contredisait déjà les ambitions républicaines de nombreux révolutionnaires.

Pages précédentes, pèlerinage à Croagh Patrick; procession religieuse dans l'île d'Aran. A gauche, statue de saint Patrick, patron de l'Irlande à droite, détail de la chaire de l'église St. Werburgh's, à Dublin.

Une place privilégiée...

Depuis, le nationalisme irlandais qui a inspiré la vie politique du pays pendant la majeure partie du XXe siècle, est resté, sur le plan des institutions comme dans ses manifestations les plus violentes, étroitement lié au catholicisme. Ainsi, l'homme qui a dominé la scène politique pendant plus de 40 ans, Eamon De Valera, trouva-t-il opportun de consulter l'archevêque de Dublin de l'époque, Charles McQuaid, au moment de rédiger la Constitution. Et au début des années 1980, les membres de l'IRA faits prisonniers en Irlande du Nord, déclenchèrent une grève de la faim qui fut interprétée dans la plus pure tradition catholique, en termes de martyr et de pénitence.

Tout aussi considérable est la présence de l'Église dans les affaires publiques. Le sociologue Tom Inglis a fait remarquer qu'au XIXe siècle, en Irlande, l'Église catholique a enseigné la foi au paysan mais aussi et surtout lui a appris à vivre. C'est grâce à l'Église que la population rurale habituée aux grands espaces et aux travaux de la ferme a pu s'adapter à la vie urbaine et au rythme de travail du monde industrialisé.

Et si l'Église est parvenue à « civiliser » l'Irlande « rustique », c'est qu'elle incarnait le pouvoir d'État dans un pays qui n'en était pas un. Elle sut déjouer avec succès les tentatives britanniques de mise en place d'un système éducatif en fondant son propre système sous le contrôle de religieux, tout comme elle a créé ses universités et ses hôpitaux. Et, encore aujourd'hui,

un Irlandais à toutes les chances de naître ou de recevoir des soins dans un hôpital catholique, de suivre son instruction dans des écoles catholiques, de se marier dans une église catholique, de voir ses enfants baptisés par un prêtre catholique, d'être conseillé dans son mariage, si ce dernier vient à faillir, par l'Église et d'être enterré selon les rites catholiques. Ce qui s'apparente à notre système de couverture sociale a été créé par l'Église en Irlande.

Un pouvoir considérable...

L'ensemble de ces institutions initialement destinées à enrayer toute intervention du gouvernement britannique ont été conservées. De fait, l'Église a toujours la haute main sur l'immense majorité des organismes de santé et d'éducation du pays. Elle exerce, de plus, une grande influence dans tous les autres services sociaux. La plupart des écoles primaires lui appartiennent, ainsi que 90 % des collèges. La formation des professeurs se fait sous son contrôle ; celle des médecins et des infirmières dans des hôpitaux qui, le plus souvent, lui appartiennent.

Ainsi l'Église s'est-elle rendue incontournable dans les domaines de la santé et de l'instruction et, comme telle, elle s'est assuré d'un pouvoir considérable.

... à l'origine de ses difficultés

Toutefois, ce grand monolithe n'apparaît plus sans faille. L'Église catholique irlandaise est une institution menacée, souffrant d'une grave perte d'autorité. Ce qui a contribué à l'affermir à travers les siècles est devenu une faiblesse dans l'Irlande des années 90. Elle se trouve en effet affligée d'un problème paradoxal : elle ne peut espérer garder son pouvoir sans céder sur ce dernier.

L'Église catholique d'Irlande n'a vraiment pris la forme qu'on lui connaît aujourd'hui qu'au XIXe siècle, à la suite du traumatisme que représenta la Grande Famine qui réduisit de moitié la population en quelques décennies. Parce que cette famine semblait liée à la surpopulation, le clergé adopta une ligne inspirée du jansénisme français et du puritanisme anglais, qui fit évoluer les mentalités vers une sorte de pragmatisme cynique, au point que, dans les années 50, l'Irlande avait le plus faible taux de mariage au monde.

L'Église est devenue une bureaucratie efficace qui constituait une des rares sources de richesse, de développement et d'aide sociale disponible. D'une part, la fonction de prêtre ou de nonne procurait un statut économique acceptable pour les enfants en surnombre. D'autre part, l'ampleur des travaux de construction d'églises et d'écoles mis en œuvre dans la seconde moitié du XIXe siècle permirent à l'Irlande de se doter de nouvelles infrastructures. Ces réalisations très concrètes sur le plan social lui assurèrent un pouvoir considérable. En 1850, 30 à 40 % de la population assistait à la messe, pourcentage qui devait atteindre les 90 % en 1900 et demeurer inchangé jusque dans les années 80.

Mais, ainsi que le père John J. O'Riordain le faisait remarquer : *« Tous les progrès accomplis au XIXe siècle en Irlande, notamment l'établissement de nouvelles structures cléricales, la formation du clergé, la construction de lieux de culte, le développement de la vie et de la pratique religieuses, peuvent bien être perçus comme une seule et même marche triomphale. Mais la vérité est, à mon sens, moins glorieuse. On peut certes parler de succès.*

A gauche, pèlerinage sur les pentes brumeuses de Croagh Patrick. Ci-dessus, l'imagerie religieuse est présente aussi bien dans les foyers que dans les églises.

Cependant ce dernier n'a été pas tant le fruit d'une conquête que le résultat d'une opération douteuse. Au mieux, il s'est limité à un étalage de puissance de la part de quelqu'un qui vient de recevoir un héritage. »

Un colosse aux pieds d'argile

La première force qui se révèle être une faiblesse tient à la nature même du catholicisme irlandais. L'Église catholique irlandaise a grandi et s'est consolidée, non en détruisant ce qui l'avait précédée, mais en le couvrant de son propre vernis.

La chrétienté s'implanta en Irlande en assimilant de nombreuses croyances celtiques. Par exemple, le pèlerinage annuel au sommet du mont Croagh Patrick, dans le comté de Mayo, n'est autre que la survivance d'un culte païen récupéré par le catholicisme. Déjà, la spiritualité des tout premiers chrétiens irlandais était marquée à la fois par le mode de vie clanique et par l'usage d'une imagerie naturelle aux frontières du panthéisme. John Scotus Eriugena (John d'Irlande), le plus renommé des philosophes et théologiens du haut Moyen Age, a lui-même été accusé de panthéisme. Son livre *De Divisione Naturae* fut brûlé en 1210 sur ordre du Concile de Paris et placé à l'Index du Vatican en 1685.

Tout ceci permet de mieux comprendre ce qu'il faut entendre par le qualificatif « irlandais » dans l'expression « catholicisme irlandais », et que résume au mieux ce célèbre poème monastique du Moyen Age :

Qui va à Rome
Se donne bien du mal pour peu de profit
Car Dieu, quoique sur Terre tu aies longtemps soupiré après Lui
Tu ne trouveras pas à Rome, à moins de l'y amener.

Cette tendance au particularisme et à l'indépendance a permis au catholicisme irlandais de survivre aux persécutions et à l'isolement pendant les longs siècles de gouvernement britannique. Mais elle a aussi forgé une forme de catholicisme très dépendant de la nature même de la société irlandaise. Aussi longtemps que cette société est demeurée relativement stable, cette étroite communion a été une force incomparable. Mais, dans une société en pleine mutation, l'Église ressent d'autant plus fortement la pression du changement et, depuis peu, la nécessité d'évoluer elle aussi.

A sa base, et souvent pour le plus grand embarras du clergé, l'ancien catholicisme païen reste très vivace. Dans de nombreuses communautés rurales, des sources sacrées et d'anciens sanctuaires donnent lieu à des cultes à peine maquillés en rites catholiques. De temps à autre, se déclenchent aussi des vagues de ferveur superstitieuse, comme celle qui déferla sur le pays en 1985 et 1986, lorsque des gens déclarèrent avoir vu bouger des statues de la Vierge.

A certains endroits, comme à Knock, dans le comté de Mayo qui reçut la visite du pape Jean-Paul II en 1979, ces croyances et superstitions ont été pleinement assimilées et même institutionnalisées par l'Église. Mais en d'autres lieux, elles se perpétuent en marge du catholicisme, à peine reconnues par une Église bien trop consciente de leur importance et de leur vivacité.

Le talon d'Achille

L'Église d'Irlande doit en outre à ses succès — qu'elle su faire fructifier jusque dans les années 80 — de n'avoir jamais rencontré de véritable résistance. Elle n'a pas l'expérience qu'ont acquise ses parentes française, espagnole ou italienne face au développement de la laïcité. Jusqu'en 1979, elle n'a pas eu de difficultés à retarder la légalisation de la contraception, à encourager une censure implacable dans l'édition comme au cinéma, à se faire l'arbitre de la législation sociale, s'opposant ainsi au lent développement d'un État providence susceptible de lui faire concurrence.

Elle n'a jamais eu à créer ses propres journaux, ses programmes de radio ou de télévision parce que les médias lui étaient unanimement dévoués. Elle n'a jamais eu à créer de syndicat parce que le syndicalisme était, au pire, faiblement influencé par les idées marxistes ou le radicalisme anticlérical. Elle n'a jamais eu à organiser un parti politique puisque toutes les formations en présence sur la scène politique étaient fondamentalement catholiques. C'est ainsi que l'Irlande, incontestablement le pays le plus catholique d'Europe, se trouve démuni de toute représentation sociale et politique.

L'Église a toujours exercé son pouvoir au sommet et à la base, mais jamais vraiment au sein de la vie sociale: ni société civile pour relayer ses multiples institutions, ni intelligentsia pour étayer ses positions. Rien que des rencontres au sommet avec des politiciens et des ministres auprès desquels elle exerçait une grande influence. Et, à la base, un pouvoir séculaire tiré de sa mainmise sur l'instruction et la direction spirituelle.

Or, dans les années 80, c'est à tous les niveaux que son pouvoir a périclité. Au sommet, son audience dans le milieu de la politique est de plus en plus réduite. Elle avait enregistré deux grandes victoires: en usant de son influence en faveur d'un amendement à la Constitution pour interdire l'avortement, et contre un autre autorisant le divorce. Elle a gagné dans les deux cas, en maintenant ses positions face aux libéraux. Mais ce furent des succès sans lendemain qui, en fait, portèrent le coup de grâce au consensus politico-moral qui l'avait placée au-dessus de la politique et dont elle avait profité jusqu'alors. A tel point qu'en 1990, le dirigeant d'une des principales formations politiques irlandaises — qui plus est dans la mouvance des chrétiens démocrates européens — a pu se référer publiquement à un évêque irlandais comme à une «ordure». Pour ce qui est du divorce, l'Irlande devra inévitablement le légaliser dans les années qui viennent et, même le soutien le plus résolu de l'Église, le parti *Fianna Fail*, s'y est résigné. Quant à l'avortement, depuis l'amendement à la constitution de 1983 qui devait l'interdire, il est devenu un sujet de constants débats publics qui n'ont fait que rallier des voix à sa cause. De fait, il est, lui aussi, en passe d'être légalisé depuis que la Cour suprême, confrontée au cas d'une enfant de 14 ans enceinte et suicidaire des suites d'un viol, a jugé qu'elle avait le droit d'avorter en Irlande. Lors du référendum qui s'ensuivit, l'Église se montra même pour la première fois clairement divisée et marginalisée. La majorité des évêques se gardèrent de donner une directive de vote, mais certains, dont le très influent archevêque de Dublin, Desmond Connell, prirent une position beaucoup plus tranchée. Un clivage qui suffit à ruiner l'autorité doctorale de l'Église.

Dans le même temps, son influence à la base s'est trouvée grandement affaiblie. Le contrôle des écoles, des hôpitaux ainsi que d'un grand nombre d'établissements sociaux était un moyen très efficace de maintenir son emprise sur la société... mais représentait aussi une masse considérable de travail. Le recrutement en grand nombre s'est interrompu dans les années 70 avec l'époque où chaque famille irlandaise plaçait au moins l'un des siens dans le clergé. Le principal soutien de l'Église dans le domaine de l'instruction, l'ordre des Frères chrétiens, est lui-même très atteint, avec juste ce qu'il faut de nouvelles recrues pour s'occuper de ses membres à la retraite ; c'est dire ce qu'il en est pour enseigner dans des centaines d'écoles... Il en va de même pour la plupart des ordres religieux. Dans les années 90, elle a été contrainte de se retirer toujours plus de la gestion des écoles et des

Des statues religieuses s'élèvent un peu partout dans le centre de Dublin: à gauche, sur Dame Street et, à droite, sur O'Connell Street.

hôpitaux, laissant la place à des laïcs qui se montrent de plus en plus défavorables à son intervention.

Des tensions internes

Dans ce contexte, les signes de radicalisation se multiplient parmi ceux qui rejoignent encore le clergé ou en font déjà partie. En outre, dans le grand nombre de missionnaires envoyés à travers le monde — une tradition en Irlande — ceux qui reviennent au pays ramènent souvent des idées qui menacent plus qu'elles ne renforcent l'assise traditionnelle de l'Église dans la société. Dans les années 90, les campagnes les plus radicales au sujet de la pauvreté et de l'exclusion ont été menées par la *« Conference of Major Religious Superiors »*, représentant les principaux ordres religieux du pays.

La lente propagation des idées féministes dans ses rangs est peut-être plus gênante encore pour l'Église. Les religieuses commencent en effet à remettre en question l'autorité qui fit si longtemps d'elles de dociles servantes. L'éminent sociologue catholique, le père Lian Ryan met lui-même l'Église en garde en reconnaissant dans ses écrits qu'elle traite les femmes comme des citoyens de seconde classe et en lui suggérant de réfléchir au sort que l'histoire a réservé à la dictature de vieillards qui a fait s'effondrer le communisme en Europe de l'Est.

Les efforts d'adaptation

Le temps est bien loin où l'archevêque de Dublin, John Charles McQuaid, de retour du Concile Vatican II, disait à ses fidèles : *« Permettez-moi de vous rassurer ; aucun changement ne viendra perturber le cours paisible de vos vies de bons chrétiens »*. C'était le début des années 60, ces mêmes années qui ont vu l'émergence d'une nouvelle société irlandaise sur fond d'industrialisation et d'urbanisation ; une société à laquelle l'Église catholique d'Irlande tente de s'adapter maintenant qu'elle se sait menacée de l'intérieur.

En fait, ses premières tentatives en ce sens remontent aux années 70, avec l'apparition de religieux à la télévision. Mais cette carte médiatique, jouée un temps avec succès, finit, elle aussi, par se retourner contre elle. En 1992, le *Irish Times* a révélé que l'évêque Casey de Galway, dont le visage débonnaire et les talents de chanteur avaient fait une vedette du petit écran, celui-là même qui avait pu reconquérir par le charme l'autorité qu'elle avait perdue,

avait détourné des fonds de son diocèse pour aider la mère de son fils caché aux États-Unis. Pareil scandale dans les plus hautes sphères de sa hiérarchie était soudain possible. Et l'Église découvrait qu'il ne lui était plus possible, d'être à la fois, proche du peuple et au-dessus de tout, que se médiatiser revenait à perdre le contrôle de son image.

Ce coup fatal a probablement acculé l'Église catholique d'Irlande à amorcer un nouveau virage. Il permet aussi de comprendre pourquoi elle ne peut plus espérer recouvrer de son pouvoir sans y renoncer par ailleurs.

Assurément, elle ne peut compter retrouver la place qu'elle tenait au XIXe siècle et jusque dans les années 60. Ses institutions sont de plus en plus remises en question de l'intérieur même. Et son pouvoir, quoique encore loin d'être négligeable, décline rapidement.

Les exigences d'une population jeune et instruite, le besoin d'une société pluraliste soucieuse de se dégager des conflits religieux qui perpétuent la violence en Irlande du Nord, tout ceci signifie que son emprise ne peut que décroître sur le plan politique. Mais il est important de garder en mémoire que ce déclin ne concerne que cette Église qui remonte au XIXe siècle. Le sentiment religieux auquel elle s'est imposée, cette spiritualité ancestrale, panthéiste, que ni les persécutions ni la misère n'ont réussi à étouffer, ne montrent aucun signe de faiblesse.

Ce que le père Lian Ryan décrit comme les quatre péchés mortels du catholicisme irlandais : *« une moralité sexuelle obsessionnelle, l'autoritarisme clérical, son anti-intellectualisme ou, au mieux, son non-intellectualisme, et la création d'une mentalité de ghetto »* se révèlera de moins en moins important au fur et à mesure que les fidèles n'en feront plus qu'à leur tête et choisiront simplement d'ignorer ses positions sur la sexualité, son autorité, son obscurantisme. En ce sens, plus les catholiques irlandais rejetteront l'Église pour ses péchés, plus la culture religieuse dont ils ont hérité leur reviendra.

L'Église irlandaise pourrait alors ressembler à ce qu'elle était en 1800 : le foyer d'une spiritualité simple et profonde pour laquelle les vastes horizons sont ce qui importe, et non telle pratique ou telle règle de vie.

A gauche, à Knock, considéré comme le « Lourdes de l'Irlande », dans le comté de May ; ci-dessus, les manifestations pour la légalisation de l'avortement remettent fortement en question l'autorité de l'Église.

L'EXPLOSION DE LA JEUNESSE

« Ce n'est pas un pays pour les veillards. » Ainsi s'ouvrait abruptement le poème de William Butler Yeats, *Voile vers Byzance*, composé en 1926. Or, pour la grande majorité des jeunes élevés dans l'Irlande d'après-guerre, ce vers n'était plus qu'un triste anachronisme : dans les années 50, l'Irlande n'était pas un pays fait pour la jeunesse. Et combien de jeunes talents prirent alors le chemin de l'Angleterre ?

L'émigration ne touchait pas uniquement la classe sociale érudite. Elle frappa en plein cœur toute une société leurrée par la politique protectionniste d'Eamon De Valera, le fondateur de la République, et privée de son identité et de sa force vitale. L'Irlande offrait alors le spectacle désolé d'un conservatisme morose, rétrograde et sur la défensive.

La peur avait à elle seule engendré une telle situation. Les bâtisseurs de la République étaient guidés par des aspirations résolument et violemment catholiques, un catholicisme mortifère. Dans les années 1920 et 1930, les Irlandais vécurent dans le sinistre isolement d'une communauté cloîtrée, déterminée à noyer ses esprits créateurs dans l'alcoolisme et à détourner, voire à supprimer, toute initiative de progrès et d'ouverture d'esprit.

Un tunnel de grisaille

Par ailleurs, le manque de ressources du pays, et par conséquent le chômage, faisait fuir la population. Ceux qui s'expatrièrent allaient néanmoins revenir, rapportant avec eux les échos d'autres cultures, d'autres influences, d'autres modèles d'existence.

Dans les années 60, grâce à la politique d'ouverture de Sean Lemass, les Irlandais virent enfin le bout de ce long « tunnel de grisaille ». L'argent changea leur vie. L'économie mondiale était alors en pleine expansion, et l'Irlande réclamait sa part du « gâteau international ». Ce fut une période

L'explosion démographique en Irlande va de pair avec un taux de chômage élevé.

débordante d'enthousiasme et de transformations désordonnées. Les capitaux étrangers affluaient. Le pays s'ouvrait à l'exportation. Les antennes fleurirent sur les toits pour capter les premières émissions de la télévision nationale (la RTE), et même les programmes d'Irlande du Nord et d'Angleterre. Des influences nouvelles gagnaient le pays.

L'expansion économique freina l'émigration et la population s'accrut. Toutes proportions gardées, il naissait en Irlande plus d'enfants que partout ailleurs en Europe. Avec le déclin de la mortalité infantile, ces enfants, parvenus à l'âge

adulte, trouvaient du travail dans la République et fondaient à leur tour une famille. De sérieux changements avaient vu le jour. Bien que rétrograde sur le plan législatif, l'Irlande des années 80 offrait l'image d'une société jeune et pleine d'entrain.

Le « rock celtique »

C'est dans le domaine de la musique que l'impact a été le plus fort. Dans le monde des années 1960, les amateurs de *pop music* s'enthousiasmèrent pour la *folk music*. Cette mode finit par s'estomper à l'étranger mais demeura en Irlande. Cette musique traditionnelle faisait vribrer toute une génération en quête d'authenticité. Dans les années 70, le *folk* irlandais connut un nouvel élan avec des groupes comme les Clannad ou les Chieftains, qui se produisaient dans les pubs du pays.

Dans les années 80, sous la poussée de la grande proportion de jeunes de moins de 25 ans — presque 50% —, le changement s'accéléra. Les jeunes n'avaient pas l'intention de demeurer passifs. Bob Geldorf, chanteur des Boomtown Rats, organisa des concerts de solidarité « Live Aid » pour aider les victimes de la faim dans le monde. Le groupe U2 connut un succès retentissant avec un répertoire de chansons aux thèmes souvent politiques et humanitaires (la plus célèbre de ses chansons « *Sunday, bloody Sunday* » évoque les événements sanglants du 30 janvier 1972). Les Pogues occupent également une place de choix sur la scène musicale, avec une répertoire de chansons paillardes accompagnées au son entraînant de l'accordéon.

Cette effervescence de la jeunesse a été bien traduite dans le film d'Alan Parker *Les Commitments*, en 1991 : l'ascension et la décadence d'un groupe de rock dublinois.

Le rythme des choses

Chaque année, des milliers de jeunes visiteurs intrigués se laissent charmer par la civilisation irlandaise. La splendeur de la côte ouest séduit ceux qui sont rentrés bredouilles de leur quête d'authenticité à travers l'« Europe civilisée ». West Cork, Dingle dans le Kerry, la région des Burren, le district de Connemara rivalisent de charme. Cependant, l'expérience la plus enrichissante est celle qui consiste à séjourner dans un endroit particulier afin de découvrir son patrimoine et sa culture, de se familiariser avec le rythme lent des choses, et de faire connaissance avec les habitants.

Malgré le souffle d'air frais qui balaye l'Irlande depuis une trentaine d'années, ce pays est toujours fait pour les vieux ; mais la nouvelle Irlande doit sa beauté à la place de plus en plus grande qu'elle accorde à la jeunesse.

A gauche, une scène du film d'Alan Parker, « The Commitments » ; à droite, visages de la jeunesse irlandaise.

Fresh Milk
TABLE SALT

LES IRLANDAIS DU VOYAGE

« Dans mon enfance, nous étions chassés d'un endroit à l'autre, et nous n'allions jamais à l'école avec les mêmes amis. Les enfants des sédentaires passaient en courant devant nos camps — ils avaient peur des voyageurs. D'autres avaient une vision de nous plus romantique, à cause des chevaux et des roulottes bariolées. Ils nous demandaient si l'on venait d'un pays à part, comme les gitans dans les films. Ils pensaient que les voyageurs n'avaient pas de soucis et que nous ne craignions ni la douleur, ni la faim, ni le froid. En fait, on est comme tout le monde, à part notre langue, nos traditions et notre mode de vie. C'est comme ça qu'on doit être traités et pas comme des chiens... »

Extrait de *Traveller*,
autobiographie de Nan Joyce

Parmi les nombreuses formules de séjour en Irlande, les touristes peuvent opter pour le voyage en roulotte. On croise ainsi, chaque année, des vacanciers avançant au pas de leurs chevaux sur les petites routes tranquilles, et se donnant, pour quelques semaines, l'illusion d'être nomades; on ne peut alors se retenir de faire la grimace en songeant que les véritables nomades du pays subsistent dans des conditions souvent misérables.

L'Irlande compte plus de 3500 familles itinérantes, soit presque 30000 personnes. Environ un tiers de ces familles installent leurs camps sans autorisation le long des routes, sur les décharges ou les terrains en construction. Même s'ils ne représentent qu'une infime partie de la population, les touristes ne manquent pas de rencontrer ces femmes et ces enfants déguenillés qui mendient dans les rues de Dublin — un spectacle surprenant pour une ville européenne moderne — ou ces concentrations confuses de roulottes, de remorques, de cordes à linge, de chiens et d'enfants installées le long des routes.

Pages précédentes et à droite, les « voyageurs » installent leur roulottes le long des routes.

On les nomme encore souvent *tinkers*, en souvenir de leur activité passée de rétameurs ambulants. Mais le terme est marqué d'une forte connotation péjorative. Par égard, on les appelle aussi « itinérants », mais ils trouvent la dénomination condescendante et lui préfèrent celle de « *travellers* » (voyageurs).

Sur les routes

Leurs origines sont incertaines. Selon certains sociologues, de nombreuses familles seraient devenues nomades au cours des siècles derniers : fermiers et propriétaires catholiques spoliés, métayers expulsés, marchands obligés de se déplacer pour exercer leur métier, individus ou groupes « détachés » de la société, ce qui est encore d'actualité. D'aucuns ont même avancé que ces voyageurs descendraient des bardes errants décrits dans la littérature irlandaise, ou d'une caste de la société gaélique antique.

Ils n'ont aucune appartenance commune avec les romanichels d'Angleterre et d'Europe continentale, même si la roulotte a été introduite dans leur vie par les gitans du pays de Galles qui émigrèrent en Irlande lors de la Première Guerre mondiale pour échapper à la conscription.

Bien que leurs porte-parole (comme Nan Joyce, citée plus haut) en fassent parfois un groupe éthnique à part, les *travellers* ne se distinguent absolument pas des autres Irlandais. Ils sont toutefois considérés, et se considèrent, comme un groupe en marge de la société.

Leurs signes distinctifs étaient autrefois plus marqués. Jusqu'au début des années 60, les « voyageurs » vivaient presque tous dans des roulottes peintes de couleurs vives, ou sous la tente. Ils s'habillaient différemment du reste de la population, surtout les femmes, qui enveloppaient de châles leur tête et leurs épaules. Ils parlaient le *shelta*, un langage secret qui les protégeait du monde sédentaire, et qui n'est plus parlé que par les personnes âgées. Leur rôle dans la société, alors essentiellement rurale, était bien défini : ils étaient rétameurs, vaniers, marchands d'ânes et de chevaux, ferrailleurs, ouvriers agricoles, diseurs de bonne aventure, musiciens, etc.

Depuis vingt ans, ils sont victimes des rapides changements de la société irlandaise, dus à l'industrialisation et à l'urbanisation du pays. Leurs moyens de subsistance ont été supprimés par la mécanisation du travail agricole et le déclin de la population rurale. Ils se sont tournés vers les villes, surtout Dublin. Leurs rapports, déjà problématiques, avec les citadins se sont encore dégradés. L'accroissement spectaculaire de leur population n'a pas non plus facilité leur insertion : plus de 150 % au cours des vingt dernières années, contre 20 % pour la population irlandaise globale.

Aujourd'hui, plus de la moitié des voyageurs irlandais ont un domicile fixe : maison, cabane, ou caravane installée sur un terrain autorisé. Cependant, même s'ils se sont « sédentarisés », les déplacements, occasionels ou saisonniers, font toujours partie de leur mode de vie. Les autres n'ont pas renoncé à leurs caravanes et aux terrains illicites. Leurs campements s'apparentent aux bidonvilles : sans eau, ni électricité, ni installations sanitaires, ils sont infestés de rats.

Comme toutes les minorités, ils n'échappent pas aux préjugés. On les prétend malhonnêtes, alcooliques, paresseux et sales. La réalité est tout autre. Selon la police, leur taux de criminalité n'est pas plus élevé que celui du reste de la population. En ce qui concerne la propreté, une commission d'enquête rapporta en 1983 : *« Contrairement aux idées reçues, les voyageurs sont très soucieux de leur hygiène, et se servent toujours des installations mises à leur disposition. »* Pourtant, le poids des préjugés est toujours le même et constitue le principal obstacle à leur intégration.

A gauche et ci-dessus, deux métiers des travellers*: ferrailleur et marchand de chevaux.*

Le rejet de la population

Le logement est au cœur de leurs problèmes. La plupart d'entre eux souhaiteraient vivre dans une maison, bien qu'une minorité non négligeable réclame des campements aménagés. Or, vu la crise du logement, les « voyageurs » semblent condamnés à rester en fin de liste des demandes de H.L.M. Et ceux qui voient leur souhait réalisé sont fort mal accueillis par leur voisinage.

La population s'élève encore plus violemment contre l'aménagement de campements : les initiatives du conseil municipal de Dublin n'ont jamais abouti et, à Belfast, un campement, concu pour une vingtaine de familles, a été détruit par la population locale avant même d'être terminé.

Les voyageurs se raccrochent néanmoins à quelques espoirs. Ils parviennent à se regrouper en *lobbies* et à se faire entendre. Certains journalistes plaident désormais plus volontiers leur cause. Ils trouvent également des alliés auprès de personnalités politiques comme Mary Robinson.

DAVID WILKINSON
& SONS
DRUM MAKERS
MAYBOY
PORTGLENONE

RANDALSTOWN A·O·H DIV 72

DES HOMMES EN MARCHE

Chaque année, le 12 juillet, la communauté protestante d'Ulster entre en effervescence. C'est la célébration du *Glorious Twelfth*, qui commémore la victoire du protestant Guillaume d'Orange, sur les troupes du roi catholique Jacques II, en 1690. Cette bataille est restée pour les loyalistes le symbole de la colonisation anglaise et écossaise. Et, même si, depuis la partition de l'île, le site du combat (dans la vallée de la Boyne) est dans l'État de la République, les orangistes de l'Ulster, trois siècles plus tard, ne restent pas moins campés avec fermeté sur leur positions : *« No surrender ! »* (« Pas de reddition ! »). Ils organisent ainsi une marche annuelle pour proclamer leur attachement au protestantisme et leur allégeance à la couronne d'Angleterre.

Les préparatifs et la fête

La célébration du 12 juillet est préparée longtemps à l'avance. La « saison des marches » commence dès Pâques. Au cours des paisibles soirées d'été, un grondement sourd résonne dans toute la province : les joueurs de grosses caisses (*lambeg*) s'entraînent inlassablement, jusqu'à se faire saigner les mains. Dans toutes les villes et tous les villages, les trottoirs sont peints aux couleurs rouge, blanc, bleu du drapeau britannique ; les jardins sont couverts des fleurs « loyales » : le lys orange et le *sweet william* (œillet de poète) ; l'*Union Jack* est déployé aux fenêtres ; des arcs de triomphe en bois peint, représentant « King Billy » (diminutif de Guillaume) sur son cheval blanc, sont érigés dans les rues pavoisées de banderoles. Le 11 juillet au soir, d'assourdissantes festivités sont organisées autour d'immenses feux de joie.

La journée du *Glorious Twelfth* débute dans un climat plus serein. Le plus grand défilé a lieu à Belfast ; dès sept heures du matin, les orangistes, en costume noir, chapeau melon, gants blancs, étole orange autour du cou et parapluie à la main, suivent un itinéraire établi. Au son des fanfares, de gigantesques étendards sont levés ; ils sont imprimés du nom et du numéro de chaque loge (*Loyal Orange Lodge*) et peints d'emblèmes glorifiant les exploits du roi Billy, les châteaux et les églises ulstériens, ou de slogans des sociétés de tempérance (ligues anti-alcoolisme).

Durant le défilé, les orangistes vêtus de noir n'ont droit ni de boire ni de fumer. Leur austérité contraste étrangement avec l'excitation des badauds qui acclament les fanfares — concerts de cuivres, de cymbales,

de flûtes, de fifres, d'accordéons et, bien sûr, de cornemuses rythment la cadence du défilé. Le groupe le plus spectaculaire est celui des joueurs de cornemuse parés de kilts et du plumage des Highlanders. (On dit que le protestant de l'Ulster est à *« mi-chemin entre l'Écossais et l'humain »* !)

Des loyalistes venus de Glasgow, Liverpool et même du Canada, d'Australie et de Nouvelle-Zélande participent à la marche et aux festivités. A Belfast, les défilés mettent quatre heures pour joindre un point de ralliement à un autre et l'on estime à 100 000 les protestants qui, à travers toute la province, se rassemblent chaque année pour le *« Remember 1690 »*.

Pages précédentes, un joueur de grosse caisse dans le comté d'Antrim. A gauche, les hiberniens et, à droite, les orangistes défilent, tout long de l'été, en grande pompe.

Le tonnerre des tambours redouble d'intensité à l'approche des quartiers catholiques pour bien rappeler aux *holy Romans* le mot d'ordre : *No Pope here* » (*Pas de pape ici*).

« La saison des marches »

Cette manifestation connaît parfois des débordements ; aussi, depuis quelques années, un grand nombre de policiers et de soldats britanniques se glissent parmi les spectateurs, et des hélicoptères survolent la foule afin de prévenir d'éventuels incidents.

Le 13 juillet, les *Black Men* (hommes en noir) revêtent des costumes d'époque pour la représentation du *Sham Fight* à Scarva (comté de Down), une reconstitution de la victoire du « roi Billy ». Les *Black Men*, qui n'autorisent aucune femme dans leurs rangs, constituent l'élite de l'ordre d'Orange.

Au mois d'août, leur défilé du *Black Saturday* (le Samedi noir), le dernier de la saison, se déroule généralement sans incidents. Celui des *Apprentice Boys*, à Londonderry, le 12 août, incite à la provocation : il commémore les 13 apprentis qui, au cri de *« Pas de reddition »*, fermèrent les portes de la ville pour empêcher le gouverneur Lundy, « le Traître », de donner la ville au papiste Jacques II.

Le 15 août est célébrée la fête de la Vierge Marie par l'ancien ordre des hiberniens, parfois surnommés les « orangistes verts ». (Le vert étant le symbole de l'Irlande catholique, l'orange celui de l'Ulster protestante.) A l'instar de leurs rivaux orangistes, les hiberniens arborent des étoles (vertes à franges jaunes cette fois) et défilent avec fanfares et banderoles à destination d'un champ à sortie de la ville où ils se réunissent pour prier puis festoyer.

Hiérarchie et vandalisme

Les deux ordres ont, il est vrai, quelques similitudes. Les orangistes sont exclusivement protestants, et les hiberniens exclusivement catholiques, et chaque ordre exige de ses membres une foi inébranlable et une probité exemplaire. Les orangistes ont une organisation hiérarchisée d'environ 2 000 loges, et les hiberniens de 165 loges.

Les hiberniens font remonter leur origine à 1565, date à laquelle les catholiques irlandais, persécutés par la Réforme, se regroupèrent en troupes armées pour protéger leurs prêtres, les *Defenders*. Ils s'associèrent ensuite à des sociétés secrètes, les *White Men* et les *Ribbon Men* ; il fallut cependant attendre 1838 pour que les défenseurs des catholiques se fédèrent et fondent l'ordre des Hibernians, titre conféré par les émigrés irlandais en Amérique.

C'est en 1755 que les *Peep o'Day Boys*, une milice protestante, se rebaptisèrent ordre d'Orange après avoir écrasé les *Defenders* à la bataille du Diamond. C'était une société à moitié secrète aux symboles et aux rites maçonniques.

Divergences politiques et religieuses

Lors de la partition de l'Irlande au lendemain de la Première Guerre mondiale, les hiberniens s'engagèrent à œuvrer pour la réunification de l'île. Leur esprit pacifiste leur valut d'être discrédités au profit de mouvements extrémistes. A l'heure actuelle, l'ordre ne compte guère plus de 20 000 membres. Au contraire, l'ordre d'Orange gagna de l'influence et, à travers le Parti unioniste, veilla au maintien d'un *« parlement protestant pour un peuple protestant »* jusqu'à sa dissolution, en 1972. L'appui de la bourgeoisie eut beau diminuer considérablement, les défilés orangistes n'en continuèrent pas moins à servir de soupape aux frustrations de la classe ouvrière protestante. Leur effectif est toujours de 100 000 membres.

Les torts que les orangistes font porter aux catholiques sont à la fois religieux, politiques et économiques. Les protestants, qui considèrent le Christ comme le seul intermédiaire entre l'homme et Dieu, qualifient d'hérésie l'honneur accordé par les catholiques à la Vierge Marie et aux saints. Les catholiques, convaincus de l'infaillibilité pontificale, souhaitent voir leur Église influencer chaque aspect de l'existence. En revanche, les protestants

réprouvent la censure imposée sur la littérature dans la République ainsi que sa condamnation de la contraception et du divorce. Et autrefois, ils étaient également persuadés qu'un pays gouverné par le clergé était voué à la misère. L'un des toasts orangistes *« à la glorieuse, pieuse et immortelle mémoire du grand et bon roi Guillaume III »* ne proclame-t-il pas : *« Il nous a sauvés des fripons et de la friponnerie, des esclaves et de l'esclavage, de la monnaie de cuivre et des souliers en bois. »*

Les deux ordres ne se distinguent guère que par la couleur de leur étole : orange pour les orangistes et verte pour les hiberniens.

La participation de la jeunesse

Les enfants, qui apprennent des chants sectaires comme ils réciteraient une comptine, prennent part aux défilés. Les petits garçons sont enrôlés dans les *Junior Orange Lodges* ; ils sont fascinés par la mystique des mots de passe, des emblèmes et par le voyage annuel du *Worshipful Master* (Maître vénérable) au bord de la mer. Il y a vingt ans, un tiers des écoliers de l'Ulster en étaient membres ; aujourd'hui, le chiffre frôle à peine les 10 %. L'ordre d'Orange et la pompe de ses règles morales apparaissent surannés aux jeunes, dont beaucoup souffrent du chômage.

La jeunesse protestante participe aux quelque 2 000 défilés annuels non plus par conviction religieuse ou politique mais plutôt par quête d'identité culturelle. Plus de chapeaux melon, mais des coupes punks rouge-blanc-bleu, plus de costumes noirs, mais des jeans et des cuirs cloutés. Soucieux de marquer leur territoire, les *Kick The Pope Bands* (groupes antipapistes particulièrement violents) affrontent les verts irlandais dans les *shatter zones* (zones de frictions). Mais, en général, les jeunes se cantonnent dans leurs propres quartiers, et les défilés sont animés de danses et de chants, qui ressuscitent avec éclat les rites de la culture populaire de l'Ulster.

Spectacle et traditions

L'enthousiasme pour les fanfares et la musique n'a pas faibli. Certains orchestres de cuivres, comme *The Templemore* et *Britannia*, ont établi leur réputation, et James Galway, flûtiste de renommée internationale, débuta dans un orchestre de Belfast. Les jeunes ont une prédilection pour le fifre et le tambour, la flûte et même le *tin whistle* (flageolet) ; les filles ont adopté l'accordéon. Le répertoire musical est varié : *folk songs* irlandais ou écossaises, chants sectaires (orange ou verts), marches militaires et hymnes des sociétés de tempérance.

S'il est vrai que les défilés reflètent les profondes divisions de la double culture de l'Ulster, ils n'en constituent pas moins un spectacle merveilleux. Il existe peu d'endroits dans l'ouest de l'Irlande où les traditions populaires ont subsisté de la sorte au cœur de la vie quotidienne.

WALSHE

LA MUSIQUE ET LA DANSE

Au XVIIe siècle, un voyageur anglais de retour d'Irlande rapporta au sujet des distractions champêtres dominicales: *« Un violon dans chaque champ, où les belles virevoltent jusqu'à l'épuisement. »* Il n'est pas un étranger, au cours des siècles, qui n'ait attesté cette vitalité de la tradition musicale en Irlande.

Aujourd'hui encore, les visiteurs sont assurés d'assister, dans n'importe quelle ville ou hameau, surtout le week-end, à quelques concerts de musique folklorique. Le spectacle n'a rien d'une attraction touristique; la musique fait réellement partie intégrante de la vie quotidienne. Tour à tour sont enchaînées mélodies lancinantes, *jigs* enlevées et ballades nostalgiques, d'où ressortent les influences de la musique italienne et souvent espagnole.

Une tradition préservée

Alors que d'autres pays ont vu leur patrimoine folklorique reculer sous l'assaut de la *pop music* commerciale, l'Irlande redécouvre ses airs et ballades d'antan, et des milliers de jeunes s'apprêtent à leur ouvrir la voie du XXIe siècle. Grâce au succès international de groupes comme les Chieftains, les Clannad et les Furey Brothers, la musique irlandaise connaît un nouvel essor. Les Chieftains ont même fait une tournée en Chine.

Mais qu'entend-on au juste par musique traditionnelle? Bien entendu, les Irlandais ne s'accordent pas sur une définition. Les puristes renient des chansons comme *Calway Bay* ou *Danny Boy*, considérées pourtant dans le monde entier comme typiquement irlandaises. *Danny Boy* a beau avoir des origines anciennes, on reproche à cet air une composition trop moderne. Pour les « aficionados », ne peut être qualifié de *folk song* que les morceaux datant de plusieurs siècles et joués avec des instruments traditionnels.

Pages précédentes, des musiciens ambulants à Listowel. A gauche, les musiciens de rue sont tolérés aussi dans la capitale ; à droite, danses folkloriques au Galway Oyster Festival.

En réalité, les concerts de musique traditionnelle comprennent des airs relativement récents, chants d'émigrés ou hymnes patriotes du siècle dernier, voire des morceaux plus contemporains comme *The Band Played Waltzing Matilda*, un chant pacifiste lancinant, écrit par le chanteur écossais Eric Bogle à la mémoire des troupes massacrées dans les Dardanelles au cours de la Première Guerre mondiale.

La harpe et la cornemuse

La harpe est incontestablement l'instrument qui symbolise le mieux l'Irlande.

Emblème national (avec le trèfle), elle figure sur la monnaie, les timbres... Son usage est mentionné dans des documents du XIe siècle: à cette époque, les bardes accompagnaient leurs poèmes à la harpe à la cour des rois et des princes gaëls. Au XVIIe siècle, avec le déclin de la civilisation gaélique, sous la domination britannique, les harpistes durent se trouver une autre vocation. Nombreux furent ceux qui, sillonnant les routes du pays, s'offraient de divertir l'aristocratie de l'époque.

Jadis, les Irlandais jouaient aussi de la cornemuse (*bagpipe*), qui ressemblait au modèle écossais actuel. La littérature irlandaise abonde en références : on l'utilisait

pour sonner l'assaut sur le champ de bataille ou lors des mariages et des événements sportifs.

Avec le temps, ces cornemuses ont été remplacées par un instrument spécifiquement irlandais : les *uilleann pipes*, ou *union pipes*. Cette cornemuse est alimentée par un soufflet que le joueur actionne avec son coude. Elle se distingue par la douceur de sa sonorité et est l'un des instruments les plus utilisés par les meilleurs musiciens traditionnels. Citons également le violon, le concertina (petit accordéon), la flûte, le *tin whistle* (flageolet), la guitare et le *bodhran* (tambourin en peau de chèvre tendue qu'on frappe avec une petite baguette).

La popularité de la danse

La tradition de la danse, étroitement liée à celle de la musique, s'est affirmée dans la deuxième moitié du XVIIIe siècle. Les récits de voyage de cette époque rapportent que la danse était tellement populaire que même la classe sociale démunie payait des maîtres de danse — se déplaçant d'un village à l'autre, accompagnés d'un cornemuseur ou d'un violoniste — pour apprendre la danse à leurs enfants.

Chaque maître possédait un territoire défini ; il s'installait, parfois pendant six semaines, dans une région et lui assurait un festival ininterrompu de chants et de danses. On raconte que des rivalités existaient entre certains maîtres quant à l'attribution des territoires ; ils réglaient alors leur différend en concourant. Dans une ville du comté de Kilkenny, deux maîtres se disputèrent une paroisse en dansant à tour de rôle sur un tonneau renversé et savonné.

Le pays dansait surtout le dimanche et les jours de fête, à l'occasion des événements sportifs — et, bien sûr, aux mariages, pour lesquels le musicien était rétribué. A vrai dire c'était, pour beaucoup, leur seul moyen de subsistance.

Hommes et femmes dansaient tous ensemble ou en petits groupes au rythme des *jigs*, des *reels* et des *hornpipes*. Les prouesses individuelles, comme danser sur une surface limitée, étaient également très appréciées. Les jours de pluie, la fête se

Joueuse de cornemuse à Enniscorthy, dans le comté de Wexford.

tenait dans les granges, par beau temps, dans un champ ou, bien souvent, à une croisée de chemins. Les airs joués à ces occasions étaient transmis d'un musicien à l'autre, sans partitions musicales. Beaucoup auraient été oubliés si de grands mélomanes n'avaient parcouru le pays, au XIXe siècle, pour retranscrire ces morceaux.

Les effets du nationalisme

Les traditions furent remises à l'honneur à la fin du siècle dernier sous l'impulsion du nationalisme et du regain d'intérêt pour la langue gaélique et la culture irlandaise en

général. Les fondateurs de la République encouragèrent vivement l'enseignement de la musique et de la danse traditionnelle dans les écoles. La nouvelle station de radio nationale *Radio Eireann*, consacra de longues plages horaires à la culture irlandaise. Plus récemment, le grand compositeur Sean O'Riada, avec son groupe Ceoltoírí Chualann, le prédécesseur des Chieftains, contribua grandement à relancer la musique traditionnelle.

Mais le mérite en revient aussi à *Comhaltas Ceoltoírí Eireann*, une organisation qui s'occupe de tout ce qui concerne la musique folklorique. Elle possède plusieurs centaines d'agences, réparties dans tous les comtés d'Irlande et même à l'étranger, et organise régulièrement des festivals, dont le plus réputé est l'*All-Ireland Fleadh*. Ce festival, qui dure trois jours, a lieu chaque été dans une petite ville de l'Ouest et attire souvent plus de 100 000 personnes.

Les grandes villes comme Dublin, Belfast et Cork organisent leurs propres festivals. Par ailleurs, il existe des festivals spécialisés dans un genre musical, comme celui des *uillean piping* qui a lieu tous les ans, en juillet, à Milltown Malbay, dans le comté de Clare, tire son nom d'un célèbre sonneur de cornemuse du comté, Willie Clancy.

Concerts dans les châteaux et dans les pubs

Pendant la saison touristique, dans de nombreux hôtels, le dîner est suivi d'un spectacle de danses et de chants folkloriques. Les châteaux médiévaux offrent, en plus somptueux, des divertissements similaires : Knappogue Castle, à Quin (comté de Clare), Dunguaire Castle, à Kinvara (comté de Galway), Bunratty Castle, à Bunratty (comté de Clare). Mais si vous recherchez une atmosphère plus authentique, les pubs sont les lieux privilégiés, de nombreux musiciens ou même des clients s'y adonnent alors à l'improvisation.

La ville de Dublin organise régulièrement des spectacles qui ont lieu, en général, dans l'arrière-salle des pubs. C'est dans le pub O'Donoghue, dans Menion Row, au centre de la ville, que les célèbres Dubliners ont débuté dans les années 1960, et, presque tous les soirs, un concert y a lieu. Sont également dignes d'intérêt : le Brazen Head, dans Lower Bridge Street, l'un des pubs plus anciens de la ville, le Slattery, dans Capel Street, et An Beal Bicht, dans Charlemont Street.

Au nord de Dublin, à Howth, l'Abbey Tavern est réputée dans le monde entier pour ses chanteurs de ballades. Au sud de la ville, le siège général de la Comhaltas, à Monkstown, organise régulièrement des concerts. Pour connaître touss les lieux et dates des concerts, le magasine *In Dublin* sera d'une précieuse aide.

La musique traditionnelle est aussi populaire que la culture rock auprès de la jeunesse irlandaise.

LES IRLANDAIS ET LES MOTS

« Nous autres Irlandais nous n'avons jamais rien fait mais nous sommes les plus beaux parleurs qui aient jamais existé depuis les Grecs »

Oscar Wilde

Les Irlandais sont réputés pour leur maîtrise de la langue anglaise, écrite et parlée. Une virtuosité que l'on peut apprécier à travers une conversation entendue dans un pub à Dublin, ou encore l'éloquence d'un guide et, bien sûr, à travers les œuvres des grands noms de la littérature, comme Oscar Wilde, John Mahaffy, Jonathan Swift, George Bernard Shaw, Edmund Burke, Samuel Beckett... Une célèbre boutade irlandaise ne dit-elle pas: *« Les Anglais nous ont laissé leur langue pour que nous en fassions de la littérature. »*

Cependant, James Joyce, grand virtuose de la langue anglaise, a souligné avec amertume dans *Dedalus, portrait de l'artiste par lui-même*, ce sentiment d'aliénation culturelle qu'éprouve tout Irlandais qui la parle. Dans ce roman, Stephen Dedalus, *alter ego* de Joyce, emploie un mot inconnu du doyen de son université. Le doyen, le père Darlington, un Anglais, pense à tort que le mot est d'origine irlandaise, ce qui amène Stephen à la réflexion suivante: *«La langue que nous parlons lui appartient mieux qu'à moi. Combien différents sont les mots* patrie, Christ, bière, maître, *sur ses lèvres et sur les miennes ! Je ne puis prononcer ou écrire ces mots sans inquiétude. Son idiome, si familier et si étranger à la fois, sera toujours pour moi un langage acquis. Je n'ai ni façonné ni adapté ces mots. Ma voix leur oppose une résistance. Mon âme s'exaspère à l'ombre de son langage à lui. »*

En effet, à l'heure actuelle, peu d'étrangers ont conscience que l'usage de l'anglais en République d'Irlande est récent. Ils ignorent souvent que le gaélique est la première langue officielle du pays depuis 1922, l'anglais étant la seconde. Toutes les relations entre les citoyens et les administrations publiques doivent pouvoir se mener en irlandais. Mais dans la pratique, la réalité est tout autre...

Pages précédentes, représentation de « L'Ombre d'un franc-tireur », de Sean O'Casey, à l'Abbey Theatre de Dublin. A gauche, Oscar Wilde et, à droite, George Bernard Shaw, deux célèbres dramaturges irlandais.

La langue d'une minorité

En 1835, le gaélique était parlé par quatre millions d'Irlandais, la plupart issus de la classe paysanne opprimée, qui fut décimée par la grande famine des années 1840, et évincée par plusieurs vagues d'émigration. Si bien qu'en 1891, le nombre de personnes

parlant gaélique était tombé à 680 000. De nos jours, l'irlandais n'est plus parlé dans la vie quotidienne que par 75 000 habitants des régions de la côte ouest, officiellement dénommée *Gaeltacht*. Cependant, plus d'un million d'Irlandais peuvent affirmer connaître cette langue, dont l'enseignement dans les programmes scolaires est imposé par le gouvernement.

Le gaélique ancien a résisté aux vagues successives d'invasions des Vikings, des Normands et des colons anglais. En 1366, face à l'intégration des familles anglo-normandes auprès de la population irlandaise, le roi d'Angleterre imposa les statuts de Kilkenny, interdisant les mariages entre

Normands et Irlandais ainsi que l'usage du gaélique. C'est en vain cependant que les Anglais tentèrent de juguler l'incrustation des coutumes et de la culture celtiques chez les colons.

L'abandon définitif du gaélique au XIXe siècle est non seulement conséquent à la Grande Famine mais également à l'instauration du *National School System*, en 1831 : l'anglais fut décrété langue officielle dans l'éducation et les enfants qui parlaient dans leur langue maternelle étaient battus ou bâillonnés. La situation s'accentua lorsque de grands personnages, comme l'Irlandais Daniel O'Connell, admirent que l'anglais était la seule langue adaptée à la politique. O'Connell déclara qu'il était *« suffisamment utilitariste pour ne pas regretter l'abandon du gaélique »*.

Un alphabet unique

Au XXe siècle, la politique nationaliste d'Eadmon De Valera inversa la situation. Ce politicien prônait un « renouveau linguistique » et déclarait que *« l'Irlande avec sa langue valait mieux qu'une Irlande libre et privée de sa langue »*. La disparition virtuelle du gaélique en tant que langue vivante apparaissait certes comme une tragédie. *Gan tenga, gan tir* (*Pas de langue, pas de pays*), telle était la devise des partisans de sa renaissance.

Le gaélique est la variante la plus ancienne des langues celtiques et la langue la plus ancienne au nord des Alpes dont on ait conservé des manuscrits. Cette langue possède un alphabet unique et d'une très grande beauté. C'est par un étrange caprice de l'Histoire qu'elle a eu accès à l'imprimerie : en 1571, Elizabeth Ire ordonna la création d'une fonte de caractères gaéliques pour l'impression d'une version irlandaise du Nouveau Testament protestant.

Malheureusement, ce beau caractère typographique fut supplanté dans les années 60 par le caractère romain afin de rendre la langue plus « moderne » et plus accessible. Le caractère gaélique est devenu très rare. Le *Livre de Kells* et le *Livre d'Armagh*, conservés à la bibliothèque de Trinity College, ou le *Livre de Dun Cow* à la Royal Irish Academy en renferment quelques exemples remarquables. Un extrait de ce dernier apparaît sur le billet de banque de la livre irlandaise.

Un « parler » entre deux langues

Le changement de langue qui survint au XIXe siècle fut si brutal et si mal accepté que l'anglais fut marqué de l'empreinte du gaélique. Une curieuse anecdote figure dans *Mo Scéal Féin* (*Mon histoire*), d'Ant-Athair Peadar O'Laoghaire (père Peter O'Leary), qui raconte l'histoire de deux enfants du West Cork pendant la famine :

« — *Viens*, dit-elle.

— *Je viens, Sheila*, dit-il.

— *Je n'ai plus de parler, maintenant.*

— *Qu'est-ce que tu as à la place, Sheila ?*

— *J'ai l'anglais.*

— *Eh bien, l'anglais est un parler, Sheila.*

— *L'anglais, un parler ?* dit-elle stupéfaite. *Si c'était vrai, les gens le comprendraient.* »

Le gaélique est considéré ici comme un « parler », une langue pour la communication et l'imagination, contrairement à l'anglais qui n'est qu'un outil, nécessaire mais imparfaitement compris. Au XIXe siècle, une grande partie de la population pensait en gaélique avant de s'exprimer en anglais. Ce système amena la formation du fameux dialecte hiberno-anglais et ses tournures très élégantes, même dans les phrases les plus anodines. Ainsi, la simple formulation « c'est vrai »

(« *That is true* ») eut comme équivalent hiberno-anglais soit « c'est vrai pour toi », traduit du gaélique *is fíor é sin*, soit « il n'y a pas là un seul mensonge », traduit de *níl aon focal bréige ann*.

Une bataille verbale

En outre, l'anglais standard est une langue grandiose et rationnelle, soucieuse d'exactitude, et dont le ton social a été admirablement rendu par le génie de Jane Austen. Aucune plume irlandaise n'aurait pu écrire la célèbre phrase d'introduction à *Orgueil et préjugé* : *« C'est une vérité universellement reconnue qu'un célibataire pourvu d'une belle fortune doit avoir envie de se marier. »* Malgré sa pertinence et son élégance, cette phrase est trop précise, trop précieuse, et surtout elle manque de cette familiarité et impertinence subersives du schéma de pensée irlandais. La précision anglo-saxonne n'a pas d'équivalent dans l'esprit irlandais, qui s'accommode davantage dans la fameuse maxime du personnage de comptine Humpty-Dumpty : *« Lorsque je dis un mot, il signifie ce que je veux bien qu'il signifie — ni plus ni moins. »* Joyce poussera l'expérience linguistique à son paroxysme en ayant le souci constant d'une pluralité de sens visant à éloigner le mot de toute réalité particulière.

Deux des plus grands écrivains irlandais du XXe siècle : à gauche, James Joyce, qui donna à la langue anglaise une autre dimension ; ci-dessus, Sean O'Casey, dont les pièces traduisent les problèmes politiques de l'Irlande.

Les surdoués de la littérature

Au XXe siècle, une nouvelle génération d'écrivains redécouvrit le hiatus existant entre l'esprit irlandais et la langue anglaise, et se mit à étudier ses possibilités stylistiques. William Butler Yeats et lady Gregory, pilier de l'Abbey Theatre, ont réhabilité le paysan irlandais en le dotant d'un parler authentique et mélodieux, et non plus phonétique et caricatural.

John Millington Synge, qui parlait couramment le gaélique, poussa l'expérience plus loin, et la cadence particulière du discours de ses acteurs, leur parler cru, presque brutal, furent parfois décriés. Dans la préface du *Baladin du monde occidental*, certainement la pièce du répertoire irlandais la plus connue bien que fortement controversée, il écrivit : *« Quiconque a réellement vécu dans l'intimité des paysans irlandais reconnaîtra que les paroles et les idées les plus folles de cette pièce sont à vrai dire bien ternes en comparaison des extravagances que l'on peut entendre dans n'importe quelle petite cabane des collines de Geesela, de Carraroe ou de la baie de Dingle. »* Synge mit au point un langage théâtral convaincant à partir de quelques constructions dérivées du gaélique qu'il adapta à la formulation anglaise. Il devint virtuose dans l'art d'user de ces procédés apparemment simples et donna naissance à une nouvelle forme de lyrisme.

La littérature du XXe siècle est largement redevable aux auteurs irlandais, dont on ne saurait donner une liste exhaustive : citons, entre autres, Yeats, qui débuta avec les poèmes du *Crépuscule celtique*, Sean O'Casey, et son admirable retranscription des accents des bas quartiers de Dublin, Franck O'Connor et ses souvenirs d'enfance, d'un humour amer, le théâtre de Beckett et de Shaw, les poèmes de Patrick Kavanagh, Brendan Kennelley et Seamus Heaney, et Joyce, bien sûr, qui renouvela la technique narrative de l'écriture moderne.

LE FOLKLORE ET LES FÉES

« Ici, les gens ne font pas de distinction entre le naturel et le surnaturel », notait Synge. L'Irlande possède un fonds de sagas et de légendes impressionnant, une source d'inspiration largement exploitée par des auteurs irlandais, en particulier ceux qui lancèrent l'*Irish Literary Revival* (la Renaissance celtique) au début du siècle : W. B. Yeats, lady Gregory, John M. Synge, Padraig Colum et James Stephens. C'est sans conteste en Irlande que les mythes celtiques ont été le mieux préservés, car les Celtes, à l'abri d'interférences ou de domination, furent libres d'entretenir leur culture.

Les héros légendaires

On distingue traditionnellement plusieurs cycles médiévaux qui correspondent aux différentes étapes du passé de l'Irlande. Ce sont des épopées antérieures à la pénétration du christianisme sur cette île, où évoluent à la fois personnages mythologiques et historiques.

Le cycle mythologique dont le principal recueil est le *Livre des conquêtes* rapporte les origines mythiques du peuplement de l'Irlande et évoque un univers surnaturel, le *sid*, sorte de panthéon celtique. Il est inséparable du cycle héroïque, dont le plus important est celui d'Ulster (dit encore cycle de la Branche rouge ou des Ulates). Il contient, entre autres récits, les exploits de Cuchulaïnn. Ce héros légendaire (surnommé le « chien de l'Ulster » car il promit de défendre la province comme un chien protecteur) combattit seul les troupes ennemies de la reine Medb, celle-ci ayant paralysé tous les autres guerriers du pays. Blessé mortellement, il ordonna qu'on l'attache à une pierre pour mourrir debout. Devenu le symbole de la vitalité de l'âme et du courage irlandais, il est l'emblème de l'*Abbey Theater*. Sa statue, qui trône devant la poste centrale de Dublin, commémore l'insurrection de Pâques 1916.

Les invasions viking ont inspiré le dessinateur Jim Fitzpatrick dans « The Silver Arm ».

Un autre cycle important, mais post-chrétien, est celui de Fenian. L'épopée relate les exploits de Fionn MacCool, chef de Fianna Eireann et de sa bande de guerriers. Ils protégeaient l'Irlande contre les envahisseurs. Ils chassaient et offraient des démonstrations de leur force, de mai à novembre puis, pendant six mois, se retiraient dans leurs quartiers d'hiver pour festoyer, raconter des histoires, écouter les harpistes et jouer aux échecs.

Jadis, les Irlandais n'avaient que deux saisons, l'été et l'hiver et, dans l'Irlande rurale d'aujourd'hui, *May Day* (1er mai) et *Halloween* (31 octobre) marquent encore le début et la fin de la saison des récoltes. Ainsi les pommes de terre qui n'ont pas été ramassées avant *Halloween* restent en terre et, passé cette date, les enfants ne cueillent plus de mûres.

Les esprits et les gnomes

Un fonds de tradition folklorique plus difficile à cerner, car transmis oralement pendant une très longue période, est celui des superstitions, des remèdes, des histoires d'esprits, et des gnomes.

Les *leprechauns* sont des êtres de petite taille qui fabriquent les souliers des fées; ils étaient aussi gardiens des trésors et usaient de mille ruses pour détourner les mortels de leur cachette. Ces gnomes étaient aussi férus de *hurling* (sorte de hockey sur gazon), et il leur arrivait d'avoir recours à un champion auprès des mortels pour les aider. On racontait, dans le comté de Sligo, que Michael Coleman, le grand violoniste folklorique qui enregistra son répertoire à New York, devait son sublime maniement de l'archet à un groupe de gnomes avec lesquels il s'était lié d'amitié. Les Irlandais croyaient également aux *banshee*, des esprits féminins dont le gémissement annonçait à celui qui l'entendait une mort prochaine.

Avant que ces sagas et ces légendes de l'époque préchrétienne ne soient transcrites dans les monastères, elles étaient racontées par les bardes, gardiens d'une tradition orale très ancienne. On les appelait les *seanachaidhe*, du gaélique *seanachas*, qui signifie «traditions». Certains pouvaient raconter plus de 300 histoires, apprises par cœur auprès de leurs aînés, sans en changer le moindre mot, ni le moindre trait d'emphase. Le récit des aventures du fils du roi d'Irlande en Espagne et en Afrique pouvait durer plus de deux heures. Il ne reste guère aujourd'hui que six de ces conteurs de génie, et leur art a été immortalisé par des films.

Saint Patrick et les druides

Si la culture celtique a été si bien préservée en Irlande c'est, entre autres, grâce à saint Patrick, arrivé en 432 pour répandre le message du Christ, et au dialogue qu'il établit avec un peuple qui avait déjà ses propres croyances et rites. Ses entretiens avec les druides (les prêtres païens) sont le sujet d'une bonne partie de la littérature gaélique des premiers temps. Il affronta même, aux cours de joutes oratoires, Oisín, le fils de Fionn MacCool, revenu de la « Terre de l'Éternelle Jeunesse », confrontant hédonisme et ascétisme.

Avec saint Patrick, le christianisme s'est greffé sur les traditions païennes plutôt qu'il ne les a supplantées. Il ne croyait pas à la politique de la confrontation — ce qui prouve, disent certains, qu'il n'était pas Irlandais. Lorsqu'il entreprit l'ascension de la montagne sacrée d'Irlande dans le comté de Mayo (appelée depuis *Croagh Patrick)*, le sommet était alors consacré au dieu païen Crom. Lorsqu'il en redescendit, après 40 jours et 40 nuits de retraite, il déclara que le sommet était désormais voué au Dieu chrétien. Les Irlandais allaient continuer à vénérer la divinité, mais sous une autre forme. Ainsi, chaque année, des pèlerins venus des quatre coins de l'île convergent par milliers vers Croagh Patrick le dernier dimanche de juillet (toujours appelé « le dimanche soir de Crom » en gaélique).

A gauche, tombe mégalithique que l'on prétend hantée par les esprits; ci-dessus, puits sacré qui perpétue de vieilles superstitions.

Survivance du paganisme

La plupart des puits sacrés, où l'on accomplit des rites de prière et de mortification, étaient déjà des lieux de culte avant les temps chrétiens. La célèbre *Pucks Fair* (fête des Farfadets), dans le Kerry, est la survivance d'un rite païen de fertilité. De même, aucune distinction précise ne peut être faite entre sainte Brigitte, la patronne de l'Irlande, et Brighid, une déesse celtique. La vie de la sainte se confond avec le mythe de la déesse. La Sainte-Brigitte, le 1er février, correspond à une fête païenne : *Imbolg*. Un étranger sera aussi intrigué par ces champs de céréales où une zone non ensemencée est plantée d'un buisson blanc et épineux. Interrogé sur cette curiosité, le paysan répondra qu'il s'agit de buissons magiques, et que le malheur frappe quiconque y touche. En vérité, ces *fairy forts* (forts magiques) sont d'anciens cimetières.

McDAID'S
3
3
GUINNESS
LOUNGE
LOUNGE
WINES
SPIRITS

LA TOURNÉE DES PUBS

Selon un cliché assez juste, l'alcool rend l'Irlandais triste loin de son pays et heureux chez lui. Cela tiendrait-il à la qualité du breuvage ? Dans l'*Esquire Drink Book*, un spécialiste en spiritueux a noté : *« En Irlande, à part le* poteen *(une eau-de-vie de contrebande), il n'existe pas de mauvais alcools. Tous sont d'une qualité tout à fait prestigieuse. »*

L'incomparable Guinness

C'est en général la piètre saveur de la Guinness, s'il parvient à en trouver, qui irrite l'Irlandais expatrié. Cette bière brune, assez forte, à la mousse crémeuse, est, plus encore que le *whiskey* irlandais, la boisson nationale. Brassée à Dublin depuis 1759, cette bière délicate, également appelée *stout* ou *porter*, doit être tirée au comptoir avec beaucoup de soin, généralement en trois fois, la dernière pression parachevant le travail en couronnant la Guinness d'un faux col de mousse dense et onctueuse. L'art de « tirer une bonne pinte » dépend aussi de la température constante des caves, de la distance entre le verre et la poignée de tirage et de la régularité du débit.

Toute pinte jugée mauvaise est immédiatement refusée. Les connaisseurs se lancent dans d'interminables discussions sur les mérites des pintes des bars du pays. Les habitants de Dublin, qui se déplacent volontiers à travers l'Irlande, font des listes des pubs de province réputés. Si le pub est bondé, c'est bon signe.

Une bonne pinte est aisément reconnaissable. Rien à voir avec la bière que le barman anglais verse négligemment dans votre verre, pas plus qu'avec la Guinness vendue en Amérique. Dans un bon pub irlandais, la Guinness est tout simplement aussi douce que du velours.

Il existe d'autres cervoises irlandaises. La Harp, une bière blonde brassée à Dublin, se vend bien à l'étranger, surtout en Angleterre. La Smithwick's Ale, bière rousse et plus légère que la Guinness, est très populaire en Irlande et s'est implantée sur le marché de la bière en France, surtout dans la région parisienne.

Le McDaid's, fondé en 1873, a lontemps été le rendez-vous d'une bohème littéraire.

Le *whiskey* irlandais

En matière de spiritueux, les Irlandais passent pour des fins connaisseurs. Une société française de cognac apprit avec surprise que ses meilleurs clients provenaient d'une banlieue de Dublin. Néanmoins, c'est le *whiskey* irlandais (ce mot vient du gaélique *uisge baugh*, littéralement eau-de-vie) qui l'emporte sur son territoire. Une triple distillation lui donne sa pureté et sa légèreté. Pendant la Seconde Guerre mondiale, il fut détrôné par le scotch sur le marché mondial, en partie à cause du protectionnisme des Irlandais.

C'est un Irlandais, Aeneas Coffey, qui inventa vers 1830 le *patent still* (double alambic ou alambic à coulée continue) qui permit la production en série de *blended whiskies* (mélange de *whiskey* de malt et de *whiskey* de grain). Dans l'ensemble, les distillateurs écossais adoptèrent cette nouvelle méthode. Les Irlandais, ainsi que les petits producteurs de whisky de malt écossais, restèrent fidèles à la bonne vieille tradition du *pot still* (alambic à repasse) : un seul *whiskey* est utilisé, et vieilli pendant très longtemps afin d'acquérir son velouté.

Dans les années 1940, les Écossais destinaient la majeure partie de leur production de scotch à l'exportation, imposant des restrictions sur la vente dans leur propre pays ; les Irlandais, au contraire, gardèrent leur *whiskey* pour eux. Les GIs américains découvrirent le scotch en Europe, et, à leur retour, convertirent l'Amérique. Le *whiskey* irlandais, dont la popularité auprès des cours royales d'Europe lui avait valu d'être décrit par Pierre le Grand de Russie comme *« le meilleur de tous les vins »*, tomba dans l'oubli. C'est seulement de nos jours qu'il retrouve son prestige.

Du plus populaire au plus prestigieux

Ces dernières années, les whiskies irlandais traditionnels ont été remis à l'honneur. Il en existe une quinzaine de variétés. Le John Power's Gold Label est incontestablement le plus populaire. Viennent ensuite le Jameson, le Bushmills, le Coleraine (vendu en Irlande du Nord), le Paddy, le Hewitt's et le Dunphy's. Le

Murphy's se vend surtout aux États-Unis, et le Tullamore Dew, particulièrement léger, est apprécié des Européens.

Le Black Bush (de Bushmills, dans le comté d'Antrim, la distillerie la plus ancienne du monde) et le Crested Ten, vieilli pendant dix ans par la distillerie Jameson, sont deux marques prestigieuses. En haut de la gamme se trouvent des whiskies à boire absolument purs et qui comptent parmi les alcools les plus fabuleux qui soient. Le Bushmills Malt est un *whiskey* de malt pur, de 10 ans d'âge ; le Jameson 1780 est vieilli pendant 12 ans ; et le Redbreast, de 12 ans d'âge aussi, est vieilli dans des fûts de bois par la maison Gilbey, renommée pour ses vins, portos et sherries. Ne mettez pas de glace dans ces trois whiskies, vous commettriez un sacrilège aux yeux des Irlandais. Ils doivent être bus délicatement, comme de grands cognacs ou armagnacs. Les étrangers ont néanmoins le droit d'y ajouter une goutte d'eau irlandaise.

Les grandes marques internationales de gin, vodka et autres spiritueux sont disponibles en Irlande, mais les Irlandais ont tendance à s'en tenir aux leurs. Ainsi, les ventes de Cork Dry Gin surpassent largement celles des gins anglais plus célèbres. Un breuvage souvent cité, le *poteen*, (prononcer « potchine »), est un alcool clandestin à base d'orge et de sucre, encore distillé dans les régions reculées de l'Ouest. Même préparé avec soin, ce tord-boyaux risque de nuire sérieusement à la santé. Il est donc recommandé d'en faire brûler une petite quantité pour tester sa qualité : la flamme doit être bleue et ne pas dégager de fumée noire.

Des pubs accueillants

Les pubs sont une véritable institution en Irlande : on s'y rend pour boire bien sûr, mais surtout pour se lover dans leur pénombre et leur intimité. Aucune comparaison avec les pubs coquets qui parsèment la campagne anglaise. Chaleureux, conviviaux, les pubs irlandais invitent à la rencontre et à l'échange, surtout dans les *singing pubs*, où tout le monde chante en cœur des ballades anciennes. Autres avantages sur les pubs anglais, ils ne ferment pas l'après-midi et, en dehors de Dublin, les lois sur les débits de boisson ne sont pas toujours appliquées à la lettre.

Dans les régions de l'ouest de l'Irlande, il n'est pas rare qu'un policier débarque dans un pub, vers les deux heures du matin, bien après l'heure légale de la fermeture. Les conversations s'arrêtent un temps puis reprennent. Seuls quelques touristes retiennent encore leur respiration. Le policier s'assoit au comptoir, sa casquette posée à côté de lui et, une demi-heure plus tard, une pinte de Guinness à la main, il entonne la vieille ballade *The Blackbird of Sweet Avondale*.

Ce genre de situation est monnaie courante sur la côte ouest, où la saison touristique est courte, et le commerce réalisé au-delà de l'heure réglementaire aide à supporter les maigres revenus de la saison froide. Cependant, à Dublin, Belfast, Cork et Limerick, ce laxisme n'a pas cours. Les derniers verres sont servis à 23 h 30 en hiver et à minuit en été, et la loi est scrupuleusement respectée — ou peu s'en faut.

Quelques pubs à Dublin...

A Dublin, certains bars sont caparaçonnés de cuivre et d'acajou, et décorés de miroirs gravés anciens vantant les mérites de whiskies depuis longtemps tombés dans l'oubli. Certains, surtout les plus populaires, n'ont guère changé depuis le milieu du siècle dernier.

Afin d'apprécier tout le charme de la tradition, rendez-vous au Doheny and Nesbitt's, à Dublin, dans Baggot Street. C'est un pub vieillot, long et étroit, avec un *snug* à chaque extrémité. Le *snug* est un petit recoin, fermé d'un panneau, où une dizaine de personnes peuvent boire sans être trop dérangées. C'est un vestige de l'époque où les femmes qui souhaitaient étancher leur soif pouvaient le faire sans être aperçues.

A gauche, concert de musique au pub Megaw's, à Brookeborough, comté de Fermanagh ; ci-dessus, des troncs pour des missions sont souvent installés sur les comptoirs, ici une association attire l'attention du consommateur : « Arrêtez ! Et remerciez Dieu si vous pouvez lire ceci. »

Nesbitt's, comme disent les habitués, joue le rôle des clubs privés des grandes capitales, à la différence que tout membre de la respectable population des buveurs irlandais peut y entrer à sa guise.

Parmi les pubs de Dublin dont l'ambiance chaleureuse est assurée, citons Mulligan's, dans Poolbeg Street, Neary's, dans Chatham Street, et Ryan's, dans Parkgate Street. Mulligan's, qui ouvrit ses portes en 1782, est divisé en sections. L'entrée à gauche de l'établissement conduit à la partie la plus ancienne du pub. Là se mêlent étudiants, dockers retraités, photographes de l'*Irish Press*, dont les bureaux sont dans le quartier. La porte de droite mène aux deux bars de la section plus moderne. Le premier bar est fréquenté par les gens de la presse et de la télévision. L'autre, tout au fond, est le domaine des gens de gauche, du syndicaliste modéré au militant trotskiste.

Neary's est un pub aménagé dans le style d'autrefois et où s'affichent en permanence les acteurs du Gaiety Theatre. Ryan's, situé un peu en dehors du centre de Dublin, est également très fréquenté. Mais décor d'époque et caractère ne vont pas toujours de pair avec une bonne ambiance. Ainsi, le Long Hall, dans George Street, si impressionnant soit-il, n'est guère engageant : autant boire dans un musée !

A Belfast…

Il en est de même à Belfast pour le pub le plus baroque d'Irlande, le Crown Bar, dans Great Victoria Street, un établissement dans le pur style edwardien. Si vous êtes en quête de chaleur et d'amitié, essayez plutôt Robinson's ou Kelly's Cellars.

En raison des troubles politiques, les habitants de Belfast ne s'aventurent guère en dehors de leur quartier après 18 h. Il est recommandé aux étrangers d'être accompagnés d'un habitant du quartier, pour être admis dans les « clubs » (des établissements ouverts en dehors des heures réglementaires ainsi que le dimanche) et surtout dans les *Felon's*, clubs réservés aux anciens prisonniers politiques républicains. On trouve également dans les ghettos catholiques des débits de boisson clandestin, les *shebeens*, à éviter si l'on ne souhaite aucun démêlé avec la police.

… et ailleurs

A Cork, vous pourrez manger et boire à l'Oyster Tavern. A Kilkenny, le Kyteler's Inn, ayant appartenu autrefois à une femme brûlée pour sorcellerie, est devenu un peu trop touristique ; mais, à quelques pas de là, au Bollard's, l'atmosphère est agréable et la clientèle discute de lévriers et de *hurling*.

A Galway, les pubs de qualité ne manquent pas et presque tous méritent qu'on s'y arrête. Dans Dominick Street, le Mick Taylors est tout à fait original : on peut y trouver de la lecture. Pêle-mêle sont proposés *Chums*, un magazine du début du siècle pour écoliers de la haute bourgeoisie, la *History of the English-speaking Peoples* de Churchill, ainsi que les quotidiens du matin et du soir.

La côte atlantique offre une multitude de *pubs*, dont les meilleurs sont ceux du nord et de l'ouest du comté de Clare, non loin de Galway. Au Curtin's, la taverne « du bord de route » de Lisdoonvarna, le saumon est fumé sur place et, en saison, on peut déguster des crustacés frais. Le soir, violonistes, sonneurs de cornemuse et flûtistes viennent jouer des airs folkloriques.

Plus bas sur la même route, à Doolin, des musiciens jouent à toute heure au Gus O'Connor's. De l'autre côté des spectaculaires falaises de Moher, à Liscannor, village de pêcheurs de homards, une visite au Joe MacHugh's s'impose. Ce pub ressemble à un couloir sombre même lorsque le soleil brille au dehors. Comme dans la plupart des pubs irlandais de campagne, on y trouve pratiquement de tout. N'hésitez pas à demander une paire de bottes en caoutchouc Wellington, une livre de saucisses de porc, un piège à souris, une pinte de *stout*, un grand Jack Daniels avec des glaçons, un gin-tonic ou quelques tranches

A gauche, les heures légales d'ouverture des pubs sont strictement respectées à Dublin ; à droite, cette devanture de pub originale du Donegal invite à entrer prendre un verre.

You're at home with a
GUINNESS

LA CUISINE IRLANDAISE

Un Irlandais à l'étranger, même entouré des meilleurs fruits et légumes exotiques, ne songe jamais sans nostalgie au pain de son pays, le *soda bread*, et aux gâteaux de pomme de terre. En effet, il n'est guère de foyer en Irlande où l'on ne confectionne soi-même son pain. Croustillant et moelleux à la fois, ce pain à pâte brune s'accommode à merveille avec le saumon fumé et les fruits de mer (moules, crabes, homards, coquilles Saint-Jacques et huîtres) que l'on trouve sur la côte.

Galway est réputée pour la qualité de son saumon. Au printemps, pendant la montaison, la rivière abonde de ces bancs d'énormes poissons, que l'on peut admirer depuis le pont Salmon Weir. Les parcs à huîtres de Galway sont également renommés et l'ouverture de la saison, le 1er septembre, est célébrée par un « Festival de l'huître ». Sur plusieurs kilomètres à la ronde, les pubs servent alors des huîtres fraîches accompagnées de *soda bread*, de beurre et de pintes de Guinness.

Dans le même mois a lieu le « Festival du poisson » de Kenmare, dans le Kerry : coquilles Saint-Jacques, crevettes, homards et soles sont débités à profusion. Les moules, d'une taille et d'une saveur incomparables, sont cuisinées avec beaucoup d'imagination. Les maquereaux et les truites sont fumés ; ces jours-là, même l'« argent des mers » est à vendre : le hareng !

Le ragoût irlandais

Le bétail, élevé sur les riches pâturages de la verte Érin, les collines du Kerry et du Wicklow, donne une viande tendre et savoureuse que les Irlandais cuisinent traditionnellement en ragoût, l'*Irish stew*, véritable plat national. La viande de mouton ou d'agneau est coupée en gros dés et braisée dans un mélange onctueux d'oignons, de thym et de pommes de terre.

Depuis des siècles, les Irlandais ont une prédilection pour la charcuterie. De nombreux textes du Moyen Age font mention du bacon (*tinne* ou *senshaille* en gaélique), notamment le poème médiéval *The Vision of MacConglinne*, dans lequel est évoqué un ragoût à base de saucisses, poireaux (légume très utilisé) et flocons d'avoine. Le boudin noir ou blanc rentre également dans la composition du substantiel petit déjeuner irlandais, accompagné de bacon, d'œufs, de saucisses et, bien sûr, de *soda bread* et de miel.

Cette cuisine est-elle encore servie de nos jours en Irlande ? Dans les campagnes, presque assurément. Et, si les spécialités culinaires varient d'une région à l'autre, la préparation du *soda bread* et du gâteau de pomme de terre reste toujours la même.

A gauche, longtemps dédaignés par les Irlandais, le poisson et les fruits de mer sont remis à l'honneur des menus ; à droite, le pain est encore souvent fait maison en Irlande.

Les restaurants des grandes villes proposent une cuisine plus cosmopolite et raffinée (les touristes étrangers ont notamment transmis aux Irlandais leur goût pour les viandes moins cuites), et l'on est assuré, même dans les plus petits restaurants de campagne (généralement dépendants des hôtels), de trouver des menus de qualité.

L'art d'accommoder la pomme de terre

Les Irlandais mangent toujours beaucoup de pommes de terre, au détriment des autres légumes. Au XVIIIe siècle, la pomme de terre était réservée aux classes aisées; les pauvres se contentaient de maigres glanures et se nourrissaient presque exclusivement de flocons d'avoine. Des recettes de 1746 indiquent la préparation de tourtes cuites au four et fourrées d'un mélange de pommes de terre râpées, de beurre, de sucre, de cognac et de jaunes d'œufs.

Le gâteau et le *scone* de pomme de terre sont les seules variantes qui subsistent. Le premier, populaire dans le nord de l'île, se mange avec du bacon et des œufs au petit déjeuner, tandis que le *scone*, à la pâte aérée, est tartiné, encore chaud, de beurre et parfois de miel.

Une vieille tradition d'hospitalité

La légendaire hospitalité irlandaise remonte au Ve siècle. En 438, la dixième année du règne du roi Leary, les lois de Brehons, ou lois de Fianna, furent promulguées. C'est entre le VIIIe et le XIIIe siècle qu'elles furent transcrites, la plus importante étant *Senchus Mor* («Le Grand Livre de la loi»). D'après ces lois, les classes les plus favorisées se devaient d'accueillir leur hôtes «sans poser de questions».

Aux premiers temps du christianisme, des maisons d'hôtes ouvrirent leurs portes dans toute l'île, et il incombait à leurs maîtres de ne jamais laisser s'éteindre le feu de leur fourneau et d'avoir toujours quelque soupe ou ragoût mijotant dans un chaudron. Cette tradition fut préservée pendant plusieurs siècles.

Patrick Sarsfield, maire de Dublin en 1554, ouvrait sa maison sur High Street de cinq heures du matin à dix heures du soir. Outre divers vins doux et secs, il débita, au cours d'une année, quelque 22 000 litres de clairette! Les guerres élisabéthaines mirent fin à ces prodigalités.

Le clergé irlandais faisait également preuve d'une grande hospitalité, ainsi en témoigne W.R. Le Fanu en 1894 dans *Seventy Years of Irish Life* (*Soixante-dix ans de vie irlandaise*): *«Le père Horgan était l'hospitalité même, et nourrissait d'innombrables convives, issus de diverses classes de la société. En haut de la table siégeaient le clergé et la petite noblesse des environs, à l'autre extrémité, les paysans. Les victuailles étaient les mêmes pour tous: des plats de poulet et de bacon disposés en alternance sur la table. Il en allait différemment des boissons: les premiers buvaient du vin, tandis que les paysans préféraient du whiskey. Il me disait: "Voyez-vous, mon bon ami, j'ignore comment composer un festin aux mets variés et, quand bien même je m'y entendrais, la vieille Bridget ne pourrait pas s'en charger. Ainsi, je propose juste deux poulets, puis un plat de bacon et de légumes verts, puis de nouveau deux poulets suivis d'un autre plat de bacon et de légumes, et ainsi de suite. Tout le monde est friand de poulet et de bacon, et l'homme mis en face de ces mets ne désire rien d'autre. Je m'épargne beaucoup de peine, et chacun semble heureux et satisfait." Il disait vrai.»*

Fêtes et menus de fête

A Pâques, la coutume veut que l'on serve un jeune agneau, l'«agneau pascal», ainsi que des œufs, dont la coquille a été peinte en signe d'heureux présage. Il est également de tradition de semer du persil le vendredi saint et de manger des *hot cross buns* (petits pains épicés marqués d'une croix), mais jamais de viande. A Wexford, autrefois, on fabriquait des maisonnettes, les *Easter houses* (maisons de Pâques), que l'on remplissait d'œufs colorés. Ces œufs étaient ensuite lancés du haut d'une colline, et celui qui visait le plus loin était le vainqueur.

La Saint-Patrick (le 17 mars) a toujours été une joyeuse fête de la mi-carême, célébrée en général chez soi ou avec des amis. En effet, jusqu'à ces dernières années, tous les débits de boisson fermaient ce jour-là, et le seul bar ouvert était celui de l'exposition canine de la Royal Dublin Society (bon nombre de Dublinois se découvrirent alors une soudaine passion pour les chiens à pedigree!). A présent, les pubs sont ouverts au public, mais seulement aux horaires du dimanche. Par tradition, on arbore un brin de trèfle.

A Halloween (le 31 octobre) sont dégustés un pain aux baies de cassis, le *barm brack*, ainsi qu'un plat à base de purée de pommes de terre, de beurre et de lait, le tout parfumé de noix de muscade, le *colcannon*. A cette occasion, les enfants masqués et déguisés vont de porte en porte présenter un sac pour qu'on le remplisse de friandises : marrons grillés, noix, fruits, et parfois même gâteaux.

La fête de Halloween donne lieu à des jeux, comme le *apple bobbing* — qui consiste à attraper avec ses dents des pommes flottant dans un baquet d'eau —, ainsi qu'à des pratiques superstitieuses : une bague était incorporée à la pâte du *barm cake* ou du *colcannon* et annonçait à celui qui la trouvait un mariage dans l'année. D'autres fétiches étaient utilisés et porteurs d'heureux ou mauvais présages : une piécette d'argent symbolisait la richesse, un dé à coudre les vieilles filles, un bouton les vieux garçons, etc.

La tradition voulait également que l'on mange l'oie Michaelmas, ou « oie verte », c'est-à-dire l'oie nourrie du chaume laissé dans les champs après la moisson. La couleur de sa chair était censée porter bonheur pour l'année.

Le gâteau de Noël

Jadis, personne ne mangeait de viande la veille de Noël, aussi attendait-on minuit avec impatience, moment où l'interdit était levé. La dinde n'apparaissait que sur la table des riches. Les oies, les volailles, le bœuf, ou même le porc, étaient plus traditionnellement servis.

Selon la légende, la Sainte Famille parcourt les routes d'Irlande le soir de Noël. On plaçait donc une bougie rouge allumée aux fenêtres pour lui indiquer le chemin. Sans doute le sapin illuminé tend-il à remplacer cette coutume. A Tipperary, les portes n'étaient jamais fermées le jour de Noël, en marque d'hospitalité. On disait aussi que l'âme de ceux qui mouraient, ce jour-là, allait tout droit au paradis.

Le gâteau de Noël est un cake très nourrissant, imbibé de *whiskey* ou de Guinness. Préparé en général un bon mois à l'avance pour gagner en saveur, il est ensuite nappé d'un glaçage. Cette coutume est vieille d'au moins 150 ans.

Beaucoup de ces traditions ont été relativement bien préservées. Tout particulièrement dans les campagnes irlandaises, où l'on trouvea toujours la porte ouverte et un accueil chaleureux : les Irlandais adorent converser, surtout avec les personnes qui ne sont pas de leur avis ! Un ami peut arriver à minuit, l'heure du coucher. Qu'à cela ne tienne : on rallume le feu sous la bouilloire et on débouche une bonne bouteille. Pourtant, ces gens se lèvent très tôt le matin et travaillent dur dans leur ferme.

*L'*Irish stew, *le ragoût de mouton, est le plat national d'Irlande.*

LES COURSES

En 1752, dans le comté de Cork, les dénommés Edmund Blake et O'Callaghan décidèrent de faire une course à cheval à travers la campagne. Ils s'élancèrent sur sept kilomètres, depuis l'église de Buttevant jusqu'au clocher de Saint Leger, franchissant haies, murets et fossés. A la suite de cette compétition, la langue anglaise se trouva enrichie d'un mot nouveau, *steeplechase* (littéralement, « course au clocher »), et un nouveau sport venait d'être inventé.

Bientôt, la mode du steeple-chase allait faire fureur. Des courses de ce genre furent organisées dans la campagne, le parcours à suivre étant laissé presque entièrement à la discrétion (ou l'indiscrétion !) des cavaliers. Au début du XIXᵉ siècle, un Anglais, de retour d'Irlande, décrivit en ces termes ce sport devenu si populaire : *« Les Paddies* (sobriquet donné aux Irlandais) *sont réputés pour cette course ; sans un esprit vaillant et une excellente monture, le cavalier est presque assuré de ne pas en sortir indemne. »* Heureusement, l'Irlande ne manquait pas de cavaliers courageux ni de bonnes montures. *« Les chevaux irlandais*, faisait remarquer *The History and Delineation of the Horse* en 1809, *sont les sauteurs les plus remarquables qui soient. »* Cette réputation est toujours fondée.

Les champions de la course de haies

Aujourd'hui, sur les hippodromes britanniques, la prééminence des chevaux irlandais, en steeple-chase ou en course de haies, est incontestable ; tout aussi remarquable est le fait que, parmi les milliers de chevaux achetés chaque année par les entraîneurs anglais, les meilleurs chevaux de steeple-chase ont toujours été entraînés en Irlande. Le plus grand de tous fut sans doute Arkle qui, dans les années 1960, remporta trois fois de suite la *Cheltenham Gold Cup*, l'équivalent britannique du Derby.

Toutes les courses de chevaux sont des épreuves sportives, mais certaines requièrent plus d'aptitudes que d'autres. Les Irlandais préfèrent le steeple-chase (plus dangereux) à son noble pendant, la course de plat. Les impératifs commerciaux de l'industrie multimillionnaire des pur-sang qui, dans le monde entier, régissent la course de plat de haut niveau ne concernent pas la course d'obstacles, pour la bonne raison que la plupart des chevaux de steeple-chase sont châtrés.

Le vainqueur d'une grande course de plat comme le *Irish Derby* peut soudain être coté à plusieurs dizaines de milliers de dollars, car cet étalon engendrera de futurs champions. Le vainqueur d'une course d'obstacles ne rapporte à son propriétaire que le montant du prix — modeste en comparaison —, celui d'un éventuel pari et bien sûr la gloire. Et quelle gloire !

La passion des courses

S'il est probable que le steeple-chase est né de cette fameuse équipée champêtre de 1752, les origines de la course de plat remontent à la nuit des temps. On sait que

Pages précédentes, Sonia Rogers, membre d'une célèbre dynastie d'éleveurs irlandais, avec Ela Mana Mou. A gauche, Coolmore, le meilleur étalon européen, à Golden Vale, dans le comté de Tipperary ; à droite, moment de réflexion au Dublin Horse Show.

les Chevaliers de la Branche rouge de l'Irlande préchrétienne se coursaient à cheval et que, au début de l'ère chrétienne, les courses hippiques entraient pour une bonne part dans le programme des festivités. Selon l'ouvrage de John Welcome, *Irish Horseracing*, « *ces fêtes marquaient divers événements : célébrations de mariages, enregistrements de décès, discussion de lois, adoption de tactiques de défense ; cependant toutes étaient suivies des jeux et des sports, dont le plus populaire était la course de chevaux.* » La plus importante de ces fêtes se tenait à Curragh, une immense plaine verdoyante dans le comté de Kildare.

écuries et un champ de courses. Les tribunes de l'hippodrome, le jour d'une grande course, débordent d'agitation, une atmosphère grisante : les entraîneurs et les propriétaires se pressent autour de leurs chevaux, les jockeys petits et malingres sont en combinaison de soie éclatante, les turfistes lancent des liasses de billets aux bookmakers, lesquels communiquent entre eux en hurlant, en se faisant des signes et en écrivant sur des ardoises des pronostics qu'ils s'empressent d'effacer. De nombreuses femmes richement vêtues ressuscitent l'élégance de la *gentry* anglo-irlandaise ; les citadins côtoient des pay-

L'arrivée des Normands, puis l'ère élisabéthaine n'entamèrent pas cette passion pour les courses. Même à l'époque de Cromwell, les puritains, qui voyaient là l'œuvre du diable, tentèrent en vain de les supprimer. Il fallut néanmoins attendre le milieu du XVIIIe siècle pour que les résultats des courses de la piste du Curragh soient enregistrés. En 1790, les courses irlandaises furent placées sous l'égide du *Turf Club*, qui est toujours chargé de les réglementer.

Son siège social est établi évidemment au Curragh, qui est demeuré le centre des courses irlandaises. Ses 2 400 hectares balayés par le vent abritent de nombreuses

sans... Tous les visages de la société irlandaise s'y trouvent représentés.

Juste avant le départ de chaque course, une dernière vague d'agitation entoure les bookmakers. Puis la foule se fige brusquement, tandis que la voix du commentateur résonne dans les tribunes. Des rangées de jumelles suivent en silence les jokers. Lorsque les chevaux abordent la dernière courbe du parcours, un murmure sourd s'élève en crescendo dans les tribunes, et la voix du commentateur finit par se noyer dans une cacophonie de supplications, de cris de triomphe et de désespoir. Les chapeaux des gagnants volent en l'air, et les tickets des perdants retombent en confettis.

L'Irlande, premier éleveur européen de pur-sang

C'est sur la piste de Curragh que sont disputées toutes les grandes courses irlandaises : les 2 000 et 1 000 Guinées, le Derby, les Oaks et le Saint Leger. Le Derby, longtemps associé aux *Irish Hospitals Sweepstakes*, est à présent parrainé par la brasserie américaine *Budweiser* et offre le prix le plus prestigieux : d'un montant de 600 000 £, il devrait encore augmenter. Le nombre de ses concurrents est loin d'atteindre celui de son équivalent anglais, le derby d'Epsom, mais cette course est

sans conteste la meilleure pour tester les qualités d'un cheval. En effet, le champ de courses de Curragh ne présente pas les caprices topographiques d'Epsom Downs. Les plus grands chevaux de course du monde comptent parmi les vainqueurs récents : Nijinsky, Shergar, El Gran Señor.

La réputation des éleveurs de pur-sang irlandais a depuis longtemps fait le tour du monde : en 1985, pour la première fois, le pays a enregistré plus de naissances de poulains que l'Angleterre. Au printemps, la migration annuelle des oiseaux se double de la migration de centaines de juments (surtout en provenance des États-Unis, de Grande-Bretagne et de France) destinées à être saillies par les anciens « rois du turf », convertis au rôle d'étalons dans les haras irlandais.

En Irlande, l'industrie des chevaux de race doit sa prospérité toute récente à une concession gouvernementale exonérant d'impôts les honoraires perçus sur les saillies d'étalons pur-sang. Une telle mesure a eu des retombées extraordinaires si l'on en juge par le chiffre d'affaires de Goff (dans le comté de Kildare), la plus grande société de ventes aux enchères de chevaux de race : de deux millions de livres en 1974, elle est passée à plus de quarante millions de livres en 1984. Pour Jonathan Irwin, le directeur de Goff, les chevaux représentent *« une ressource naturelle formidable et, contrairement au cuivre ou au pétrole, nul besoin de creuser pour la trouver »*.

A gauche, vente aux enchères de chevaux à la Ballinasloe Horse Fair ; ci-dessus, au Dublin Horse, la mode fait aussi partie du spectacle.

Chevaux et Irlandais : l'entente

Les chevaux irlandais doivent leur splendeur, dit-on, à l'humidité du climat qui donne des pâturages d'une luxuriance incomparable, et au sol calcaire qui enrichit l'herbe en calcium. Cependant, l'on s'explique moins bien l'aptitude innée de nombre d'Irlandais à comprendre et manier les chevaux, qu'ils soient éleveurs, directeurs de haras, lads, jockeys ou entraîneurs.

C'est dans le personnage de l'entraîneur Vincent O'Brien que s'incarne le mieux ce don. Par ailleurs, l'industrie des pur-sang lui est redevable depuis qu'il a astucieusement jeté son dévolu sur l'étalon canadien Northern Dancer (père de Nijinsky). Le succès remporté par O'Brien avec la descendance de Northern Dancer a contribué à placer l'étalon au premier rang mondial.

Au cours de l'été, il suffit de se rendre sur les pistes du Curragh et Leopardstown pour voir des chevaux entraînés par Vincent (M.V.) O'Brien. Ce sont en général des chevaux âgés de deux ans s'initiant aux rigueurs de la course avant d'être envoyés au-delà de la mer d'Irlande remporter la victoire qui leur ouvrira la voie d'une grande carrière. Malheureusement, leurs cotes sont faibles, et ils ne sont pas assurés de gagner.

Dermot Weld et Jim Bolger sont également des entraîneurs de renom : en 1992 leur poulain St Jovite était le meilleur d'Europe dans sa catégorie (trois ans). Quant aux jockeys, les plus célèbres de ces dernières années sont sans conteste Michael Kinane et Christy Roche.

Un champ de courses sur la plage

Outre les pistes mentionnées ci-dessus, il existe en Irlande 25 autres champs de courses de plat et d'obstacles : Fairy-house, où se déroule l'*Irish Grand National*, le lundi de Pâques ; Punchestown qui, depuis des temps immémoriaux, offre à la fin avril un festival hippique de trois jours ; Killarney et Galway sont également renommés.

La piste la plus surprenante de toutes est certainement Laytown, une petite station balnéaire sur la côte est, à une cinquantaine de kilomètres au nord de Dublin. Une seule course s'y déroule chaque année, en juillet ou août, à une date qui dépend autant du *Turf Club* que des caprices de la mer d'Irlande. En effet, à marée haute, la piste de Laytown est immergée sous plus d'un mètre d'eau. Les *Laytown Strand Races* sont parmi les épreuves sportives qui méritent d'être qualifiées d'uniques : aucune autre course en Europe n'a lieu sur une plage.

A Laytown, pas de tribunes et, à vrai dire, pas de véritable piste non plus ; juste une longue plage légèrement en pente. Quelques tentes dressées dans un champ surplombant la plage tiennent lieu de bureaux, salon de thé et bar. La piste est délimitée par des drapeaux piqués dans le sable à marée basse. L'ambiance y est très particulière : des camelots vendent barbe-à-papa, *fish-and-chips*, boissons pétillantes, jouets, billets de loterie et souvenirs ; des bookmakers à la semaine pataugent pieds nus dans des flaques laissées par la marée descendante

Laytown est l'antithèse de Curragh un jour de Derby : les chevaux concourant ne sont pas les plus cotés, les prix à remporter sont modestes. Laytown ressuscite l'esprit des courses d'autrefois, celles que l'on organisait au cours des fêtes.

Le laboratoire d'Airlie Stud, dans le comté de Dublin.

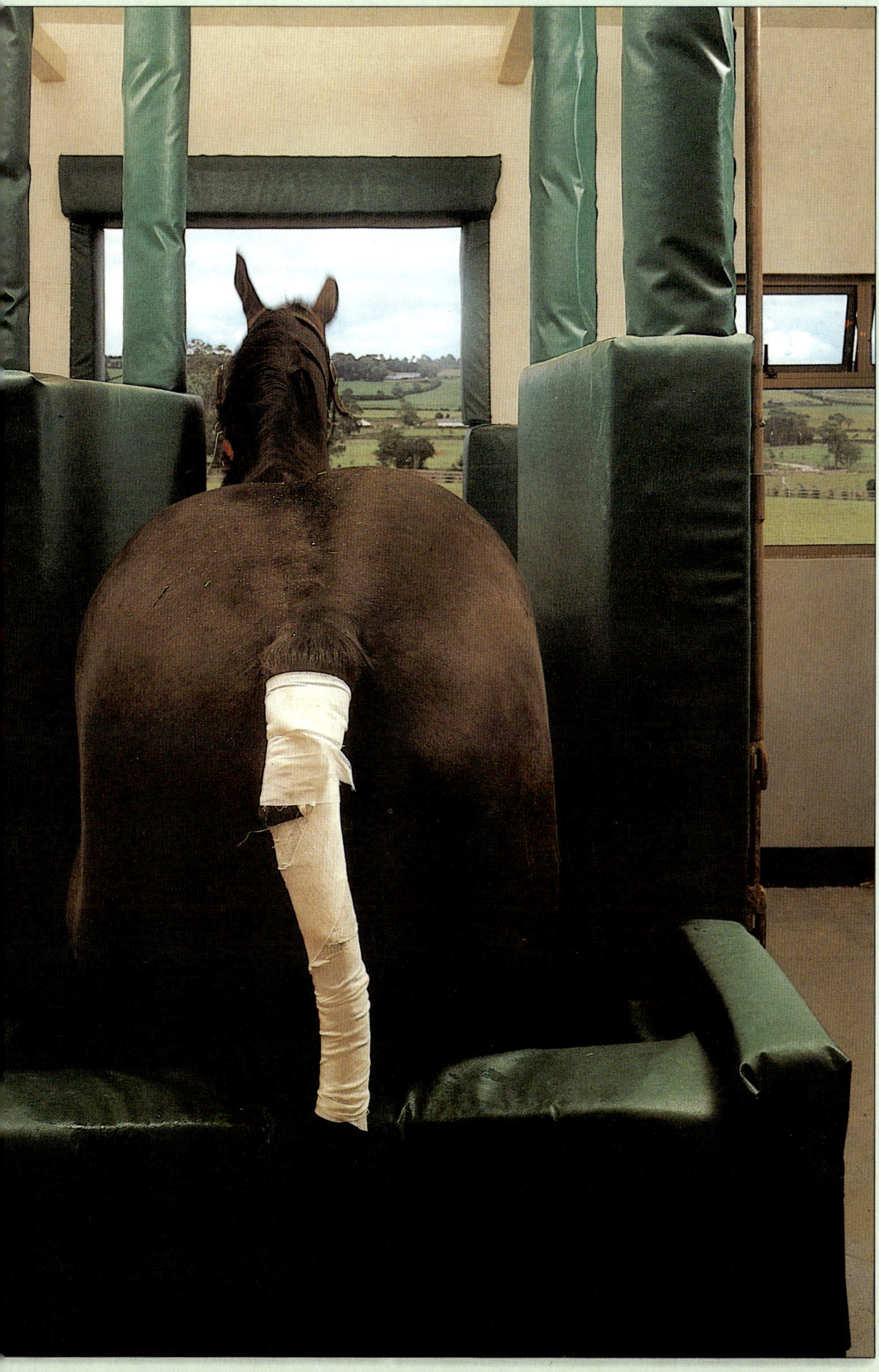

LE PARADIS DES PÊCHEURS

« Écoute le bruit des rivières et voilà une truite attrapée. » Ce dicton est révélateur de l'abondance du poisson en Irlande. Bien que la majorité des pêcheurs ne guettent que la truite brune, ce foisonnement est loin de se limiter à une seule espèce.

La pêche en haute mer

L'Irlande ne compte pas moins de 73 espèces différentes dans ses eaux. Cette diversité est due en partie au Gulf Stream, qui touche le sud et l'ouest du pays. Westport, Killybegs et Dingle, à l'ouest, sont riches en lieu, colin et raie. Au sud, Kinsale, Baltimore et Cobh sont également de grands lieux de pêche. C'est au large de ces deux côtes que jaillissent parfois d'énormes requins-taupes bleus. La plus belle prise, de 65 kg, vient de Kilkieran (côte ouest) et face à cette pêche miraculeuse, Youghal, Ballycotton, Kinsale et Cape Clear, pourtant renommés, ont fait un temps pâle figure. Les requins marsouins nagent en nombre près de l'île d'Achill.

On peut pêcher sur le rivage, les rochers, les ports comme les jetées. Les merlans, les bars et les congres constituent l'essentiel des prises ainsi que les carrelets et les raies. La pêche depuis le bord demeure cependant limitée à cause de bancs d'algues et de roseaux souvent gênants. Il n'est donc pas inutile de louer une embarcation ; il est possible de le faire dans tous les ports.

La pêche en mer connaît ses fêtes : chaque année la Fédération irlandaise des pêcheurs à la ligne en mer organise des concours internationaux. Des records de prises sont alors battus mais on découvre surtout de nouvelles espèces. Pendant ces fêtes, les ports de Westport, Ballycotton, l'île d'Achill et Kinsale baignent dans une ambiance aussi gaie que cosmopolite.

Pour tout renseignement sur la pêche sur la côte ou en mer, s'adresser au *Central Fisheries Board* (l'Office central des pêcheries).

Aux paradis des pêcheurs.

Le « game angling »: pêche à la truite et au saumon

Les fleuves aux eaux rapides qui dévalent les montagnes à l'ouest pour se jeter dans l'océan sont les refuges idéaux de poissons migrateurs comme le saumon et la truite. Ils viennent y frayer en hiver. Pour les pêcher il est obligatoire d'avoir un permis qui est délivré par le *Board of conservators* de chaque circonscription ou par les détaillants d'articles de pêche. L'utilisation d'appâts vivants est interdite. Il est d'usage de garder seulement les prises de bonne taille.

Le saumon est le roi des rivières; les Celtes en avaient fait un demi-dieu. Sa capture, autorisée entre la mi-février et la fin septembre, est presque toujours privée. Il est possible de verser une redevance à la journée au propriétaire d'un lieu. Depuis peu, l'État contrôle davantage les rivières ; il loue ainsi l'Errif (comté de Mayo). Les rivières les plus généreuses sont la Blackwater, la Waterford et la Moy mais les rivières Ballynahinch, Bundrowes, Donegal, Leitrim, Boyne et Slaney sont également poissonneuses.

Les saumons remontent les cours d'eau qui se jettent dans la mer. Ils sont protégés en période de frai par des échelles et des bassins-réservoirs mais, en plus, ils ne peuvent être pris par la suite. En effet le *kelt* (saumon qui a frayé) doit, selon la loi, être rejeté vivant.

Le saumon ne se laisse pas pêcher facilement et sa combativité en étonnera plus d'un. On peut essayer de le prendre depuis la rive ou en s'avançant dans l'eau. Les méthodes de pêche les plus répandues sont celles à la mouche et à la cuiller.

L'Irlande est bénéfique à la truite. Son climat doux, qui ignore les sautes de température, assure aux cours d'eau un débit constant. Peu de barrages modifient donc les rivières qui ont gardé leurs frayères naturelles. La saison de pêche permet de capturer, entre la mi-février et la fin septembre, des truites allant de 1,5 kg à 2,5 kg. Leur grosseur n'est évidemment pas proportionnelle à la taille des cours d'eau. Les truites sont pêchées essentiellement dans les Maigue, Fergus, Black River, Corrib, Robe et le lac Mask.

On trouve surtout la truite de mer, la truite brune et la truite arc-en-ciel. La truite de mer, malgré son nom, apprécie les courants bouillonnants des rapides, entre les lacs et les rivières. On le pêche à la mouche et parfois à la cuiller mais difficilement, car elle se montre combative. Sa pêche est privée, parfois gratuite; il vaut donc mieux se renseigner. Lorsqu'elle vit véritablement dans la mer, la truite sillonne plutôt les côtes nord et ouest. En eau douce, on la trouve dans la Newport River, et dans le Beltra Lake, à la pêcherie de Newport House (comté de Mayo). Quoi qu'il en soit, la truite est appelée à retourner dans la mer pour se gorger d'une nourriture plus substantielle. A l'image de tant d'Irlandais qui se sont exilés dans l'espoir de faire fortune, elle revient dans ses eaux d'origine.

La truite brune abonde dans les lacs et les rivières. On la prend au lancer et à la mouche. Ces mouches, très recherchées,

déclenchent une ruée des pêcheurs vers les lacs au moment de leur éclosion. Elles servent d'appât pour la pêche à la mouche sèche (à la surface de l'eau) ou à la mouche noyée (en profondeur).

La truite arc-en-ciel, originaire de la côte du nord, n'est pas très courante ; elle sert surtout à la pisciculture. Elle doit son nom à une bande rouge latérale frangée de vert. La truite lacustre vit dans les lacs. Les grands lacs à fond calcaire, non pollués, des Midlands et de l'Ouest sont appréciés des amateurs de pêche.

A gauche, le vieil homme et la mer; ci-dessus, des records fabuleux sont battus.

Le « Coarse angling » : la pêche au poisson blanc

Les poissons communs (*coarse fish*) sont des poissons dont la pêche est autorisée toute l'année : brème, gardon, tanche, brochet, anguille, perche, etc. Elle se pratique dans des fleuves paisibles, à l'est, mais ce sont surtout les lacs qui comptent les plus gros spécimens. Il est possible de pêcher sur la rive bien que des roseaux rendent l'usage d'une embarcation indispensable.

Le Cavan, seul comté où l'on puisse pêcher dans une eau différente chaque jour de l'année, regorge de poissons. Les brochets, dont le frai est très abondant, atteignent souvent des poids impressionnants (10 kg). Les poissons que l'on rencontre au large des côtes irlandaises, comme les congres, sont d'une force herculéenne.

Quelques conseils

Mieux vaut porter vêtements chauds et imperméables, se munir d'une bouteille Thermos et d'une bonne lampe électrique, surtout pour la pêche nocturne à la truite de mer. Le matériel de pêche peut être acheté sur place ou loué. Les adeptes de la pêche à la mouche se doivent d'essayer les mouches du pays, à l'efficacité reconnue. Penser également à apporter sa propre gaffe ou son épuisette : il n'est pas rare que les *gillies* (mi-guides de pêche, mi-braconniers) aient perdu les leurs la veille. Les appâts divers (crabes, crevettes, moules, clovisses, vers de mer, filets de maquereau, bernard-l'hermite et harengs) sont vendus dans les magasins d'articles de pêche.

En Irlande du Sud, il suffit d'avoir une autorisation et un permis d'État pour pêcher en toute quiétude. On se procure ce permis dans les hôtels et chez les détaillants d'articles de pêche. Il arrive que les lieux de pêche soient privés, dans ce cas, mieux vaut se renseigner auprès du propriétaire sur une éventuelle redevance à payer.

En Irlande du Nord, la pêche au poisson courant nécessite une licence. Il est d'autre part interdit d'appâter de gros poissons avec des poissons plus petits. Il faut donc avoir recours aux leurres ou aux appâts morts. Les asticots sont autorisés, sauf pour la truite.

LE SPORT

Les Irlandais pratiquent plus ou moins tous les grands sports internationaux, et la scission politique de l'île n'en affecte que quelques-uns, en particulier le football (en anglais, *soccer*), l'athlétisme et le hockey. Mais les plus populaires du pays sont les sports nationaux, à savoir le *hurling* et le football gaélique. Ce sont des sports d'amateurs, organisés à une petite échelle, par les paroisses, et administrés par la *Gaelic Athletic Association*.

La GAA a été fondée en 1884, à Thurles (comté de Tipperary), par Michael Cusack, un fervent nationaliste originaire des Burren (comté de Clare), que Joyce immortalisa dans *Ulysse* à travers le personnage du « Citoyen ». Son ambition était autant politique que sportive : faire renaître les sports nationaux, expression de l'identité irlandaise. L'association organisait ses propres tournois en réaction contre l'*Ascendancy* qui, par souci d'exclusivité et de piété, vouait le samedi aux compétitions sportives. A l'époque, à moins d'exercer une profession libérale, tous les Irlandais travaillaient six jours sur sept et ne disposaient donc que du dimanche pour leurs loisirs.

Le hurling

L'origine du *hurling* remonte à la préhistoire et les anciennes légendes évoquent des matches qui pouvaient durer plusieurs jours. C'est le plus rapide de tous les sports d'équipe sur gazon, et ses règles sont relativement simples. Mais ceux qui y assistent pour la première fois auront quelques difficultés à suivre le parcours rapide de la balle (*sliotar*), dont le diamètre n'est que de quelques centimètres.

Chaque équipe comprend 15 joueurs munis chacun d'un *hurley*, sorte de crosse en bois de frêne d'un mètre de long et terminée par un élargissement incurvé mesurant 8 cm dans sa partie la plus large. La balle est en liège, recouverte de laine enroulée très serrée, puis de cuir dur dont la couture proéminente facilite la prise.

Le hurling*, l'un des jeux de balle les plus violents, rapides et grisants.*

Cooper

Les dimensions du terrain sont d'environ 137 m sur 82 m, et les poteaux, espacés de 7 m, sont plantés au milieu de la ligne de but. Ils mesurent en général 6,50 m et sont reliés par une barre horizontale située à 2,5 m du sol. Pour marquer un but, il faut envoyer la balle entre les poteaux : trois points au-dessous de la barre, un point au-dessus.

La balle peut être propulsée sur le sol ou frappée en l'air. Les joueurs ne peuvent la toucher de la main que s'ils l'attrapent au vol ou s'ils la soulèvent du sol avec leur *hurley*. Les plus grands joueurs sont capables, tout en courant, de ramasser la balle au sol avec leur *hurley* et de la maintenir en équilibre sur la partie plate sans cesser de courir.

Bien que parrainé par la GAA dans tous le pays, le *hurling* est essentiellement pratiqué dans la partie sud de l'île, jusqu'à une ligne imaginaire reliant Dublin et Galway. Les équipes des comtés de Cork et de Kilkenny sont les plus réputées.

Le football gaélique

Le football gaélique se joue également avec deux équipes de 15 joueurs et la disposition du terrain ainsi que le marquage des buts sont les mêmes que pour le *hurling*. Le ballon ressemble à un ballon de football. Les règles sont toutefois assez mal définies et toujours sujettes à modifications. Les joueurs ont le droit de toucher le ballon avec la main, de le soulever du sol avec le pied, de courir en le faisant passer de la main au pied, de donner un coup de pied ou de poing dedans, ou de le déplacer sur le sol avec le pied comme au football.

Le football gaélique est à rapprocher du footbal australien. C'est sans doute aux émigrés irlandais que ce sport doit ces longs tirs et ces bonds en l'air pour attraper la balle. Pour tenter de donner au football gaélique une dimension internationale, la GAA a organisé récemment des rencontres entre l'Australie et l'Irlande, instaurant un compromis sur les règles de ces deux sports. Les Australiens sont des joueurs professionnels et n'apprécient guère d'être battus par des amateurs, ce qui jusqu'à présent a donné aux matchs plus de piment que prévu.

Les équipes de *hurling* et de football gaélique sont constituées en fonction de l'âge des joueurs, et les championnats se déroulent au niveau des comtés, puis des provinces. C'est en septembre qu'a lieu la grande finale de la coupe d'Irlande au Croke Park de Dublin.

Le Kerry est incontestablement la patrie du football gaélique. L'ambition de tous les petits garçons du comté est de remporter un jour la fameuse médaille vert et or de la coupe d'Irlande. Dans les foyers du Kerry, les portraits des équipes et des joueurs célèbres voisinent avec ceux du Christ, du pape et de John Kennedy.

Le bowling irlandais

Quel jeu étrange que le bowling sur route ! Il est pratiqué uniquement dans le sud d'Armagh, le Cork et certaines régions du Limerick et du Waterford. C'est un jeu très simple : les deux participants lancent ou font rouler une boule d'acier le long d'une route, et le gagnant est celui qui couvre le parcours établi avec le minimum de lancers. Le poids de la boule varie entre 450 g et 800 g. L'une des difficultés du jeu tient du choix de la tactique à adopter dans les virages : faire décrire à la boule une courbe suivant celle du virage, ou la lancer en chandelle. Si la boule quitte la route, le joueur est pénalisé.

Ce sport réjouit les parieurs qui misent des sommes fabuleuses si la partie est disputée par deux joueurs renommés. Les paris sont lancés non seulement sur le score final, mais aussi sur les tirs isolés. Le bowling irlandais est d'autant plus grisant qu'il est illégal. En effet, des routes sont barrées pendant la durée des épreuves. Toutefois, les autorités ferment les yeux.

Lièvres et lévriers

Les courses de lévriers sont très populaires en Irlande, où l'élevage et l'exportation de cette race constituent une petite industrie. Le fait que les courses ne durent que quelques secondes ne décourage nullement le petit bataillon de parieurs présents.

La chasse au lièvre est un sport d'hiver qui, depuis des années, est vivement dénoncé par les ligues de défense des animaux en raison de sa cruauté. Deux chiens sont lâchés en même temps à la poursuite d'un lièvre. Le nombre de points marqués varie selon que le chien détourne le lièvre de sa course ou le tue avant qu'il parvienne à s'échapper par l'ouverture pratiquée au fond du champ. Bien souvent, l'animal, attrapé par les deux chiens à la fois, est déchiqueté.

A gauche, les courses de lévriers attirent les parieurs; ci-dessus, un parcours du Hermitage Golf Club.

Une nation sportive

Les sportifs irlandais détiennent, ou ont détenu jusqu'à ces derniers temps, plusieurs titres mondiaux. Quelques grands noms sont à retenir : Sean Kelly, grand cycliste dans les années 80 et Stephen Roche, vainqueur du Tour de France 1987 ; le Dublinois Michael Carruth et Wayne McCullough, originaire de Belfast, médaille d'or et d'argent en boxe professionelle aux jeux Olympiques de Barcelone 1992. Cette liste peut être complétée par les noms des deux Irlandais les plus connus sur la scène sportive internationale : Mike Gibson en rugby, et Pat Jennings, gardien de but de football.

L'équipe d'Irlande de rugby international est constituée de joueurs d'Irlande du Nord et de l'Eire. C'est le seul sport international, à part la boxe professionnelle, qui fasse abstraction des différends politiques, du moins le temps d'un match.

Ce n'est pas le cas du football, sport de prédilection de la classe ouvrière. L'île possède deux équipes : l'Irlande, nom officiel de l'équipe d'Irlande du Nord, et la République d'Irlande. Les meilleurs joueurs des deux États s'entraînent dans des clubs en Angleterre ou sur le continent (pour des raisons financières évidentes). Mais c'est surtout l'équipe de l'Irlande du Nord qui se distingue. En recrutant ses membres parmi l'élite restreinte des joueurs de haut niveau, elle a réussi à se qualifier pour les finales des deux dernières Coupes du monde.

Le rendez-vous des golfeurs

Le golf est une autre passion nationale. Les terrains sont d'un accès si facile qu'il suffit d'acheter des clubs pour se lancer. L'île est parsemée de parcours. A l'intérieur du pays : le Curragh (le plus ancien), Mullingar, Tralee (conçu par Arnold Palmer) ; et sur la côte : Rosses Point (comté de Sligo), Lahinch (comté de Clare, Ballybunion et Waterville (comté de Kerry), Portmarnock et Royal Dublin (dans la capitale), Beltray (comté de Louth) et Royal County Down (comté de Newcastle).

Les règles du football gaélique sont sans cesse modifiées.

Irlande
80 km/ 50 miles
Écosse
Coleraine
Limavady
Antrim
Letterkenny
Derry
Ballymena
Donegal
Derry
Larne
Strabane
Donegal
Tyrone
Omagh
Belfast
Ballyshannon
Irlande du Nord
Dungannon
Enniskillen
Armagh
Down
Sligo
Fermanagh
Armagh
Ballina
Monaghan
Sligo
Leitrim
Monaghan
Newry
Mayo
Cavan
Boyle
Castlebar
Cavan
Westport
Carrick on Shannon
Dundalk
Océan
Roscommon
Louth
Mer d'Irlande
Castlerea
Claremorris
Longford
Meath
Longford
Drogheda
Atlantique
Roscommon
Navan
Tuam
Mullingar
Westmeath
Trim
Dublin
Galway
Athlone
Moate
Dublin
Galway
Ballinasloe
Offaly
Kildare
Tullamore
Dun Laoghaire
Loughrea
Naas
Gort
Birr
Laois
Portlaoise
Athy
Wicklow
Wicklow
Ennis
Nenagh
Clare
République d'Irlande
Carlow
Arklow
Thurles
Carlow
Limerick
Tipperary
Kilkenny
Gorey
Cashel
Limerick
Kilkenny
Tipperary
Wexford
New Ross
Tralee
Wexford
Dingle
Clonmel
Kerry
Mallow
Fermoy
Waterford
Rosslare Harbour
Killarney
Waterford
Cork
Youghal
Cork
Cobh
Bandon
Bantry

ITINÉRAIRES

Quelle ville autre que Dublin, capitale de la république d'Irlande, pourrait s'enorgueillir d'abriter, dans sa poste principale, le sanctuaire de la nation ? Quelle cité, après avoir subi deux décennies de terrorisme sporadique, pourrait demeurer aussi active, aussi vivante commercialement, aussi accueillante que Belfast, capitale de l'Irlande du Nord ? Pourquoi dit-on au sud qu'il y a 252 points de passage entre les deux États, alors qu'au nord on assure qu'il y en a 287 ? Comment un pays qui semble s'en aller en lambeaux, où la dette extérieure est considérable, où le taux de chômage dépasse 17 %, et dont la moitié de la population a moins de vingt-cinq ans, peut-il encore être l'un des endroits les moins dangereux d'Europe ?

« *C'est normal,* diront les Irlandais, *c'est l'apathie qui sauve le pays de l'anarchie ; mais ne vous cassez pas la tête, la situation est peut-être désespérée, mais elle n'a rien de dramatique.* » Donc, oubliez les statistiques. Prenez un imperméable, un parapluie, une bonne paire de chaussures de marche et laissez vos idées préconçues à la maison.

Ce que vous allez découvrir est un amalgame ensorcelant, à l'irlandaise, fait de lacs secrets, de villes anciennes, de chambres funéraires préhistoriques, d'étranges croix de pierre, de tours rondes, de châteaux en ruine, de puits sacrés et de cascades bondissantes. Les chevaux de course sont des célébrités locales et celui qui n'a pas le temps de discuter de la pluie et du beau temps avec son voisin n'est pas civilisé. Le Kerry offre ses vallées opulentes, fleuries d'arbousiers, de fuchsias sauvages et d'orchidées ; Killarney, ses promenades peuplées de farfadets dont les exploits charment les touristes : le Gaeltacht, plus à l'ouest, ses étendues quasi désertiques. A Dublin, qui s'anglicise et s'américanise de jour en jour, la solitude n'existe pas ; dans le Galway et le Shannon, il suffit de lancer une brique pour assommer une douzaine de saumons. Les lacs resplendissants du Fermanagh sont à peine troublés par de rares bateaux ; quant aux Burren venteuses, dans le comté de Clare, Cromwell disait qu'elles n'avaient «*pas assez de bois pour pendre un homme, pas assez d'eau pour le noyer, pas assez de terre pour l'ensevelir.* »

L'Irlande est un petit pays, mais, comme le bon vin, il faut le savourer lentement. Un poteau indicateur peut vous donner trois façons d'atteindre une destination, ou... aucune. Demandez-la à un passant ; s'il estime que vous avez l'air tant soit peu fatigué après une journée de tourisme et un essai comparatif des diverses sortes de Guinness, il vous dira sans doute que c'est «*juste un brin plus loin*» pour ne pas vous attrister en vous répondant que c'est à 50 km par une petite route en épingle à cheveux.

L'Irlande, en définitive, est moins un pays sur une carte qu'un état d'esprit, et ses habitants, aussi calmes que prompts à s'émouvoir, considèrent la vie comme une histoire à rebondissements. L'inévitable, ils vous le promettront, n'arrive jamais, mais l'inattendu est toujours au rendez-vous. Donc, soyez prêts !

Pages précédentes : Dolmen de plus de 2 000 ans à Poulnabrone, comté de Clare ; pêche dans les jardins d'Annesgrove, comté de Cork ; fermier du Connemara, comté de Galway.

LÁNA LAD
LAD LANE
2
MAX.
10FT
HEIGHT
BUTTERCUPS
BEAUTY
SALON
TEL 604465
HOURS 10 - 7.30
Buttercups
Beauty Salon

BARBER SHOP
THE BAGGOT ST. BARBER SHOP
& SEPARATE
LADIES HAIR SALON
SHAVING
A Specialty
OPEN 8 15
Each Morning
AROMA

DUBLIN

« Les seules constantes sont la mer, le jeu de la lumière, et les mêmes courbes vertes des collines que les Vikings ont vues à leur arrivée. »
Large, Peter Somerville

Dublin, capitale de la République d'Irlande, est une ville aux multiples visages. Pour les uns, c'est le berceau d'écrivains notoires : Jonathan Swift, Oscar Wilde, Thomas Moore, William Butler Yeats, John Millington Synge, Sean O'Casey, James Joyce, Samuel Beckett, Oliver Goldsmith, Brendan Behan, sans oublier Bram Stoker, père de Dracula. Pour les autres, c'est le sanctuaire du nationalisme irlandais. Pour beaucoup, c'est la ville des pubs où coulent à flots la Guinness et les bonnes blagues. Certains viennent flâner dans ses rues georgiennes, ses places et ses jardins. Mais ce qui séduit tous les visiteurs, c'est la beauté exceptionnelle du site de Dublin. La capitale s'élève dans une plaine irriguée par la **Liffey**, entourée de collines et de promontoires et qui s'ouvre sur une large baie circulaire.

Le temps et les habitants d'Irlande sont d'humeur changeante ; la ville également. Les rues pleines de vacarme avoisinent des endroits calmes où l'on flâne en bavardant. Et les nuages assombrissant les immeubles gris cèdent la place, en quelques minutes, à une éclatante lumière qui dore les facades georgiennes en brique rouge.

Pages précédentes, Baggott Street. A gauche, couleurs de la République d'Irlande, déployées au sommet de la Poste centrale, sur O'Connell Street ; à droite, centre commercial à St. Stephen's Green.

Les deux rives de la Liffey

Ville de contrastes, Dublin est indéfinissable : provinciale et cosmopolite, digne et démente, éblouissante et lugubre, décente et délinquante, contestataire et discrète, avec autant d'églises que de pubs. Mais c'est également une ville divisée, par la Liffey et les différences sociales de ses deux rives. L'écrivain Brendan Behan a noté qu'au cours des trois siècles écoulés la ville s'est développée *« comme lors d'une chasse au renard, où pour une fois l'aristocratie et la bourgeoisie étaient devenues la proie, luttant sans relâche pour maintenir une distance respectueuse entre elles et la majorité déshéritée. »*

Cette course-poursuite date du début du XVIIIe siècle, lorsque les riches quittèrent la vieille cité médiévale et ses taudis pour des jardins et des rangées de maisons aristocratiques, nouvellement aménagés sur la rive nord, comme **Henrietta Street** et **Mountjoy Square**. Mais, après quelques décennies, le renard revenait sur ses pas pour construire d'élégantes tanières sur la rive sud, à **Merrion Square** et à **Fitzwilliam Square**, étendant son territoire, à l'ère victorienne, à travers les faubourgs de **Ballsbridge** et le long de la côte, jusqu'à **Dun Laoghaire** et **Dalkey**. La chasse continue et, comme le savent les renards, traverser une rivière est une excellente façon d'échapper à la meute.

Il existe encore quelques quartiers bourgeois au nord mais, en général,

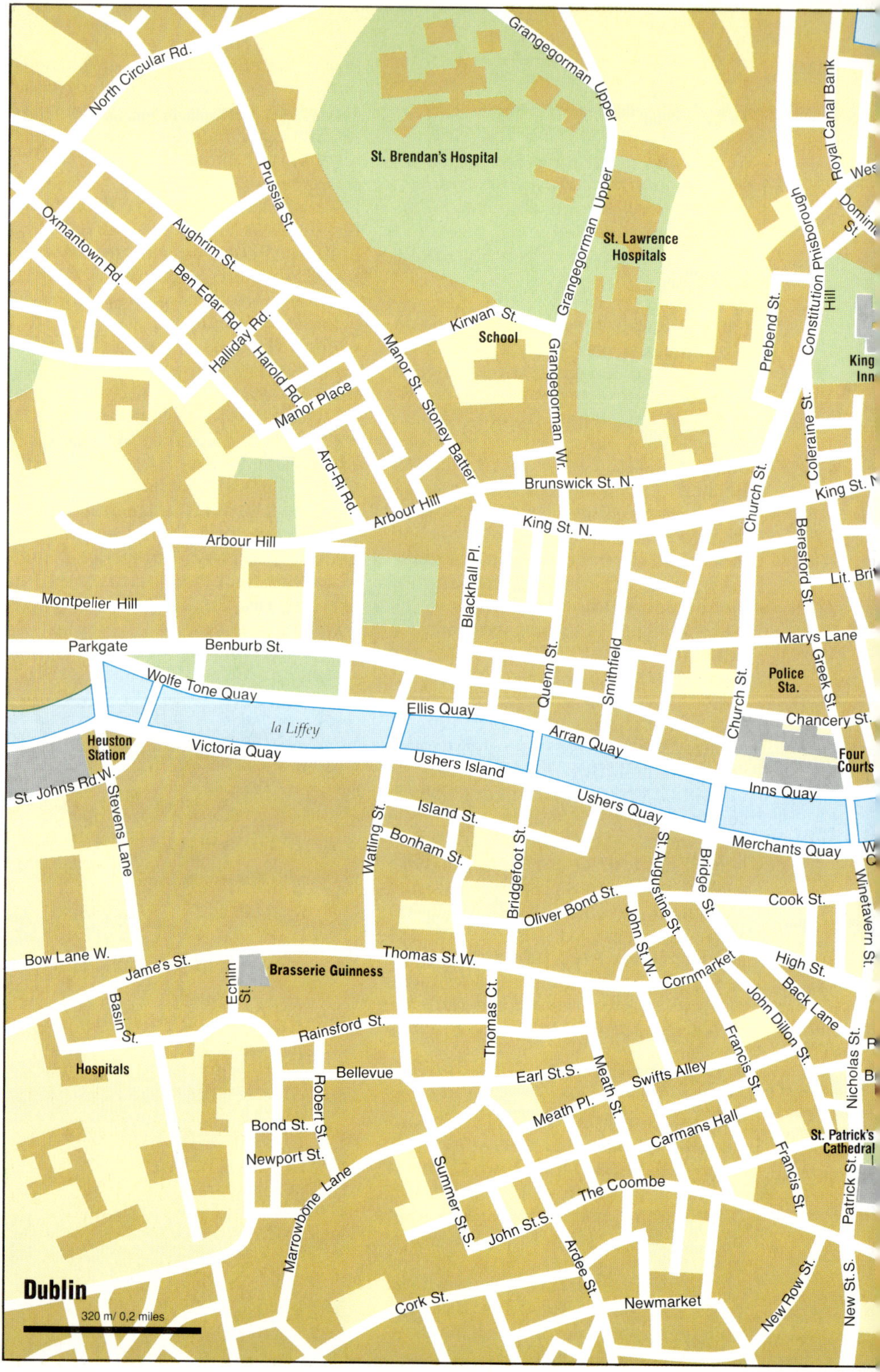
North Circular Rd.
Grangegorman Upper
St. Brendan's Hospital
Royal Canal Bank
Prussia St.
Oxmantown Rd.
Aughrim St.
Ben Edar Rd.
Halliday Rd.
Harold Rd.
St. Lawrence Hospitals
Kirwan St.
School
Manor St.
Manor Place
Stoney Batter
Grangegorman Wr.
Prebend St.
Constitution Hill
Phisborough
King Inn
Ard-Ri Rd.
Arbour Hill
Brunswick St. N.
Church St.
Coleraine St.
King St. N.
Blackhall Pl.
Beresford St.
Lit. Bri
Montpelier Hill
Parkgate
Benburb St.
Marys Lane
Queen St.
Smithfield
Police Sta.
Greek St.
Wolfe Tone Quay
la Liffey
Ellis Quay
Arran Quay
Chancery St.
Four Courts
Heuston Station
Victoria Quay
Ushers Island
Inns Quay
St. Johns Rd W.
Stevens Lane
Island St.
Ushers Quay
Watling St.
Bonham St.
Bridgefoot St.
St. Augustine St.
Bridge St.
Merchants Quay
Winetavern St.
Oliver Bond St.
John St. W.
Cook St.
Bow Lane W.
James's St.
Echlin St.
Brasserie Guinness
Thomas St. W.
Cornmarket
High St.
Back Lane
John Dillon St.
Basin St.
Rainsford St.
Thomas Ct.
Francis St.
Nicholas St.
Hospitals
Bellevue
Earl St. S.
Meath St.
Swifts Alley
Robert St.
Meath Pl.
Bond St.
Carmans Hall
St. Patrick's Cathedral
Newport St.
Summer St. S.
The Coombe
Patrick St.
Marrowbone Lane
John St. S.
Ardee St.
New Row St.
New St. S.
Dublin
320 m/ 0,2 miles
Cork St.
Newmarket

Blessington St.
Upper Dorset St.
Temple St. N.
Gardiner Pl.
West Gardiner St.
Mountjoy Square
Charles St.Gt.
Portland Row.
Mountjoy St.
Frederick St.
Denmark St.
N. Gt. Georges St.
Hill St.
Summerhill
Buckingham St.
Killarney St.
Art Gallery
Parnell Sq.
Parnell Sq. E.
Parnell St.
Granby
Parnell Sq. W.
Rotunda Hospital
Dorset St.
Dominick Pl.
Dominick St. Lwr.
Kings Inns St.
Sean Mac Dermott St.
Railway St.
Amiens St.
Waterford St.
Gardiner St.
Corporation St.
Foley St.
Sheriff St.
Connolly Station
O'Connell St.
Marlborough St.
St. Mary's Catholic Pro-Cathedral
Talbot St.
Moore St.
Coles Lane
Denmark St.
Parnell St.
Jervis St.
N.Earl St.
Henry St.
G.P.O.
Store St.
Bus Station
Beresford
Custom House
Mary St.
Liffey St.
Abbey St. Lwr.
Abbey St. Middle
Custom Ho Quay
Eden Quay
Abbey St.
Lotts
Capel St.
Strand St.Gt.
Bachelors Wk.
Burgh Quay
Georges Quay
City Quay
Moss St.
Tara St.
Gloucester St.
Ormond Quay
Aston Quay
Westmoreland St.
D'Olier St.
Townsend St.
Liffey
Wellington Quay
Fleet St.
College St.
Essex Quay
Temple Bar.
Bank of Ireland
Pearse St.
Lombard St.S.
Essex St.
College Grn.
Pearse Station
Church
Dame St.
Edward St.
City Hall
Georges St.
Suffolk St.
Trinity College
Hospital
Westland Row.
Exchequer St.
Wicklow St.
Nassau St.
Château
William St.
Leinster St.
Lincoln Pl.
Boyne St.
Ship St.
Grafton St.
Dawson St.
Frederick St.
National Library
Denzille Lane
Civic Museum
National Gallery
Upr. Stephen St.
Anne St.
Molesworth St.
Chatham St.
Leinster House
North St.
Golden Lane
Aungier St.
Mercer St.
King St.
Mansion House
Kildare St.
National Museum
West
Merrion Square
Wood St.
College
North
Merrion St.
Peter St.
York St.
Fitzwilliam Lane
West
Bishop St.
St. Stephen's Green
East
Baggot St.
Kevin St.
Cuffe St.
South

les habitants de la rive sud ont un niveau de vie plus élevé et sont bien déterminés à conserver leurs privilèges. Le snobisme, toutefois, est le même d'une rive à l'autre, et il n'est pas rare d'entendre : *« Plutôt mourir que franchir la rivière. »*

Jusqu'à une époque récente — et encore aujourd'hui, dans une moindre mesure — il s'agissait d'un renard anglo-irlandais et de chiens de chasse irlandais, car les différences de classes se compliquent encore du fait du cloisonnement culturel. Le pays n'a jamais eu d'autre capitale que Dublin mais, paradoxalement, la ville n'est la capitale de l'Irlande que depuis 1921.

Dublin à travers l'histoire

Dès le début de la christianisation, des Celtes s'étaient établis sur les rives de la Liffey, auprès d'un gué, d'où dérive le nom gaélique de Dublin, *Baile Atha Cliath*, « la ville du gué des claies ». Mais on admet généralement que Dublin fut véritablement fondée au IXe siècle, non par les Irlandais, mais par les Vikings qui pillaient et colonisaient toutes les côtes du nord de l'Europe. Ils établirent leur place forte sur la rive sud de la Liffey, au confluent de cette rivière et du **Poddle**, au lieu dit le « marais noir », ou *dubhlinn*, ce qui donna son nom à la cité. Le Poddle n'est plus aujourd'hui qu'un cours d'eau souterrain qui s'écoule fébrilement à travers une grille du quai de la Liffey, près de **Grattan Bridge** — plus communément appelé Capel Street Bridge, du nom de la rue qui remonte vers le nord.

Les Danois firent de Dublin une base militaire pour leurs expéditions et une cité commerçante. Ils étendirent leur domination, malgré les attaques incessantes des chefs locaux, mais leur hégémonie devait être entamée par leur grave défaite en 1014, à la bataille de Clontarf. Ils furent alors nombreux à s'assimiler à la population irlandaise en contractant des alliances avec les clans locaux et à se convertir au christianisme.

O'Connell Bridge sous un ciel radieux.

Les Anglo-Normands arrivèrent au XIIe siècle mais, jusqu'au règne élisabéthain, la domination anglaise ne s'étendait que sur une bande de terre de la côte est, appelée le **Pale**, comprise approximativement entre Dundalk au nord et Dublin au sud.

Aux XVIIe et XVIIIe siècles, la politique de « plantation » consolida l'occupation anglaise. Dublin était entre les mains de riches familles protestantes anglaises et connaissait un véritable essor ; un nouveau paysage urbain se dessinait. Le XVIIIe siècle fut son âge d'or : l'élite de la société, les « lumières du siècle », les élégants s'y retrouvaient. De somptueux édifices et demeures, construits dans le style georgien, ajoutaient à l'attrait du lieu.

La diffusion des idées nouvelles et la prise de conscience de la discrimination anglaise à l'égard du commerce irlandais entraînèrent un soulèvement général qui aboutit, en 1783, à l'indépendance législative de l'Irlande. Mais le Parlement irlandais de College Green devait connaître une existence éphémère. Après la rébellion des Irlandais unis, en 1798, inspirée par les idéaux des révolutions française et américaine, la Grande-Bretagne promulgua l'Acte d'union, qui remettait l'Irlande sous son contrôle direct. Toute l'aristocratie irlandaise suivit le déplacement du centre politique à Londres et une longue période de déclin s'ensuivit pour Dublin.

Le vingtième siècle

Au début de XXe siècle, la ville était au cœur d'une fermentation politique et culturelle qui conduisit à la révolte de 1916, à la guerre d'Indépendance qui suivit, et à la création d'un État libre en 1921. Les 40 années suivantes, guidée par les aspirations nationalistes et catholiques d'Eamon De Valera, la jeune nation s'engagea dans un protectionnisme économique et moral. L'Église, très influente, d'un puritanisme virulent, maintint un climat culturel et social souvent étouffant. (La ville de Joyce est aussi celle où

Une prêcheuse dans O'Connell Street et une statue du leader syndicaliste Jim Larkin (1876-1947).

ses œuvres furent bannies, même longtemps après sa mort.) Ces tensions s'apaisèrent dans les années 60 et 70, bien qu'il y ait eu quelques violentes récidives dans les années 80.

Le Dublin d'aujourd'hui a ses problèmes. Sa croissance est trop rapide dans une époque de récession et le malaise se traduit par l'augmentation de la criminalité, de la toxicomanie et de la pollution. De nombreux quartiers ont été détruits par les promoteurs immobiliers pour être réaménagés ; mais les grands édifices publics subsistent ainsi que les demeures georgiennes aux portes laquées de couleurs vives et surmontées de lanternes, les parcs et jardins verdoyants, de bonnes librairies et des pubs accueillants.

La Bank of Ireland et Trinity College

Le point de départ pour notre itinéraire à travers la ville sera **O'Connell Bridge**. Construit entre 1792 et 1794 puis élargi en 1880, ce pont est le plus important de la Liffey. En tournant le dos à l'agitation de O'Connel Street, sur la rive nord, engagez-vous dans **Westmoreland Street**, qui aboutit à un carrefour spacieux, **College Green**, où deux des plus prestigieux édifices de la ville dominent la perspective : la **Bank of Ireland** et **Trinity College**.

Le premier de ces deux bâtiments, construit en 1729, n'était pas destiné à devenir une banque d'État, mais le siège — éphémère — du Parlement irlandais. Sa façade principale, aveugle et incurvée, est agrémentée de nombreuses colonnes. La face est du bâtiment fut ajoutée en 1785 par James Gandon. L'établissement est aujourd'hui aménagé en bureaux mais la visite de certaines salles, dont la Chambre des lords, est autorisée.

La statue de Henri Grattan — comme figé en plein discours —, le plus grand orateur du Parlement, se dresse sur **College Green**. *« Les nations*, déclara un jour Grattan, *ne sont pas uniquement gouvernées par l'intérêt, mais également par la passion, et la passion*

Trinity College.

de l'Irlande, c'est la liberté. » Une sculpture moderne, voisine de celle de Grattan et dédiée à la mémoire de Thomas Davis, patriote du siècle dernier, est l'œuvre d'Edward Delaney.

Trinity College fut fondé en 1592 par la reine Elizabeth Ire, sur le site d'un monastère, mais sa façade principale, devant laquelle se dressent les statues d'Olivier Goldsmith et d'Edmund Burke, fut construite de 1755 à 1759. Le porche d'entrée mène à une cour intérieure spacieuse, pavée de galets : sur la droite, l'amphithéâtre (1779-1791), ou **Examination Hall** (salle des examens), abrite un lustre en chêne doré, provenant de l'ancien Parlement, et un orgue récupéré, selon toute probabilité, sur un vaisseau espagnol à Vigo en 1702. Sur la gauche, la **chapelle** (1702), plus loin, le réfectoire (1743), ou **Dining Hall**, gravement endommagé par un incendie en 1984 et restauré depuis. Le campanile haut de 30 m est l'œuvre de Charles Lanyon. Construit en 1853, il s'élève au centre de la cour et marque le chœur de l'église conventuelle originelle. Sur le côté droit de la seconde cour, la bibliothèque, **Old Library** (1712-1932), renferme le *Livre de Kells* (IXe siècle), copie manuscrite des Évangiles, magnifiquement enluminée et dont une page différente est exposée chaque jour. Elle conserve également le *Livre de Durrow* (VIIe siècle), le *Livre de Dimma* (VIIIe siècle), et le *Livre d'Armagh* (vers 807).

St. Stephen's Green

En quittant Trinity College par l'entrée principale, vous vous engagerez dans **Grafton Street**, sur la gauche, artère commerçante principale de la rive sud, aujourd'hui zone piétonnière. Le plus élégant des grands magasins est Switzers & Brown Thomas, l'équivalent du Fortnum & Mason londonien. **Bewley's Oriental Café**, qui fait partie d'une chaîne de cafés-restaurants un peu surannés, est, à juste titre, une « institution » fort prisée. Johnston's Court, rue étroite donnant

Bewley's Oriental Café, une institution à Dublin.

sur Grafton Street, mène à **Powerscourt Centre**, où boutiques à la mode et cafés ont été aménagés sous la coupole en verre de l'ancienne résidence du vicomte Powerscourt, construite entre 1771 et 1774.

A l'extrémité nord de Grafton Street, **St. Stephen's Green** est un charmant petit parc bordé par quelques belles maisons aristocratiques. Ces jardins étaient à l'origine un terrain communal qui fut clôturé en 1663 et il fallut attendre la fin du XVIIIe siècle pour que le quartier soit construit. Depuis 1880, le parc est public, calme et décoré de statues. De nombreuses demeures georgiennes en bordure du parc ont malheureusement été détruites par les promoteurs immobiliers, surtout du côté ouest, où le **Royal College of Surgeons** (1806) est le seul bâtiment de style néoclassique qui subsiste.

Sur le côté nord de St. Stephen's Green, **Shelbourne Hotel**, qui date de 1865, a gardé sa fière allure. Notons au passage qu'à Dublin les hôtels étaient le lieu des rendez-vous mondains de la bourgeoisie.

Le National Museum.

L'immeuble le plus célèbre du côté sud est **Iveagh House** (nos 80-81) ; actuellement siège du ministère des Affaires étrangères, c'était la résidence de la célèbre famille Guinness. A **Earlsfort Terrace**, qui part de l'angle sud-est du parc, s'élève le **National Concert Hall**. Il abritait autrefois University College, aujourd'hui installé sur un vaste campus moderne, dans la banlieue sud, à Belfield. Le bâtiment, magnifiquement rénové, possède une remarquable acoustique.

La National Library et le National Museum

Sur le côté nord du St. Stephen's Green, **Kildare Street** conduit, en longeant le Shelbourne Hotel et une série d'immeubles officiels modernes, jusqu'à **Leinster House**, siège du Parlement irlandais, ou *Oireachtas*. Deux édifices presque symétriques, précédés de colonnades en rotonde, l'entourent. Ce sont la **National Library** et le National Museum, construits tous deux en 1890. La bibliothèque possède un demi-million d'ouvrages, et une importante collection de journaux et périodiques anciens. La vaste salle de lecture, remplie d'étudiants studieux, est accessible aux visiteurs. Quant au **National Museum**, sa section d'antiquités est remarquable et présente des pièces datant de 6000 av. J.-C. jusqu'à la fin du Moyen Age. Les joyaux de sa collection sont la broche de Tara (700-750), une fibule de bronze doré avec motifs incrustés, et le Moylough Belt-Shrine, reliquaire de ceinture (VIIIe siècle).

En prenant Molesworth Street, juste en face de Leinster House, on découvre quelques mètres plus haut le Buswell's Hotel, fréquenté par des hommes politiques et des journalistes. A l'extrémité de la rue, on trouve Dawson Street et ses boutiques élégantes. Au coin de la rue s'élèvent **St. Ann's Church** (1720) et, un peu plus loin, au n° 19, la **Royal Irish Academy**, dont l'importante bibliothèque comprend des manuscrits allant du VIe au XVIIe siècle. Peu après, **Mansion House** est, depuis 1715, la résidence des maires de Dublin. Construite dix ans auparavant, dans le style Queen Ann, elle a été ornée de stucs et de fers forgés à l'époque victorienne.

A l'extrémité nord de Dawson Street, engagez-vous sur la droite, dans Nassau Street puis Clare Street, vous arriverez à Merrion Square, l'un des plus beaux sites de Dublin.

Merrion Square et la National Gallery

Dessiné en 1762, **Merrion Square** fut la résidence de nombreuses personnalités. Au n° 1 vécurent sir William et lady « Speranza » Wilde, l'un chirurgien et l'autre poétesse, parents d'Oscar Wilde; Daniel O'Connell vécut au 58; W.B. Yeats, qui est né au bord de la mer, dans la banlieue, à Sandymount, et a passé sa jeunesse en grande partie à Londres, demeura d'abord au 52, puis au 82, après son élection comme sénateur de l'État libre d'Irlande ; Sheridan Le Fanu, auteur de *Carmilla*, histoire d'un vampire, habita au 70. Le duc de Wellington, vainqueur de Napoléon à Waterloo, est né au 24 Upper Merrion Street, rue qui part de l'angle sud-ouest de la place en direction de Merrion Row et de St. Stephen's Green. Ses jardins sont ouverts au public.

En longeant le côté ouest de la place, on découvre la **National Gallery of Ireland**. Sur les pelouses se dresse la statue de William Dargan, qui organisa l'Exposition de Dublin en 1853 et employa les bénéfices à l'achat des collections du musée. A gauche de l'entrée se dresse la statue de George Bernard Shaw, qui affirmait avoir appris tout ce qu'il savait dans ce musée et lui légua le tiers de sa fortune. On y trouve une série représentative d'œuvres irlandaises, une petite collection de maîtres hollandais, de belles toiles des écoles française, espagnole et italienne du XVIIe siècle. Des portraits d'Irlandais et d'Irlandaises

Statue de Molly Malone.

SAUVER LE VIEUX DUBLIN

Au XVIIIe siècle, la cité georgienne était concentrée entre ses deux voies d'eau artificielles, le Grand Canal, au sud, et le Royal Canal, au nord. La Liffey aux quais élégants la divisait en deux. La magnificence des constructions s'accrut avec le siècle. En 1757 fut créée la Wide Streets Commission, première instance de planification urbaine en Europe, qui réglementa le développement de la construction. D'autres commissions étaient chargées du pavage et de l'éclairage des rues.

De grands bâtiments publics, tels la Custom House (le Service des douanes), Four Courts et King's Inn, s'élevèrent bientôt au cœur de la cité. D'élégants jardins publics furent dessinés pour une aristocratie exigeante : au nord, Mountjoy et Rutland (aujourd'hui Parnell), et au sud, Merrion et Fitzwilliam. Dans le même temps, les grandes familles faisaient construire de fastueuses résidences, telles Leinster House (aujourd'hui siège du Parlement irlandais) et Belvedere House (transformée depuis en école jésuite).

L'un des plus prestigieux «promoteurs» de son temps, Henry Moore, comte de Drogheda, s'assura une gloire posthume en baptisant trois rues du centre-ville : Henry Street, Moore Street, et Earl Street.

En 1800, après le transfert du pouvoir politique à Londres à l'issue de l'Acte d'union, la Wide Streets Commission fut dissoute et les prix des propriétés s'effondrèrent. Les grandes résidences furent rachetées par de riches bourgeois avant d'être divisées en appartements destinés aux innombrables pauvres de Dublin. Durant la Première Guerre mondiale, le plafonnement des loyers a rendu l'entretien des immeubles si onéreux qu'au moment de l'indépendance, en 1921, les bâtiments dublinois étaient dans un piètre état.

Les années 60 ont vu une explosion sans précédent de la spéculation foncière. Des rues entières ont été rasées pour faire place à des immeubles de bureaux souvent rébarbatifs. De nombreux Dublinois (mères de famille, étudiants en architecture ou prêtres) s'unirent pour exprimer leur opposition à ces projets ; la manifestation la plus importante a eu lieu à la fin des années 70, pour protester contre la destruction d'un site archéologique viking à Wood Quay.

Même aujourd'hui, la préservation des monuments historiques reste problématique. Si les hôtels particuliers de Dublin sont célèbres pour leurs décors de stuc, il a fallu attendre 1991 pour que 100 d'entre eux soient classés. Toutefois, malgré les dégâts causés par certains promoteurs sans scrupules, il y a quelques raisons d'espérer.

Dans les années 70, le ministère des Transport décida de construire un immense dépôt d'autobus à Temple Bar, un vieux quartier commerçant du centre, sur la rive sud de la Liffey. Les bâtiments promis à la démolition ont momentanément été loués à des artistes, antiquaires et restaurateurs. L'endroit prit rapidement des allures bohème et, dans les années 80, les résidents appuyés par des architectes ont formé une association pour réclamer sa sauvegarde. Le gouvernement s'est finalement rendu à leurs arguments, le projet du ministère a été abandonné pour faire place à un plan de réhabilitation de Temple Bar. C'est aujourd'hui le haut lieu artistique et gastronomique de la capitale. Il faut espérer que l'expérience servira à d'autres quartiers de Dublin.

Heurtoir en bronze de style georgien.

célèbres sont alignés le long des escaliers tournants.

A droite en sortant de la National Gallery, dans **Upper Merrion Street**, après les pelouses de Leinster House, vous aurez, sur la gauche, une belle vue depuis le côté sud de Merrion Square jusqu'à la coupole de St. Stephen's Church (1825). Au carrefour suivant, en prenant Baggot Street puis Pembroke Street, vous arriverez à **Fitzwilliam Square**, la plus petite, la plus récente (1825) et la mieux préservée des places georgiennes de la ville. En 1965, l'État décida malheureusement la destruction de 26 maisons du côté est pour laisser place aux nouveaux bureaux de l'Electricity Supply Board (équivalent de notre E.D.F.).

Au croisement de Baggott Street et de Fitzwilliam Street, on aperçoit sur la gauche les **bureaux administratifs de la Bank of Ireland**, tout d'acier et de verre, abritant une galerie réservée aux expositions d'art contemporain; un peu plus loin, sur la droite, un autre immeuble moderne est le siège du **Board na Mona**, qui supervise l'exploitation des tourbières nationales. Du pont situé un peu plus loin, on a une jolie vue sur le **Grand Canal**, jadis voie d'eau commerciale active, reliant la capitale au Shannon. De l'autre côté du canal, près de l'écluse, sur **Mespil Road**, une stèle est élevée à la mémoire du poète Patrice Kavanagh (1905-1967).

Le promeneur reviendra à Trinity College; c'est un bon point de départ pour commencer l'exploration de la partie la plus ancienne de la ville.

Le vieux Dublin: un quartier d'artistes

De Trinity College, engagez-vous dans l'ancienne rue principale, College Green, puis **Dame Street**, où des batiments modernes sont le siège de la **Banque centrale**. Depuis quelques années, le lacis de petites rues entre cette banque et les quais de la rivière est devenu un quartier d'artistes, appelé **Temple Bar**, avec des galeries de peinture, des ateliers, des librairies

Le quartier de Temple Bar.

d'occasion, des commerces d'artisanat et des pubs.

Peu après avoir dépassé la banque, sur la droite, on découvre l'entrée, de style victorien, de l'**Olympia Theatre**. Ce théâtre est le plus grand de Dublin ; il présente des œuvres dramatiques, des comédies musicales ou des spectacles de variétés.

La rue monte alors vers la colline où la ville médiévale s'étale autour du **château de Dublin**. Juste avant d'atteindre le château, sur la gauche, on voit l'**hôtel de ville**, surmonté d'un dôme corinthien. C'est, depuis 1852, le siège du conseil municipal. Il fut construit en 1769, par l'architecte londonien Thomas Cooley, pour abriter les locaux de la Bourse royale.

Le château de Dublin

Le château de Dublin, érigé entre 1208 et 1220 sur le site d'une forteresse danoise, fut, pendant près de huit siècles, le bastion et le symbole de la domination anglaise sur l'Irlande. Le bâtiment, dans son état actuel, a été presque entièrement reconstruit au XVIIIe siècle. La **Record Tower** est le plus important vestige de l'époque normande ; cette tour s'élève dans la cour inférieure du château et abrite aujourd'hui le State Paper Office (Bureau des documents officiels). La **Birmingham Tower**, la plus haute tour du château, date du début du XVe siècle, mais elle fut reconstruite en 1775 après une explosion.

Les appartements d'État, ou **State Apartments**, sont la partie la plus impressionnante du château. St. Patrick's Hall, avec ses 25 m de long, ses 12 m de large et son haut plafond ornementé, est probablement l'une des plus belles salles d'apparat du pays. Les Britanniques y donnèrent diverses réceptions officielles et, depuis 1938, la cérémonie d'investiture des présidents irlandais s'y déroule. **L'église de la Très-Sainte-Trinité**, de style néo-gothique, fut construite de 1807 à 1814 d'après les plans de Francis Johnston. C'était alors la chapelle royale mais,

Intérieur du château de Dublin.

depuis 1943, elle est dévolue à l'Église catholique. L'extérieur est orné de plus de 90 têtes sculptées, représentant des personnalités irlandaises.

En quittant le château et en retournant dans Dame Street, prendre sur la droite dans **South Great George's Street**, une rue très animée avec, sur le côté gauche, des arcades victoriennes présentant de nombreuses boutiques. Dans le prolongement, Aungier Street abrite, au n° 12, la maison natale de Thomas Moore, le poète et auteur de chansons du XIXe siècle. Tout près de là, à **Golden Lane**, naquit en 1782 John Field, le plus grand compositeur et pianiste irlandais. Il fut le créateur des « nocturnes » et le précurseur du style romantique pour le piano, que Chopin porta à son point culminant.

En continuant par Wexford Street, tournez à droite et traversez Heytesbury Street, pour arriver à Upper Kevin Street, où **Marsh's Library** (1702) est la plus ancienne bibliothèque publique d'Irlande. Elle fut fondée par l'archevêque Narcissus Marsh. On y trouve, notamment, l'exemplaire du livre de Clarendon, *History of the Great Rebellion* (*Histoire de la Grande Rébellion*), ayant appartenu à Jonathan Swift et portant ses annotations au crayon.

Vitraux de la cathédrale Saint-Patrick.

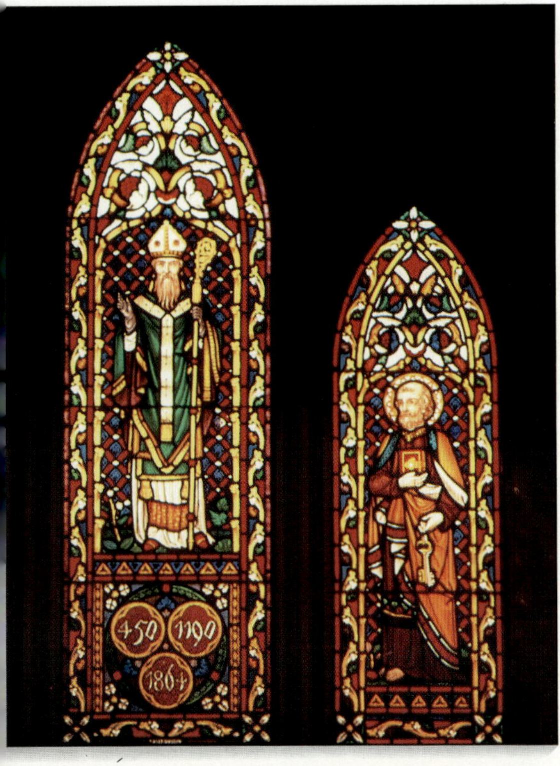

La cathédrale Saint-Patrick

Au carrefour suivant débutent les **Liberties**, quartier ainsi nommé car il se trouvait hors limite de la juridiction du Dublin médiéval. La plupart de ses habitants, en majorité des ouvriers, y demeurent depuis de nombreuses générations, mais les taudis sordides du XIXe siècle sont bien oubliés. La **Coombe**, une rue qui s'allonge à l'ouest des Liberties, était autrefois le lit de la Poddle.

La **cathédrale Saint-Patrick** se dresse dans Patrick Street. Consacrée en 1192, elle a été restaurée plusieurs fois et, comme l'autre cathédrale de Dublin, Christ Church, elle appartient à l'Église d'Irlande depuis la Réforme. Swift, qui en fut le doyen de 1713 à 1745, y est enterré, auprès de sa bien-aimée « Stella », Esther Johnson. Il était ulcéré par la pauvreté et les inégalités qui régnaient en Irlande, comme il le proclama avec cruauté dans sa satire, *A Modest Proposal* (*Une Modeste Proposition*), où il suggérait que les enfants irlandais soient engraissés avant d'être abattus, pour être servis à la table des riches comme mets de choix. Son épitaphe, qu'il rédigea lui-même en latin, dit : *« Il repose ici, où les fureurs de l'indignation ne peuvent plus déchirer son cœur. Va, voyageur, et si tu le peux, imite celui qui, par tous les moyens en son pouvoir, fut un défenseur de la liberté. »*

Patrick Street et Nicholas Street mènent à **Christ Church Cathedral**, qui fut fondée par Sitric, le roi danois de Dublin, vers 1040 et considérablement agrandie à partir de 1172 sous l'égide de Strongbow et de saint Laurence O'Toole. La tour centrale fut construite vers 1600, après un incendie qui endommagea les clochers primitifs. Lambert Simnel, prétendant au trône d'Angleterre, y fut couronné à l'âge de dix ans par ses partisans, en 1487. Christ Church fut dévolue au culte protestant en 1551, bien que la messe catholique y ait été restaurée quelque temps sous le règne de Jacques II. L'ensemble fut presque entièrement reconstruit dans le style néogothique au cours des années 1870. Dans la nef principale, une pierre tombale qui porte un gisant est appelée **tombe de Strongbow** ; à côté, un gisant plus petit est désigné, à tort, comme le fils de Strongbow.

Wood Quay : les vestiges viking

Fishamble Street descend en serpentant vers la rivière, sur le côté est de la cathédrale. La première représentation du *Messie* de Haendel fut donnée, en présence du compositeur, dans **Charitable Musical Society's Hall**, démoli depuis longtemps. L'emplacement de la première cité viking se trouve entre Christ Church et la rivière, à **Wood Quay**. Dans les années 1970, des excavations entreprises pour la construction d'immeubles municipaux mirent au jour de nombreux vestiges de cette époque : maisons, murs, quais, objets façonnés, et le tracé de la cité fut découvert. Malgré une vigoureuse campagne pour la préservation de Wood Quay comme site historique, la construction se poursuivit. La plupart des habitants de Dublin considèrent que ces tours de béton sont hideuses. Sur l'autre rive de la Liffey, on aperçoit le dôme majestueux des **Four Courts**.

High Street, qui part du côté ouest de **Christchurch Place**, était le cœur du Dublin médiéval. Une partie du mur d'enceinte de la vieille ville et la seule porte qui subsiste ont été mises au jour près de l'église St. Audoen's, partiellement en ruine. Les Normands la nommèrent ainsi d'après Saint-Ouen de Rouen. Les fonts baptismaux, dans la nef latérale, datent de 1194 ; la tour est du XIIe siècle et trois de ses cloches ont été fondues au

Fête et lecture sont célébrées sur cette porte georgienne.

début du XVe siècle : ce sont les plus anciennes du pays. De l'autre côté de High Street, dans **Back Lane**, se trouve **Tailor's Hall**, la seule maison de corporation subsistant à Dublin. Elle est occupée aujourd'hui par les bureaux d'An Taisce, dont le but est de préserver le patrimoine architectural et naturel du pays.

La brasserie Guinness

S'il est un symbole de l'héritage national qui n'est guère menacé, c'est celui dont le sanctuaire se trouve à quelques centaines de mètres à l'ouest, dans Thomas Street : la **brasserie Guinness**, berceau du breuvage national, dont on dit souvent à tort que ses propriétés proviennent des eaux de la Liffey. Un documentaire audiovisuel et des dégustations de bière sont au programme de la visite.

A l'ouest de la brasserie Guinness, **Kilmainham Jail** (1792), dans Inchicore Road, est une ancienne prison du XVIIIe siècle tranformée en musée. Un nombre impressionnant de patriotes irlandais y furent incarcérés. Vous pourrez visiter leurs cellules et la cour où les leaders de la rébellion de 1916 furent exécutés.

Vers l'est, au-delà de South Circular Road, s'élève **Kilmainham Royal Hospital** (1680-1684), fondé par Charles II *« pour accueillir les antients* (sic) *officiers et soldats infirmes et mutilés »*. Soigneusement restauré, l'ancien hôpital est le cadre de concerts et d'expositions.

Le promeneur retournera ensuite sur ses pas se rafraîchir à **Brazen Head**, dans Bridge Street. On dit que, depuis le temps des Vikings, il y a toujours eu une taverne à cet endroit, bien que l'établissement actuel ne remonte qu'à 1688. C'était le rendez-vous des Irlandais unis.

On rejoindra O'Connell Bridge en traversant la Leiffey par une passerelle métallique construite en 1816. Autrefois passage à péage, elle fut nommée par les Dublinois **Half-penny Bridge** (« le pont du demi-penny »),

Arthur Guinness, créateur de la bière ; vue sur la tour de la brasserie.

somme qu'il fallait verser pour le franchir.

Custom House

O'Connell Bridge sera, une fois encore, notre point de départ. En longeant Eden Quay sur la rive nord puis Burgh Quay, vous dépasserez le pont du chemin de fer pour rejoindre **Custom House**, l'un des chefs-d'œuvre de James Gandon, le plus grand architecte dublinois du XVIIIe siècle. Il était anglais, mais s'inspirait du style en vogue sur le continent, et l'on imagine davantage Custom House sur les bords de la Seine que sur ceux de la Tamise.

Cet édifice fut terminé en 1791. Gravement endommagé par un incendie, allumé par les républicains pour marquer la victoire du *Sinn Féin* aux élections de 1921, il a été presque entièrement reconstruit. Le dôme central, en cuivre, de 38 m de haut, est couronné par une statue symbolisant le Commerce, œuvre d'Edward Smyth. Les voussoirs surmontant les portails cintrés qui flanquent le portique de style dorique représentent l'océan Atlantique et les 13 principales rivières d'Irlande. C'est également à Gandon que l'on doit les plans de Carlisle Bridge (élargi et reconstruit en 1880), rebaptisé O'Connell Bridge, ainsi que les Four Courts, le portique est de Parliament House (Bank of Ireland), et les King's Inns.

L'Abbey Theatre

En amont de Custom House se dresse **Liberty Hall**, datant de 1960. C'est le siège du plus important syndicat irlandais, l'Irish Transport and General Workers Union. Le bâtiment qu'il occupait avant était certes plus modeste, mais déjà au cœur de la lutte ouvrière au début du siècle. Il est à l'extrémité d'un ensemble en arc de cercle, tracé par Gandon et nommé **Beresford Place**, en hommage à John Beresford, directeur général du Trésor, qui finança la construction de Custom House.

Couleurs celtiques dans O'Connell Street.

A l'autre extrémité de cette place, le **Busaras**, la gare centrale des autobus, était considéré au moment de sa création, en 1953, comme d'avant-garde.

Retournez vers O'Connell Bridge, en longeant Eden Quay, et tournez dans **Marlborough Street**, où s'élève **Abbey Theatre**, la scène nationale irlandaise. Il date de 1966 et a remplacé un théâtre détruit par le feu. L'Abbey, fondé en 1904 par W.B. Yeats, lady Gregory et leurs collaborateurs, a joué un rôle capital dans le renouveau de la culture celtique, et a rapidement acquis une réputation mondiale grâce aux œuvres de Synge et de O'Casey, ainsi qu'au jeu réaliste de ses acteurs. Les représentations étaient souvent agitées, le chahut le plus célèbre ayant été provoqué par l'emploi du mot *«shift»* (jupon) dans le *Baladin du monde occidental*, de Synge. Au sous-sol de l'Abbey, le **Peacock** est un théâtre expérimental d'art et d'essai. En sortant, dirigez-vous vers O'Connell Street, sur la gauche.

O'Connell Street et la Grande Poste

O'Connell Street n'est plus l'élégante avenue résidentielle qu'elle était. Devenue une artère commerçante avec des fast-foods, des cinémas, des cafés, des immeubles modernes, des enseignes publicitaires, elle a perdu de son charme d'antan.

Dessinée par le premier vicomte Mountjoy, Luke Gardiner, au milieu du XVIIIe siècle, elle fut ensuite élargie et aménagée d'un terre-plein planté d'arbres. En 1794, la construction de Carlisle Bridge fit de l'élégante promenade de ce quartier résidentiel la principale voie de liaison entre le nord et le sud de la capitale.

En 1815, une haute colonne surmontée d'une statue de Nelson y fut érigée pour célébrer la défaite de Napoléon, semblable à celle qui se dresse à Londres, sur Trafalgar Square. En 1966, l'IRA la fit exploser pour célébrer le 50e anniversaire de l'insurrection de Pâques 1916.

A gauche, la fontaine Anna Livia, déesse de la Liffey ; à droite, dans un pub à O'Connell Street.

Le terre-plein est jalonné de statues de patriotes irlandais : Daniel O'Connell (1755-1847), chef de file du nationalisme constitutionnel ; William Smith O'Brien (1803-1864), chef du parti Jeune Irlande ; sir John Gay (1816-1875), propriétaire du *Freeman's Journal* (*Journal de l'homme libre*) et organisateur du service municipal des eaux ; James Larkin (1876-1947), grand leader syndicaliste ; le père Theobald Matthew (1790-1856), l'« Apôtre de la tempérance » ; Charles Stewart Parnell (1846-1891), inspirateur du Home Rule et victime tragique de l'intolérance : sa carrière fut brisée par la réprobation publique en raison de sa liaison avec Kitty O'Shea, épouse d'un autre politicien irlandais.

En 1988, une fontaine originale a été inaugurée sur la promenade pour la célébration du millénaire de la fondation de Dublin. La sculpture représente Anna Livia, déesse de la Liffey, que les Dublinois ont bien vite surnommée, avec leur sens de la dérision caractéristique : « la poule dans son Jacuzzi ».

Sur le trottoir ouest, on remarque l'imposant portique de style ionique de la **Grande Poste de Dublin** (1815), qui fut le quartier général de l'insurrection de Pâques 1916, et d'où les chefs des rebelles Patrick Pearse et James Connolly proclamèrent la République. Si les habitants de Dublin furent amusés un temps par leur initiative, leur réaction se « modifia du tout au tout », selon les mots de Yeats, après la capture et l'exécution, un par un, des 15 chefs. Les piliers de la poste portent toujours les impacts des balles.

Dans son programme électoral, le parti *Fine Gael* s'est engagé à nettoyer O'Connell Street et à y installer des cafés et des boutiques dans le style des ramblas de Barcelone.

Parnell Square

Au niveau de la poste, O'Connell Street est coupée par **Henry Street** sur la gauche (principale rue commerçante

Brocante.

de la rive nord de la Liffey) et **Earl Street**, sur la droite, qui débouche sur Malborough Street. En remontant cette rue vers le nord, vous arriverez à **St. Mary's Pro-Cathedral** (1816-1925), la plus grande église catholique de Dublin. C'est là que John Henry Newman embrassa publiquement la foi catholique en 1851.

A l'extrémité nord de O'Connell Street, Parnell Square est bordé de trois important édifices : la **Rotunda**, de la fin du XVIIIe siècle, occupée aujourd'hui par le cinéma Ambassador ; le **Rotunda Hospital** (première maternité d'Europe), qui fut financé par des concerts donnés à la Rotunda ; le **Gate Theatre**, fondé en 1928 par Michál MacLiammóir et Hilton Edwards, où Orson Welles, encore adolescent, monta pour la première fois sur les planches.

A quelques mètres de Gate Theatre, le **jardin du Souvenir** (1966) célèbre la mémoire de ceux qui sont morts pour la liberté de l'Irlande. La sculpture d'Oisin Kelly, au-delà du lac central, évoque le mythe des enfants de Lir, changés en cygnes.

La Municipal Gallery of Modern Art

Au nord de Parnell Square, la **Municipal Gallery of Modern Art** abrite la collection, en majeure partie impressionniste, de sir Hugh Lane, qui mourut en 1915 au cours du torpillage du *Lusitania*. Comme Dublin tardait à offrir un cadre convenable à ses tableaux, il les confia à la National Gallery de Londres, et le codicille de son testament les léguant à Dublin fut considéré comme nul. Le problème a été résolu en 1959 par un compromis : la collection fut scindée en deux parties, une moitié à Londres, l'autre à Dublin, changeant de musée tous les cinq ans. A l'ouest de Parnell Square, dans Granby Row, le **National Wax Museum** intéressera les amateurs de mannequins de cire.

A l'est de Parnell Square, dans Great Denmark Street, **Belvedere**

Mountjoy Square.

House, résidence du XVIIe siècle, est occupée depuis 1841 par un collège de jésuites. James Joyce y fut élève, et décrit l'ambiance qui y régnait dans *Dedalus, portrait de l'artiste par lui-même*. La rue débouche sur **Mountjoy Square** ; cette place, construite entre 1792 et 1808, s'est peu à peu délabrée et a perdu son élégance d'antan.

A l'ouest de Parnell Square, prenez Bolton Street, puis tournez à droite. Vous êtes à **Henrietta Street**, la plus ancienne et autrefois, paraît-il, la plus belle rue georgienne de la ville, où demeuraient les archevêques, les pairs, et les membres du Parlement. Elle est aujourd'hui très délabrée. A son extrémité, les **King's Inns** sont les écoles de droit de Dublin. Dessinées par Gandon, elles furent achevées au début du XIXe siècle.

St. Mary's Church et St. Michan's Church

Descendez à présent Bolton Street, et prenez à gauche vers Capel Street, quelques vieilles boutiques sont dignes d'intérêt. A gauche, dans St. Mary's Street, s'élève **St. Mary's Church**, bâtie à partir de 1697 par Thomas Burgh, architecte de la bibliothèque de Trinity College. C'est là qu'en 1747 John Wesley prêcha son premier sermon en Irlande. Wolfe Tone (1763-1798), fondateur des Irlandais unis et père du républicanisme irlandais, est né non loin de là, dans une rue qui porte son nom.

De l'autre côté de Capel Street, Mary Street conduit, en passant par Mary's Lane, jusqu'à Church Street, où **St. Michan's Church** a été fondée en 1095. C'était alors une église paroissiale viking. Le bâtiment actuel date de la fin du XVIIe siècle, mais a été largement restauré en 1821 et après la guerre civile. On dit que Haendel a joué sur son orgue. La crypte abrite plusieurs corps momifiés du XVIIe siècle, dans un parfait état de conservation grâce aux murs calcaires qui absorbent l'humidité ambiante. En quittant l'église, vous vous dirigerez vers le sud en direction des quais. Sur la gauche, les Four Courts dominent la perspective.

Les Four Courts

Palais de justice de Dublin, les **Fours Courts** furent construits de 1786 à 1802, sur l'emplacement d'un bâtiment élevé quelques années auparavant par Thomas Cooley, architecte du City Hall. Un dôme ajouré les domine et, sur la façade, un portique à six colonnes corinthiennes est flanqué de deux ailes comportant chacune une cour. En 1922, des républicains hostiles au traité de Londres s'y barricadèrent et les troupes du nouveau gouvernement de Michael Collins le bombardèrent depuis l'autre rive : ce fut le début de la guerre civile. Dans l'incendie qui suivit, le Record Office (Bureau des archives) fut détruit et d'innombrables documents partirent en fumée.

Sean O'Casey décrivit en ces termes le sinistre : « *Toutes les archives de la nation, tous les jugements, toutes les dépositions, les lettres de change, les*

Les Four Courts, un splendide édifice qui coûta la modique somme de 250000 £, il y a 200 ans.

actes de vente, les donations aux églises et tous les actes de succession enregistrés depuis l'arrivée de Strongbow en Irlande... s'envolant avant de retomber, roussis et déchiquetés, dans toutes les cours et tous les jardins de Dublin. » La restauration du bâtiment fut terminée en 1932.

Phoenix Park

Depuis les Four Courts, longez les quais sur 1 km environ vers l'ouest, vous arriverez à **Phoenix Park**, qui borde la rive nord de la Liffey sur une longueur de 5 km. Sa superficie (712 ha) représente plus de cinq fois celle de Hyde Park à Londres. Son nom n'a aucun rapport avec l'oiseau mythique, c'est la déformation du gaélique *fionn uisce* (eau claire).

Le terrain dépendait autrefois du prieuré des Chevaliers hospitaliers. Il leur fut confisqué par la Couronne britannique au XVIIe siècle pour devenir parc aux cerfs royal. Il fut dessiné par lord Chesterfield.

Une artère principale divise le parc en deux secteurs. La partie sud est dominée par le **Wellington Monument**. Cet obélisque, d'une hauteur de 60 m et réalisé par sir Robert Smirke, a été érigé après la victoire du duc de Wellington contre les troupes napoléonienne à Waterloo. Vous découvrirez ensuite des terrains de sport ainsi que la résidence de l'ambassadeur des États-Unis (1776).

Dans la partie nord, vous pourrez d'abord flâner dans le People's Garden (jardin du Peuple). Un peu plus loin s'étendent les **jardins zoologiques**, l'un des plus anciens zoos du monde (1830) ; ils sont réputés pour leurs lions (en particulier celui qui rugit dans les génériques de la MGM). Enfin, plus à l'ouest, s'élève la résidence officielle du président de la République d'Irlande, l'**Aras an Uachtaráin**, qui était celle du vice-roi (1751-1754). Enfin, à l'extrémité nord du parc, se trouve le **Phoenix Park Race Course**, un hippodrome réputé.

Drôle de bus !

Dublin et ses environs
10 miles/16 km
Cootehill
L. Elglish
Cullaville
Kilkeel
Tullyvin
Broomfield
Dowdallshill
Carlingford
Moyduff
L. Tarker
MONAGHAN
Fane River
L.Sillan
Dundalk
/Dun Dealgan
Ballagan Point
CAVAN
Carrickmacross
Chanonrock
Blackrock
LOUTH
DÚN Á RÍ
FOREST
PARK
Baie
de Dundalk
Bailieborough
Reaghstown
Kingscourt
Ballyhoe L.
Annagassan
Billis
Bridge
Boggan
Ardee
Dunany Point
Lough
Ramor
Virginia
Nobber
Dunleer
Lisduff
Clogher Head
Oldcastle
Clogherhead
Sliabh na
Caillighe
277
Ceanannus
Mór (Kells)
Mellifont Abbey
Monastery
Drogheda
/Droichead Átha
R.Blackwater
Slane
R. Boyne
Bettystown
Mer d'Irlande
Gross
Keys
Julianstown
Duleek
Clonmellon
Navan
Athboy
Tullaghanstown
Balrath
Delvin
Balbriggan
MEATH
R. Boyne
Skerries
Trim
Ashbourne
Corduff
Dunshaughlin
DUBLIN
LAMBAY ISLAND
Coralstown
Royal Canal
Rathmolyon
Swords
Malahide
Mullagh
Black Bull
Clonard
Dublin
Airport
Cloncurry
Blackwater
Bridge
IRELAND'S EYE
R. Canal
Blanchardstown
Finglas
R.Canal
Howth
/Binn Eadair
Maynooth
Donadea
Leixlip
Baie de Dublin
Edenderry
Dublin /Baile Átha Cliath
OFFALY
BOG OF ALLEN
Mainham
R.Liffey
Grand Canal
Rathmmes
DÚN LAOGHAIRE
Rathvilla
Allenwood
Prosperous
Rathcoole
Stillorgan
Dalkey
Tallaght
Grand Canal
KILDARE
Brittas
Loughlinstown
Killiney
R. Dodder
Killiney Bay
Three Rock Mt.
450
Rathangan
Naas
Kippure
752
Bray /Bré
Powerscourt
Bray Head
Kildare
Newbridge
Blessington
R.Liffey
Greystones
Japanese
Gardens
Monasterevin
Poulaphouca
Reservoire
Newton Mount
Kennedy
Nurney
Kilcullen
Sraghmore
WICKLOW MOUNTAINS
Hollywood
L. Dan
Gd. Canal
Fontstown
Dunlavin
WICKLOW
Glendalough
Laragh
Rathnew
Stradbally
Ashford
Athy
Timolin
Upper
Lake
Glenmalur Avonbeg
Wicklow
Wicklow Head
Baltinglass
LUGNAQUILLIA
MOUNTAINS
Rathdrum
AVONDALE
FOREST PARK
Castledermot
Ballinacor
Newtown
Rathvilly
Askanagap
Baie de Brittas

LES ENVIRONS DE DUBLIN

La presque totalité des lieux mentionnés ci-dessous sont desservis par de nombreux autobus partant d'**Eden Quay**, près de O'Connell Bridge, ainsi que par un excellent réseau de trains de banlieue, les DART.

La banlieue sud

En suivant Merrion Square North, puis Northumberland Road, longues artères qui vont vers le sud, on arrive en poursuivant tout droit au célèbre faubourg **Ballsbrige**, ainsi nommé en raison de son pont qui enjambe la Dodder. Juste en face, dans Merrion Road, s'étend un vaste terrain qui appartient à la **Royal Dublin Society** (RDS). Cette société s'occupe d'élevage et d'agriculture scientifique ; elle organise également des manifestations culturelles et, en août, le **Dublin Horse Show**, célèbre marché aux chevaux.

Au n° 20, Shrewsbury Road, la **Chester Beatty Library and Gallery of Oriental Art** abrite une superbe collection de manuscrits et de peintures de Chine, du Japon, de Perse, de l'Inde et du Moyen-Orient.

Merrion Road, en direction du sud, traverse **Blackrock**, où Eamon De Valera fit ses études et enseigna par la suite, au collège de garçons. En longeant la baie de Dublin, trois kilomètres plus loin, **Dun Laoghaire** (prononcez *Dunleary*) est le point de départ des car-ferries pour l'Angleterre. Le port, avec ses longues jetées de granit s'avançant dans la mer, a été construit entre 1817 et 1859.

Non loin de là se dresse le promontoire de **Sandycove**. On y verra la **Joyce's Tower** où Joyce vécut brièvement en 1904 et où il plaça le décor des premières pages d'*Ulysse*. Elle abrite depuis le **Joyce Museum**. Ce type de tour, appellé **tour Martello**, que l'on trouve en nombre le long des bords de mer, a été construit pour résister aux tentatives d'invasions napoléoniennes. La plage voisine, **Forty Foot**, a vu des générations de nudistes se baigner malgré le froid.

A moins de 2 km, **Dalkey** est un charmant village plein de cachet ; l'été, depuis Coliemore Harbour, tout proche, on se rendra en bateau à l'**île de Dalkey**, où s'élève une autre tour Martello et les vestiges d'une église bénédictine. Cette île est un sanctuaire pour les oiseaux. De **Vico Road**, qui continue le long de la côte, vous pouvez accéder au **parc de Killiney Hill**.

Du sommet de la colline, où se dresse un obélisque victorien, on a une vue imprenable sur **la baie de Killiney** — souvent comparée à la baie de Naples — ainsi que sur **Bray Head** (le promontoire le plus éloigné) et **les monts Sugarloaf**. Les voyageurs qui empruntent les DART peuvent continuer jusqu'à la station balnéaire de Bray.

La banlieue nord

Dans cette partie de la périphérie, les sites intéressants sont disséminés. A

Dublin est encore un port important.

Glasnevin (autobus 13 et 34) vous pourrez admirer les jardins botaniques de l'ancien domaine de Joseph Addison, essayiste anglais, fondateur du journal *The Spectator*.

En empruntant **Griffith Avenue** en direction de la mer, on atteint bientôt **Fairview Park**. C'est ici, dans le faubourg de Clontarf, qu'en 1014 le roi Brian Boru infligea une lourde défaite aux Danois. **Malahide Road** s'y embranche sur la gauche et, en tournant encore à gauche, on arrive au **Casino Marino**, récemment restauré, autrefois inclus dans la résidence d'été de lord Charlemont. C'est un petit édifice de style palladien, considéré comme un chef-d'œuvre du genre, avec quelques traits inhabituels : les urnes du toit servent les cheminées et les colonnes creuses sont utilisées comme tuyaux d'écoulement.

Après Clontarf, la route côtière longe **North Bull Island**, immense banc de sable prenant naissance au nord du port de Dublin et comprenant deux terrains de golf : **St. Anne's** et le **Royal Dublin**. C'est également une réserve pour les oiseaux migrateurs.

En poursuivant à travers l'isthme du faubourg de **Sutton**, vous atteindrez **Howth Head** (accessible aussi par autobus et par DART), promontoire dont les flancs escarpés dominent l'accès nord de la baie de Dublin. Vous pouvez soit vous rendre directement au **village de Howth**, soit partir du sommet, d'où la vue est, selon les mots de H. G. Wells, *« l'une des plus belles du monde »*, et emprunter un sentier qui descend vers le port de pêche. Au large, à 2 km environ, l'**île d'Ireland's Eye** abrite les vestiges d'un monastère du VIe siècle. Howth est l'endroit le plus élégant de la banlieue nord de Dublin. Les jardins de **Howth Castle**, tout proches, sont célèbres pour leurs rhododendrons.

A 8 km au nord de Howth, la station de **Portmarnock** possède de belles plages et un terrain de golf de championnat. En tournant vers l'ouest, on parvient à **St. Doulagh's Church**, considérée comme la plus ancienne

Howth, village pittoresque et port de pêche animé.

église d'Irlande ; son toit de pierre haut perché date du XIIe siècle. **Doulagh Lodge**, toute proche, fut la demeure du grand peintre paysagiste Nathaniel Hone (1831-1917).

Malahide, à 11 km au nord de Howth, est une agréable petite station balnéaire ; le **château de Malahide** fut habité sans interruption de 1185 à 1976 par la famille Talbot (si l'on excepte la courte période où Cromwell campait dans les environs). Le château, aujourd'hui propriété du Conseil général de Dublin, expose des portraits provenant des collections de la National Gallery.

Les monts de Wicklow

Les **monts de Wicklow** sont de vastes massifs granitiques. A l'ère glaciaire, les glaciers érodèrent et arrondirent leurs pics, et creusèrent des vallées abruptes et profondes. La région est très peu habitée, on n'y rencontre que de rares villages, des fermes isolées et, de temps à autre, une imposante demeure.

Les principaux sites des Wicklow sont bien desservis par des autocars partant de Dublin. Si vous êtes motorisé prenez la route N-81 en direction du sud-ouest, à travers le nouveau **faubourg de Tallaght**, jusqu'à **Blessington**, village du XVIIe siècle composé en majeure partie d'une longue et large rue. Juste après ce village, à gauche de la route, s'étendent les eaux du **lac artificiel de Poulaphouca**. Ce plan d'eau, aménagé en 1938, alimente en eau et en électricité la ville de Dublin.

Glendalough

A 3 km, **Russborough** est une belle demeure palladienne construite aux alentours de 1740 par Richard Castle pour le comte de Miltown. Sa façade, longue de 210 m, n'a pas d'égale dans le pays. Elle abrite la collection d'Alfred Beit, comprenant des œuvres de Vermeer, Goya, Rubens et Vélasquez.

A 6 km au sud, à Hollywood, tourner à gauche pour arriver en passant le Wicklow Gap au cœur de la montagne

Tour ronde du XIe siècle à Glendalough, dans le comté de Wicklow.

sauvage, à **Glendalough**. C'est une vallée profonde aux pentes boisées, où, en 545, saint Kevin fonda une importante colonie monastique entre deux lacs. Les ruines de la cathédrale et de plusieurs églises sont dominées par une tour de 33 m de haut.

Rivières et cascade

Reprenant la route vers le sud en passant par **Rathdrum**, vous atteignez **Avondale**, la superbe résidence georgienne de Charles Stuart Parnell, qui est aujourd'hui un musée. Trois kilomètres plus loin, la célèbre **vallée de l'Avoca** où deux rivières, l'Avonmore et l'Avonberg, se réunissent, et que décrivit Thomas Moore dans sa chanson *The Meeting of the Waters* (*La Rencontre des eaux*). Dans le village d'Avoca, vous pouvez repartir en direction du nord et vous diriger, après avoir passé **Wicklow**, la capitale du comté, vers le village d'Ashford, près duquel on peut admirer, au sud, les **jardins de Mount Usher**, avec leurs magnifiques plantes tropicales ; et, au nord-ouest, le **Devil's Glen**, le « gouffre du diable », spectaculaire défilé rocheux surplombant la Vartry.

Retournez à Dublin par **Roundwood** et **Enniskerry**, pour visiter le parc et les serres de **Powerscourt**, résidence du XVIIIe siècle qu'un incendie endommagea en 1974, ainsi que la cascade de Powerscourt, haute de 90 m. Vous pouvez ensuite revenir directement à Dublin, ou passer par la pittoresque **vallée de Glencree** ; d'anciens bâtiments militaires sont aujourd'hui un « centre de réconciliation » destiné à favoriser la compréhension entre les communautés divisées d'Irlande du Nord ; non loin de là, dans un cimetière, reposent les soldats allemands (en majorité marins et aviateurs) tombés en Irlande au cours des deux dernières guerres mondiales.

Slane et le tumulus de Newgrange

Il ne faut qu'une demi-heure en voiture sur la route N-2, en traversant les

Splendeur des jardins de Powerscourt, dans le comté de Wicklow.

champs de Meath, pour arriver au **village de Slane**, construit sur une colline escarpée dominant un pont sur la Boyne. Le parc du château a été le cadre de concerts donnés par les Rolling Stones, Bob Dylan et Bruce Springsteen. La colline de Slane, où saint Patrick alluma un feu de Pâques en 433, est en bordure nord du village. Sur le site de l'église fondée par saint Patrick s'élèvent les ruines d'une église du XVIe siècle.

A quelques kilomètres à l'est, sur la rive nord de la Boyne, se trouve l'un des plus remarquables sites préhistoriques d'Europe : **la chambre funéraire de Newgrange**, datant du troisième millénaire avant notre ère. C'est un important tumulus circulaire, un amoncellement de galets blancs et noirs, largement recouvert de terre et d'herbes, de 75 m de diamètre et 13 m de haut. L'entrée, dominant un méandre de la rivière, conduit par un étroit passage long de 20 m jusqu'à une chambre intérieure contenant des pierres décorées.

Dolmens à couloir de Newgrange, dans le comté de Meath.

Drogheda, des lieux chargés d'histoire

Drogheda, un port datant de l'époque des Vikings et des Normands, était aussi un avant-poste de la frontière du *Pale*. Le nom de Cromwell y est maudit : en 1649, il prit la ville et massacra 2000 personnes, *« un juste jugement de Dieu pour ces misérables barbares »*.

Les principales curiosités de la ville sont : le **Millmount**, tumulus préhistorique qui servit de bastion jusqu'au XVIIIe siècle et abrite aujourd'hui un musée ; **St. Lawrence's Gate**, l'une des portes d'enceinte les mieux conservées d'Irlande ; les ruines de plusieurs églises médiévales ; le **Tholsel** (l'hôtel de ville) du XVIIIe siècle, actuellement occupé par une banque et **St. Peter's Church**, construite au XIXe siècle dans le style néogothique, où sont conservées les reliques d'Oliver Plunket, archevêque catholique d'Armagh, martyrisé à Londres en 1681 et canonisé en 1975.

En traversant le Louth, plus petit comté d'Irlande, à 10 km au nord-ouest de Drogheda, près de la Mattock, vous verrez les ruines de **Mellifont Abbey** (1142), première abbaye cistercienne irlandaise et à **Monaster-boice**, à quelques kilomètres vers le nord-est, celles d'un monastère fondé au Ve siècle par saint Buithe.

La presqu'île de Cooley et Ardee

En reprenant la route vers le nord, vous arriverez à **Dundalk**, ville industrielle, un excellent point de départ pour visiter la **presqu'île de Cooley**, région célébrée dans les grandes épopées irlandaises. A **Carlingford**, ancienne petite ville, les vestiges d'un château normand se dressent sur un promontoire qui surplombe la baie, **Carlingford Lough**. Une route serpente, à travers le parc forestier voisin, jusqu'à un point de vue situé presque au sommet de **Carlingford Mountain**, d'où l'on peut admirer la chaîne des Mournes, au nord. Greenore et Omeath sont deux petites plages charmantes.

La N-52, au sud-est de Dundalk, mène à **Ardee**, en gaélique *Baile Atha Fhirdiadh*, « la ville du gué de Ferdia ». C'est là que Cuchulaïnn tua son ami Ferdia, champion de la reine Maëve, dans l'épopée *Le Vol du bétail de Cooley*. En continuant vers le sud, vous atteindrez **Kells**, où saint Colmcille fonda un monastère au VIe siècle. A **Trim**, à 26 km plus au sud-ouest, se dresse la plus importante forteresse anglo-normande d'Irlande. Le **Yellow Steeple**, clocher d'une abbaye en ruine (1358), s'élève en face du château.

La colline royale de Tara

La N-161 qui part vers le nord vous conduira à Davan, d'où vous pourrez rejoindre Dublin, en passant près de **la colline de Tara**, site historique le plus célèbre d'Irlande. Au VIe siècle, Niall des Neuf Otages, premier roi suprême, y fonda la maison des O'Neill, qui devait régner sur l'Ulster jusqu'aux Plantagenêts. Tara avait alors la prééminence sur les cinq royaumes d'Irlande, mais son influence déclina dès la christianisation du pays.

Elle est restée un symbole de l'unité irlandaise, s'exprimant par exemple dans la mélodie de Thomas Moore *The Harp That Once Through Tara's Walls* (*La Harpe qui, jadis, à travers les murs de Tara*). En 1843, Daniel O'Connell la choisit pour accompagner un de ses meetings en vue de l'abrogation des lois sur les céréales.

Excursions vers l'ouest

Le comté de Kildare, à l'ouest de Dublin, est le domaine des chevaux. **Naas**, capitale du comté, est un bon point de départ pour le parcourir. Vous pouvez vous y rendre en passant par **Celbridge**, village où vécut Esther Vanhomrigh, la « Vanessa » qui rivalisa avec « Stella » (Esther Johnson) dans le cœur de Jonathan Swift. Non loin de là, **Castletown House** (1722), un magnifique exemple du style palladien, la plus vaste résidence privée d'Irlande, abrite la Irish Georgian Society.

Reprenez la route à l'ouest de Naas, traversant Newbridge, vous arriverez dans la plaine du **Curragh**. En dehors du champ de courses renommé où se déroule le Derby irlandais, et de nombreux centres de dressage, elle comprend un centre d'entraînement militaire, implanté en 1646.

La ville de **Kildare**, à 10 km de Newbridge, doit son origine à sainte Brigitte, qui y fonda le premier monastère en 490. La **cathédrale Sainte-Brigitte**, commencée en 1229, a été restaurée plusieurs fois.

A **Athy**, à 26 km au sud de Kildare, vous visiterez **Dominican Church**, une église en forme d'éventail (1963-1965). On doit au peintre George Campbell le chemin de croix et les vitraux.

Quittant Naas pour revenir à Dublin, on peut passer par **Maynooth**, où se trouve le plus grand séminaire d'Irlande, **St. Patrick's College**. Fondé en 1795, il était destiné au clergé irlandais que les guerres napoléoniennes empêchaient d'aller étudier à l'étranger. Depuis 1908 il fait partie de la National University.

A gauche, marché aux bestiaux à Trim, dans le comté de Meath ; à droite, Glenmalure, dans le comté de Wicklow.

LE SUD-EST

La route de Dublin à Cork relie les deux pôles de la République. Les habitants de ces deux villes se regardent avec une méfiance mutuelle. Leur rivalité s'apparente à celle qui oppose New York à Chicago.

Les gens de **Cork**, plus ambitieux que ceux de Dublin, sont fiers de leur **County Hall**, le plus haut building d'Irlande. A Dublin, on est plus proche des traditions et le siège des Trade Unions, presque aussi élevé, ne provoque guère de fierté. On le considère plutôt comme un abcès défigurant le centre de la ville, surtout composé de petits immeubles élégants du début du XVIIIe siècle.

La route directe qui relie les deux villes joua un rôle dans cette compétition. En 1921, lorsque le traité anglo-irlandais institua l'État libre et dévolut à Dublin toutes les fonctions administratives d'une capitale nationale, il se créa un grand nombre de nouveaux postes importants dans les services publics. Et, naturellement, les habitants de Cork souhaitèrent les occuper. C'est ainsi que le magazine satirique *Dublin Opinion* publia un dessin devenu célèbre, *La Nuit où le traité fut signé*, montrant une foule d'habitants de Cork se précipitant vers Dublin, en jouant des coudes.

Si vous préférez prendre la route directe plutôt que flâner par les petits chemins, il vaut mieux partir tôt, pour éviter d'être ralenti par les camions et les semi-remorques. La N-7 est une route à deux voies, partant des faubourgs intérieurs de Dublin, allant jusqu'à Naas, à 32 km. Elle devient alors la M-7, une autoroute, sur une courte distance, pour contourner Naas, puis retrouve ses deux voies jusqu'à Newbridge, à proximité de la plaine du Curragh.

Pages précédentes, Cashel Abbey. A gauche, fête des fraises à Enniscorthy, comté de Wexford; à droite, le manoir de Rathaspeck, comté de Wexford.

Promenade dans le Kildare

Newbridge est connue pour ses embouteillages, alors il vaut mieux prendre patience en essayant d'imaginer ce qu'elle était au siècle dernier: un grand centre militaire, avec des rangées de casernes, aujourd'hui disparues. Comme c'était la ville la plus proche du Curragh Camp, base principale de l'armée anglaise en Irlande, elle avait la réputation d'offrir le plus grand pourcentage de prostituées de tout le pays — plus qu'à Dublin, qui pourtant eut droit, à l'époque, à une rubrique spéciale dans l'article « prostitution » de l'*Encyclopaedia Britannica.* On raconte même que c'est là qu'Édouard VII a perdu sa virginité.

Le **Curragh Camp** est de nos jours le premier centre d'entraînement de l'armée irlandaise. Le Curragh Racecourse, sur la droite, est un haut lieu des courses du pays. L'Irish Derby s'y déroule chaque année, en juin.

Pour éviter les processions de camions, vous pouvez emprunter la route à deux voies qui mène à **Kildare**. Dans cette ville, vous découvrirez une cathédrale érigée en 1229. Détruite en partie pendant la guerre des Confédérés en 1641, elle fut reconstruite

d'après les plans originaux. Au sud de la ville, à Tully, le **National Stud** est l'un des principaux haras d'Irlande. Quelques-uns des étalons les plus chers du monde y sont pensionnaires. L'un d'eux, Shergar, fut kidnappé du haras voisin de Ballymany et n'a jamais été retrouvé. Vous pourrez également visiter un musée retraçant l'histoire du cheval (**Museum of the Irish Horse**) et vous promener dans les **Jardins japonais**, aménagés par Eida, paysagiste japonais invité à Kildare au début du siècle.

Après Kildare, la route est accidentée, étroite et en lacet sur 11 km, jusqu'à **Monasterevin**. A l'entrée de la petite ville, sur la gauche, **Moore Abbey** est un manoir néogothique où demeura le plus grand ténor irlandais, John McCormack. Après avoir fait fortune grâce aux concerts qu'il donna aux États-Unis, il devint citoyen américain mais revint finalement en Irlande, où son amour des chevaux et de la grande vie eut raison de ses économies.

La route continue jusqu'à **Port Laoise**, dont l'édifice le plus connu est la prison, où sont détenus ceux qui se sont rendus coupables d'actes de terrorisme des deux côtés de la frontière.

Le rocher de Cashel et Mitchelstown

A Port Laoise, la route se sépare en deux, à gauche vers Cork, à droite vers Limerick. La route de Cork passe par **Abbeyleix**, **Durrow** et **Urlingford**, avant d'entrer dans le comté de Tipperary, près de **Thurles**. Le détour par **Holy Cross Abbey**, bien indiquée depuis la route, est recommandé : cette abbaye cistercienne a été superbement restaurée.

Quelques kilomètres plus loin, le **rocher de Cashel** s'élève à 90 m au-dessus de la plaine. Il est couronné par plusieurs bâtiments : les ruines d'une cathédrale du XIIIe siècle, une tour du Xe siècle et la chapelle Cormac. Un couvent de dominicains du XIIIe siècle occupe le pied du rocher.

A 18 km se dresse l'imposant château normand de **Cahir**. Juste en face de cette forteresse considérablement restaurée se trouve une curiosité du pays : **Keating's Draper Shop**, où l'on refuse obstinément d'utiliser le système décimal pour le prix de ses vêtements, mais, quelle que soit la façon de compter, vous en aurez pour votre argent.

Mitchelstown, à 27 km, s'étale au pied de **Galtymore Mountain**. Juste avant l'entrée de la ville, un panneau indique **Ballyporeen**, village où vécurent les ancêtres de Ronald Reagan. Il ne s'y trouve rien de remarquable mais aujourd'hui il possède son « *bar Ronald Reagan* » et vend des souvenirs de la visite du président. Mitchelstown est une ville prospère ; située au cœur de la **vallée de Golden**, la région d'Irlande la plus riche dans le secteur de l'industrie laitière, elle est en outre la ville natale des ancêtres de l'un des bras droits du président Reagan, Donald Regan (sa famille ne changea pas l'orthographe de son nom en arrivant aux États-Unis). De là, les 51 km jusqu'à Cork sont agréables ; au passage, on traverse **Fermoy**, sur la **Blackwater**, une rivière riche en saumons.

Par l'autoroute, on peut parcourir les 260 km qui séparent Dublin de Cork en moins de trois heures. Mais si vous n'êtes pas trop pressé, vous pourrez emprunter une autre route, et apprécier les versants escarpés des monts de Wicklow, la beauté architecturale de **Kilkenny** et les anfractuosités de la côte avant d'arriver à **Youghal**, où demeura sir Walter Raleigh, et les belles plages de **Wexford**. Au départ de Dublin, il est possible, en une seule journée, de voir les monts de Wicklow et les vestiges du VIIe siècle à Glendalough. Si rien ne vous presse, vous pouvez continuer par de petites routes en passant par **Laragh**, **Avoca** et **Woodenbridge**, ou suivre la route côtière partant de Wicklow et admirer les plages argentées, de la **baie de Brittas** jusqu'à Arklow.

La salle Ronald-Reagan, dans O'Farrel's Pub, à Ballyporeen.

Arklow, ancienne colonie viking, est une ville portuaire autrefois spécialisée dans la construction navale ; aujourd'hui c'est une petite station balnéaire, avec des plages au nord et au sud. Le terrain de golf est convenable et un musée retrace le passé maritime de la ville.

Le comté de Wexford

Arklow n'est qu'à quelques kilomètres du **comté de Wexford**, la partie de l'Irlande la plus proche de l'Europe ; un service de car-ferries la relie au Havre et à Cherbourg. La proximité du continent a eu une réelle influence sur ce comté et sur le sud-est de l'Irlande. C'est là que les Normands débarquèrent ; on dit encore aujourd'hui que, lorsque ces guerriers mirent le pied sur l'île, *« c'est dans la crique de Baginbun que l'Irlande fut perdue et gagnée »*.

Les nombreuses plages et stations balnéaires font du comté de Wexford un lieu de villégiature très prisé des Dublinois. C'est aussi le comté que les ancêtres du président John F. Kennedy quittèrent pour se rendre aux États-Unis. La propriété de famille des Kennedy est à **Dunganstown**, près de New Ross. Non loin de là s'élève le mémorial national consacré au président : le **John F. Kennedy Park**, un arboretum orné de milliers d'arbres provenant du monde entier.

Pour les Irlandais, **la ville de Wexford** est étroitement liée à l'insurrection de 1798 contre la domination britannique, et les anciens champs de bataille sont bien signalés. C'est une curieuse cité ayant une longue tradition maritime. Comme la plupart des villes de la côte sud-est, elle a été fondée par les Vikings et agrandie par les Normands, les Anglais et les Anglo-Irlandais. Son centre, le **Bull Ring**, rappelle les combats de chiens contre un taureau, cruel passe-temps médiéval. De nos jours, les plaisirs y sont plus raffinés et, chaque automne, le **Wexford Opera Festival** présente des œuvres peu connues de grands compositeurs.

La maison ancestrale de l'ancien président des États-Unis, J.F. Kennedy à Dunganstown.

Presque au centre du comté de Wexford, sur la grande route reliant Arklow à sa capitale, **Enniscorthy** est également marquée par l'insurrection de 1798. C'est à **Vinegar Hill** que les rebelles subirent une grave défaite, infligée par les troupes britanniques commandées par le général Lake. Le commandant en chef de l'armée était lord Cornwallis, qui avait mené les Anglais à la défaite dans la guerre d'Indépendance américaine. Cette fois-ci, il triompha.

Les trésors de Kilkenny

A 43 km au nord-ouest de New Ross se trouve l'ancienne capitale de l'Irlande, **Kilkenny**, qui, malgré sa taille, insiste pour qu'on la définisse comme une cité plutôt que comme une ville. Pendant six ans, de 1642 à 1648, le Parlement confédéré y siégea. Lorsque Oliver Cromwell y arriva en 1650, il traita les beautés architecturales de la cité avec dédain, utilisant la grande cathédrale Saint-Canice comme écurie et faisant voler en éclats ses vitraux.

Mais les habitants étaient si fiers de leur ville que tous les grands édifices ont depuis été restaurés, et Kilkenny est devenue un des joyaux de l'Irlande. Sa principale artère va du **château des Butler** à la **cathédrale Saint-Canice**.

Entre ces deux monuments s'élèvent de nombreux bâtiments médiévaux, comme **Shee Alms House** (1852), la maison de la famille Rothe, cousine des Shee, avec sa double cour (1594) et des édifices religieux comme **St. Mary's Church** et la **Black Abbey**. C'est dans cette abbaye, toujours consacrée au culte, que le frère Clyn consigna les ravages de la peste noire qui sévit en 1348 et 1349 : *« Je laisse ce parchemin pour remplir ma mission, si par chance, un homme devait survivre... »* Et, à cet endroit, une autre main inscrivit la mort de frère Clyn.

C'est, dans tout le pays, l'endroit où les vestiges du Moyen Age sont le plus visibles. Dublin était un centre médié-

Vieux moulin au toit de chaume du village de Tacumshane, dans le comté de Wexford.

val plus important, certes, mais ses maisons étaient en bois et il n'en reste rien. Seules les maisons de pierre de Galway, à l'extrémité ouest, peuvent rivaliser avec Kilkenny.

Le fief des Butler

En fait, l'histoire de Kilkenny commence en Europe. Le premier Butler était Theobald Fitzwalter, dont la famille venait de Caen, en Normandie. Il fut nommé chef du clan des Butler d'Irlande en 1177. Comme cette famille s'était astucieusement répartie dans tous les camps au cours des luttes politiques et religieuses qui avaient déchiré l'Irlande, il y avait des Butler chez les catholiques et des Butler chez les protestants. Anne Boleyn était la petite-fille de Thomas Butler, comte d'Ormonde, et son mariage avec Henry VIII renforça les liens de la famille avec le pouvoir de Londres. Mais il existait également chez eux une tradition de loyauté envers les Stuart, fortifiée par le mariage de Piers Butler avec Harriet, la fille illégitime de Jacques II et d'Arabella Churchill.

A gauche, les abords de Kilkenny, jadis capitale de l'Irlande ; ci-dessous, le château de Kilkenny.

Les Butler vécurent à **Kilkenny Castle** jusqu'en 1935. Depuis 1967, le château est propriété de l'État et le chef actuel de la famille réside à Chicago. Le château est ouvert aux visiteurs, une longue galerie est ornée des portraits des Butler depuis le XIVe siècle.

Juste en face de l'entrée du château, les anciennes écuries abritent le **Kilkenny Design Centre**, dont les boutiques offrent une gamme très étendue de produits irlandais de haute qualité.

En sortant, reprendre **The Parade Castle Road** vers le centre, jusqu'au premier carrefour. Là, à quelques pas sur votre droite, vous trouverez **Shee Alms House**, aujourd'hui bureau de tourisme. Les promenades organisées pour faire le tour de la cité à pied partent de cet endroit. Après **St. Mary's Church** (XIIIe siècle), le circuit rejoint le Tholsel, l'hôtel de ville, bâti en 1761. Puis il continue par **Butter Slipp**, une des innombrables ruelles médiévales, qui mène à **St. Kieran's Street** et à **Kyteler's Inn**. Cet ancien relais de poste, haut en couleur, construit en pierre de chaux, n'est pas sensiblement différent de ce qu'il était en 1324. La propriétaire en était lady Alice Kyteler, veuve de quatre riches maris, et que l'évêque de Ledrede accusa de sorcellerie. Elle se hâta de franchir la mer, laissant sa servante Petronella périr à sa place sur le bûcher. On trouve toujours à boire et à manger dans cette auberge.

Le prix de la Smithwicks Ale

Il règne à **Rothe House**, située juste en face de **Court House** (1794), dans **Parliament Street**, une tout autre atmosphère. C'est une maison bourgeoise de la fin du XVIe siècle et le seul exemple intact en Irlande de la résidence urbaine d'un riche marchand au temps des Tudor. On y expose des œuvres d'artistes locaux. Sa double cour intérieure indique que plusieurs générations de la même famille y demeurèrent.

Également dans Parliament Street se trouvent les vestiges du **Franciscan Friary**, couvent franciscain construit en 1232. Dans le voisinage, la **brasserie Saint-Francis** produit la bière Smithwicks Ale, distribuée en Irlande et à l'étranger. Ce qui irrite les résidents, c'est que le pack de six bouteilles de cette bière coûte moitié moins cher dans un supermarché parisien que sur place.

L'ancienne **Black Abbey**, toujours occupée par des dominicains, possède de beaux vitraux. Si la cathédrale de Saint-Patrick, à Dublin, a la plus longue nef d'Irlande, celle de Saint-Canice, la cathédrale anglicane, vient au second rang. En outre, on trouve à **St. John's Church** un vitrail de 1250, et un autre, à **Kilkenny College**, de 1660. Parmi les pensionnaires de cet internat, on peut citer: Jonathan Swift, William Congreve et l'évêque George Berkeley, qui a donné son nom à l'université de Californie.

Avec trois bons hôtels, Kilkenny est une excellente base d'excursions. Les ruines de **Jerpoint Abbey**, de l'époque normande, sont proches du charmant village de **Thomastown**, en amont de la **vallée de Nore**. La **Dunmore Cave** — jadis décrite comme *« horriblement romantique, évoquant la gueule d'une énorme bête sauvage »* — est accessible en voiture, ainsi qu'une foule d'autres villages au charme d'antan.

La cristallerie de Waterford

Carlow, le second plus petit comté irlandais, tire sa fierté de **Rathvilly**, une des communautés les plus aisées du pays, et de sa capitale, Carlow, renommée pour son marché authentique et appréciée de tous. Il y a aussi un fort beau terrain de golf, tracé dans un parc boisé. Dans ce même comté, sur le bord de la Barrow, l'une des voies d'eau les plus pittoresques d'Irlande, on visitera le joli **village de St. Mullin's**, autrefois communauté ecclésiastique comme en témoignent les ruines de plusieurs églises et

La ville de Kilkenny à l'heure où il faut choisir entre boire et conduire.

abbayes. A 50 km au sud-est se trouve la ville de **Waterford**, où l'on fabrique le cristal du même nom. Située sur la rive sud de la Suir, elle a été fondée par les Normands. A l'extrémité du quai se dresse **Reginald's Tower** (1003). Le nom de la tour est une déformation de Ragnvald, fils de Sigtrig le Viking. La présence des Vikings est attestée par **St. Olaf's Church**, fondée en 1870, rebâtie au temps des Normands et restaurée en 1734.

Waterford a des liens importants avec l'Europe continentale, d'une part, grâce à l'activité de son port ; d'autre part, grâce à sa fabrique de cristal, toujours en rapport avec les grands artisans de Bohême. On peut la visiter et acheter du cristal de Waterford dans les magasins locaux.

A partir de la sortie sud de la ville, la R-675 passe par **Tramore**, station balnéaire moderne dotée d'une belle plage, puis par le joli village d'Annestown, pour arriver en longeant la côte à Dungarvan. Il est possible de faire un détour par les **Comeragh** et **Knockmealdown Mountains** et par **Lismore**, fief irlandais des ducs de Devonshire, jusqu'à **Mount Melleray**, un monastère cistercien.

Lismore, au passé prestigieux, possédait une des grandes cathédrales du pays, mais elle fut presque entièrement détruite par les forces d'Élisabeth Ire à la fin du XVIe siècle. L'**Anglican Cathedral**, gracieux édifice dressé dans un cadre magnifique, date de 1633.

Youghal et la capitale du « whiskey »

En quittant Dungarvan, la route la plus directe passe près de **Ring**, village où on parle encore le gaélique, dans une enclave entièrement isolée des principaux centres de langue irlandais, plus à l'ouest, que sont Cork, Kerry, Galway et Mayo.

Après avoir traversé la **Blackwater**, on arrive dans le comté de Cork, à **Youghal** (prononcer *yawl*). Cette

La cristallerie de Waterford.

curieuse petite ville ancienne, avec ses rues étroites et sa tour d'horloge, a servi de décor au port natal du capitaine Achab, dans la version filmée de *Moby Dick*.

L'arrêt suivant est **Midleton**, la nouvelle patrie de tous les *whiskeys* irlandais à l'exception du Bushmills et du Coleraine. Aujourd'hui Jameson, Hewitts, Mowers et les autres sont fabriqués dans une distillerie moderne qui produit également du *gin* et de la vodka. Le *Midleton Very Rare*, de 20 ans d'âge, nouvellement mis sur le marché, est fabriqué là aussi, et si vous avez plus de 50 £ à votre disposition, vous pourrez en acheter une bouteille avant de reprendre la route (environ 30 km) qui vous mènera à Cork.

Cork : une allure continentale

Si vous voulez un avis raisonnable et sans parti pris sur **Cork**, la deuxième ville de la République, ne le demandez pas à un « Corkonian ». Ce qui caractérise en effet les habitants de la « cité des bords de la Lee », c'est l'amour immodéré qu'ils portent à leur ville.

Bien que les 130 000 habitants de Cork ne puissent rivaliser en nombre avec les Parisiens, Cork a quelque chose de continental. Il y a de l'eau et des quais en abondance, les maisons les plus anciennes ont souvent des mansardes à la francaise, et les résidences privées sont fréquemment peintes de couleurs pastel. Et, en particulier, dans le centre-nord de la ville, un lacis d'étroites rues en pente rappelle les vieux quartiers provençaux.

Cette influence se retrouve dans les noms des habitants de la ville. Nulle part ailleurs dans le pays il n'existe un si grand nombre d'hommes prénommés Florence (généralement abrégé en Flor ou Florry) ou Cornelius (diminutif : Con, ou Neilly). Ce chauvinisme local a de bons et de moins bons effets. Souvent, Cork est comparée, à son détriment, avec Dublin. Mais l'esprit de clocher veille à la propreté de la ville et contrôle les ravages des promoteurs mieux qu'à Dublin.

Le port de Cobh, où de nombreux émigrants se sont embarqués pour l'Amérique.

Cork fut fondée par saint Finbarr au VIe siècle. Le centre de la ville actuelle est situé sur une île, entre deux bras de la Lee. La plupart des édifices moyenâgeux ont disparu depuis longtemps, et l'architecture date en majorité des XVIIIe et XIXe siècles.

Le «Paris» irlandais

Les habitants appellent le centre de Cork « le plat de la ville », car il est parfaitement horizontal. Cependant, au nord, une pente assez escarpée dévale spectaculairement vers la rivière. La meilleure facon de s'en rendre compte, c'est de regarder depuis l'extrémité de **Patrick Street**, la principale artère de la ville, vers **St. Patrick's Hill**, au nord. De là, les belles maisons qui bordent la rue des deux côtés semblent s'élancer à l'assaut du ciel, comme une échelle de Jacob.

Pendant un temps, Cork dut sa prospérité à la marine britannique qui y avait établi une base importante, ainsi qu'à sa position incontestée de capitale mondiale du beurre. Les beurres de Cork, frais ou salés, partaient à destination des meilleures tables d'Europe. Plus récemment, c'est l'industrie lourde qui a contribué à l'essor de la ville mais, ces dernières années, la tendance s'est inversée.

Vue sur Grand Parade, à Cork.

Cette ville désinvolte trouvera peut-être son avantage dans le développement du tourisme. Ses habitants sont pleins de vivacité, elle est reliée par air et par mer à la Grande-Bretagne et au continent européen, Killarney et toutes les merveilles du comté de Kerry ne sont qu'à 80 km. Ses restaurants, eux aussi, sont remarquables. L'**Arbutus Lodge**, au nord de la ville, satisfait les gastronomes les plus exigeants et, dans le petit village côtier de Kinsale, les restaurants sont de premier ordre.

Le centre de la ville propose de nombreux pubs typiques ; on peut faire de jolies promenades dans les parcs qui longent la rivière et du lèche-vitrines dans **South Mall**, la rue la plus élégante de tout le sud de l'Irlande. Les sites à découvrir sont le clocher de l'église **St. Ann's Shandon**, le marché « anglais », la **cathédrale Saint-Fine Barre** (anglicane), l'université, l'hôtel de ville et le **Cork Opera House**, qui tous sont chers au cœur de ses habitants.

Les excursions dans les environs sont particulièrement attrayantes. **Cork Harbour** est une vaste mer intérieure et **Cobh**, son avant-port, vit partir au siècle dernier une multitude d'émigrants, chassés par la famine, vers les États-Unis. Les ancêtres de nombreux hommes politiques américains sont passés par là.

Plusieurs centaines des victimes du torpillage du paquebot *Lusitania*, coulé sans sommations à peu de distance de la côte par un sous-marin allemand en 1915, reposent dans le cimetière de la vieille église de Cobh.

A 10 km à l'est de Cork, près de Carrigtohill, vous trouverez le **Fota Arboretum**, magnifique parc regroupant des essences rares, et qui accueille aussi une belle collection de peintres paysagistes irlandais.

LE SUD-OUEST

Cork et **Kerry** sont les comtés les plus humides et les plus verts de toute l'Irlande. C'est là que l'Atlantique touche l'Europe et que, par voie de conséquence, l'influence de Dublin (et historiquement de Londres) s'estompe. L'emplacement de ces deux comtés conditionne non seulement leur climat, mais leur vie politique.

Un dicton assure que le temps est varié dans le sud-ouest, mais que le climat ne l'est guère. En fait, il n'est pas rare de voir dans une même journée un soleil étincelant et une pluie battante, et le touriste prévoyant doit emporter partout son maillot de bain et son parapluie. Mais, d'un mois sur l'autre, le climat offre moins de variations que partout ailleurs en Europe. C'est l'effet du **Gulf Stream**, dont l'influence se fait sentir surtout sur les péninsules de Cork et de Kerry, qui s'avancent dans l'Atlantique. Les courants de mer chauds qui proviennent de Floride ont un rôle modérateur, empêchant le gel en hiver et la chaleur excessive en été. La température moyenne sur la côte ouest est comprise entre 8° C en janvier et 16° C en juillet.

La végétation est la première bénéficiaire de la douceur du climat. Cork et Kerry offrent une profusion d'arbres, de champs, de haies et de bois qui justifieraient presque, à eux seuls, le déplacement. D'avril à octobre, des buissons de fuchsias sont fleuris.

Blarney et sa pierre

S'il est un village dont, à première vue, le côté vulgairement commercial incite à fuir, c'est **Blarney**, à 8 km au nord-ouest de Cork. La vue des boutiques pour touristes et des parkings encombrés de voitures n'est pas engageante. Mais ne vous fiez pas à cette première impression. Son château fort s'élève loin du village, un peu en retrait, sur un rocher, entouré d'arbres qui le dissimulent à la vue. Il n'est pas de grandes dimensions, mais il est mieux conservé que la plupart de ses contemporains. Il fut construit en 1446 par Cormac MacCarthy, à l'époque où la famille MacCarthy essayait de gouverner la partie ouest du comté de Cork.

Tout en haut du château se trouve la pierre de Blarney. Sa légende est encore bien vivante et l'on voit certains jeunes gens se livrer aux plus étranges contorsions pour embrasser la pierre et acquérir ainsi *« the touch of Blarney »* (le don de l'éloquence).

L'origine de l'assimilation entre le nom de Blarney et l'éloquence est controversée. Pour les uns, cela vient de la reine Elizabeth Ire, qui se plaignait de ce que lord Blarney passait son temps à temporiser, *« avec de belles paroles et des mots doux »*, sans jamais prendre aucune décision, jusqu'à ce qu'elle s'exclame, furieuse : *« C'est bien là Blarney ! »* Pour les autres, l'explication s'attache à la pierre elle-même. Une vieille femme, pour remercier un roi de Munster de l'avoir sauvée de la noyade, lui aurait promis

Pages précédentes, la côte ouest, près de Caherdaniel. A gauche, Slea Head, dans la péninsule de Dingle ; à droite, toutes les curiosités de la région de Killarney sont bien indiquées.

que, s'il embrassait la pierre située en haut du château, il acquerrait un don d'éloquence tel que tous se plieraient à ses volontés.

Les Madones qui se balancent

Une superstition plus récente concerne **Ballinspittle**, à 38 km au sud de Cork. Au cours de l'été de 1985, ce village est devenu le plus célèbre d'Irlande : des milliers de personnes se sont rendues sur le lieu où la statue de la Vierge aurait bougé. Comme dans beaucoup de villages irlandais, il y a à Ballinspittle une grotte abritant une statue de la Vierge Marie. Un soir de juillet 1985, une fillette du pays, Clare Mahony, passait devant la statue au crépuscule. Elle leva les yeux pour la regarder — la statue est à environ 30 m de la route et la surplombe du haut de la colline rocheuse — et la vit se balançant d'avant en arrière. D'autres habitants, informés du miracle, virent la même chose. Le *Cork Examiner*, journal de la région, relata ce qui se passait et, en quelques jours, des centaines de personnes se rendirent à la nuit tombée à Ballinspittle pour voir de leurs propres yeux ce qu'avaient décrit les autres. D'autres villages essayèrent de lui faire concurrence en proclamant les vertus surnaturelles de leur Madone.

En longeant la côte sud

Ballinspittle est un bon point de départ pour suivre la route côtière du sud du comté de Cork. En fait, cette route ne longe la côte que de loin en loin, mais elle offre l'occasion de promenades magnifiques, par exemple, **The Old Head of Kinsale** : un promontoire où voisinent les vestiges d'un château et de l'un des premiers phares d'Irlande.

Clonakilty est l'un des nombreux centres de tourisme local. Le musée régional de l'ouest du comté s'y trouve, il est en outre tout près de l'une des rares bonnes plages de la région, sur l'« île » d'Inchydoney,

La Madone de Ballinspittle a-t-elle réellement bougé ?

aujourd'hui reliée à la terre par une digue. A **Templebryan**, au nord de Clonakilty, on peut voir le site de la plus grande église celtique des premiers temps.

L'ouest de Clonakilty est riche en témoignages du passé littéraire irlandais. Allez jusqu'à **Rosscarbery**, et vous trouverez à moins de 2 km sur la gauche la charpente de **Derry House**. C'était, au début de ce siècle, la demeure de Charlotte Payne-Townshend, qui épousa Bernard Shaw. Celui-ci se rendit pour la première fois à Derry House en 1905, et y corrigea les épreuves de *Captain Brassbound's Conversion* (*La Conversion du capitaine Brassbound*). Derry House fut détruite par un incendie en 1921.

Un peu plus loin, le village de **Castletownshend** évoque le souvenir des écrivains irlandais Edith Sommerville et Martin Ross. C'est là qu'ils vivaient, et c'est dans le cadre de ce village, formé d'une unique rue descendant vers la mer, qu'ils ont situé les aventures de leur héros, *The Irish RM* (*resident magistrate*). Ce magistrat était un Anglais qui avait pour mission de faire observer la loi, mais qui se trouvait en fait perpétuellement en butte à la roublardise des gens du cru. Il fallut attendre une série télévisée anglo-irlandaise en 1980, tirée de ces récits, pour qu'ils retrouvent leur popularité en Irlande. En effet, comme les Irlandais qu'ils décrivaient n'étaient ni des patriotes, ni des aristocrates, les bien-pensants ne les appréciaient guère. Grâce à la télévision, ces livres ont été réhabilités.

Skibbereen est un excellent point de départ pour les excursions dans les péninsules de Cork et de Kerry. La petite ville, en elle-même, n'a rien de remarquable, à l'exception de quelques jolis magasins. S'étant proclamée centre du West Cork, elle est traditionnellement le siège des hebdomadaires régionaux. A la fin du XIXe siècle, il y en avait deux, l'un pro-anglais, et donc pro-impérial, le *Skibbereen Eagle* (*L'Aigle de Skibbereen*) et son concurrent nationaliste, le *Southern*

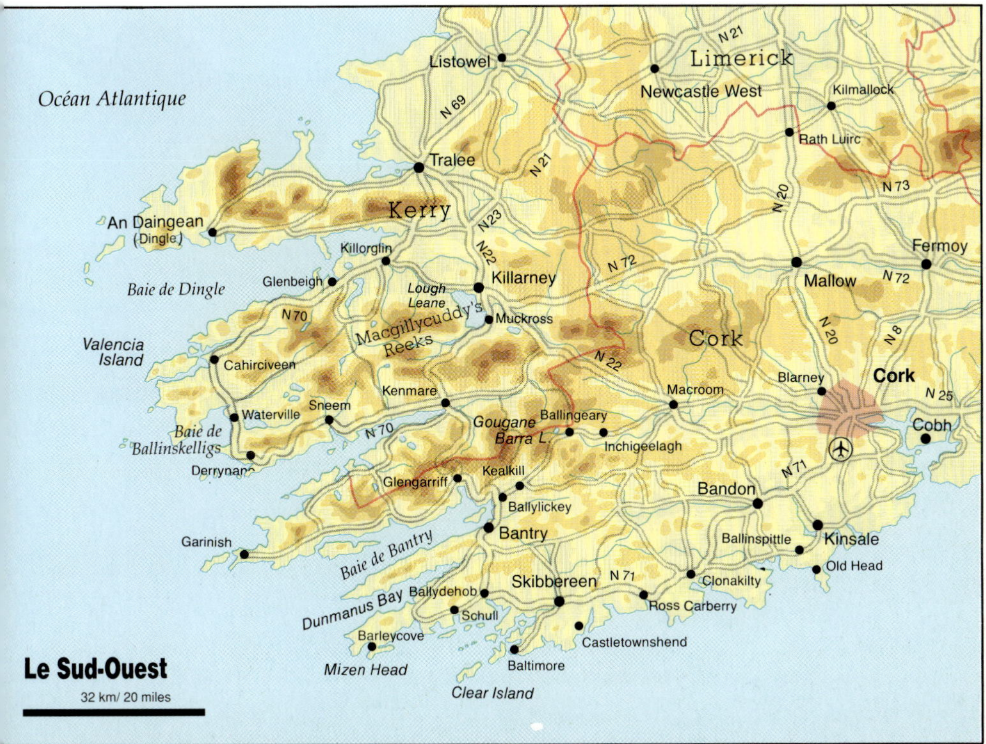

Star (*L'Étoile du Sud*) dont l'un des actionnaires était Michael Collins, le patriote. L'*Eagle* était particulièrement célèbre pour le ton pompeux de ses éditoriaux. L'un d'eux, au début de ce siècle, avait lancé un avertissement aux dirigeants de Moscou : *« Le* Skibbereen Eagle *a l'œil sur le tsar de Russie. »* Aujourd'hui, l'*Eagle* a subi le même destin que le tsar. Quant au *Southern Star*, il a chaque semaine le monopole des nouvelles et de leurs commentaires.

Clear Island, le point le plus méridional d'Irlande

Au sud et à l'est de Skibbereen existent de nombreux villages côtiers, revendiquant tous une part de la gloire locale. C'est à **Baltimore** que fut construit le *Saoirse* (*Liberté*), le premier navire irlandais à faire le tour du monde. Cet événement, dans les années 20, aida le village à oublier la honte ressentie en 1631 dans un raid algérien au cours duquel la moitié des habitants fut massacrée et l'autre emmenée en Afrique en esclavage.

Chaque jour, un bateau part de Baltimore à destination de l'**île de Clear**, le point le plus méridional d'Irlande. C'est l'endroit le plus irlandais de toute l'Irlande : la plupart de ses habitants parlent le gaélique et détestent les efforts de Dublin pour « moderniser » le pays. On raconte l'histoire d'une enquêtrice qui, dans les années 70, voulait savoir si les gens de Clear étaient favorables à l'entrée de l'Irlande dans la C.E.E. Elle rencontra dans un sentier écarté un vieil homme et lui demanda s'il était pour ou contre l'adhésion irlandaise : *« Grands dieux, non*, répondit-il, *pour que ces mastodontes continentaux fassent un boucan du diable jour et nuit devant ma maison ? Non, merci ! »*

L'un des centres d'intérêt de Clear est son **Bird Observatory**, l'un des plus anciens sanctuaires d'oiseaux marins de Grande-Bretagne et d'Irlande. En dehors des mouettes, cormorans,

Embrasser la pierre de Blarney donne l'éloquence, pas l'élégance.

macareux et goélands familiers de ces parages, on peut observer des espèces plus rares, tel l'albatros à sourcils noirs. Les ornithologues fervents doivent être disposés à s'accommoder d'un confort très relatif: lits de camp, couvertures rêches, et un écriteau à la porte des toilettes invitant les messieurs à se réfugier dans les buissons, à droite en sortant de l'observatoire.

De retour sur la terre ferme, prenez la route de **Mizen Head**. Elle passe par **Ballydehob**, **Schull** et **Barley Cove** qui, lorsqu'il fait chaud, est la meilleure plage de la région. Contrairement aux autres plages, elle est plate et son sable est fin. Cependant, le temps est très variable. Mais s'il fait beau, pourquoi pas Barley Cove ?

Les sirènes de brume de Mizen et de Bantry

Mizen Head offre un spectacle vraiment grandiose: à son extrémité sud-ouest, l'Irlande prend fin brutalement, avec des falaises quasi verticales, en couches de grès superposées, plongeant droit dans la mer. Lorsque la brume est épaisse, les gardes-côtes lancent des fusées éclairantes pour signaler les rochers aux navires.

Si la péninsule de Mizen exerce un grand charme sur ses visiteurs, elle est d'une rudesse extrême pour les petits propriétaires. La route longeant la côte nord de cette péninsule derrière **Mount Gabriel** et surplombant la **baie de Dunmanus** est très belle mais la terre est stérile. Bien avant la Grande Famine, la région a commencé à se dépeupler, à cause des guerres napoléoniennes qui empêchaient les pêcheurs de vendre le produit de leur pêche sur le continent.

Selon le propriétaire de l'Anchor Inn, la grande chance de **Bantry**, port de pêche et ville de marché, c'est son éloignement de Dublin. Aucune autre ville du pays ne se trouve à plus de 290 km à vol d'oiseau, deux fois la distance de Dublin à Belfast. En règle générale, plus vous vous éloignez de Dublin, plus les gens sont pauvres et

L'attrait de l'Atlantique sur le Ring of Kerry.

pieux, et plus le rythme de la vie est lent. Comme toutes les généralisations, celle-ci a des exceptions, mais néanmoins quelque fondement.

L'**Anchor Inn** elle-même, à l'angle de la grande place, est le point de ralliement des habitants de la ville. Le premier vendredi de chaque mois, la place est envahie par les gens des environs venus vendre les légumes de leurs jardins ou les produits de l'artisanat local. Ces vendredis-là, l'Anchor Inn est comble en fin de matinée mais, malgré cela, chacun prend son temps. Si le maquereau fumé à la maison est disponible, c'est un régal.

A l'opposé de certaines villes (Skibbereen, par exemple), Bantry respire. Elle n'est pas comprimée par des routes étroites. Si vous êtes dans le square, tournant le dos à la haie, vous voyez une ville avenante, aux proportions agréables. Elle accueille des touristes depuis le début du XIXe siècle. Selon Thackeray : *« S'il y avait une seule baie semblable sur la côte anglaise, ce serait la merveille du monde. »*

A l'extrémité de la ville, **Bantry House** offre l'une des plus belles vues sur la baie. Construite en 1765 par Richard White, premier comte de Bantry, elle possède une collection de tapis, de tapisseries et de mobilier ouvert au public, et les jardins sont tirés au cordeau, dans le style italien. La bibliothèque est l'une des pièces les plus imposantes que l'on puisse voir dans la région, vaste et harmonieusement proportionnée. C'est dans ce cadre que des musiciens locaux donnèrent un concert au bénéfice de Live Aid.

L'intérieur des terres : Gougane Barra

Si l'on se déplace dans le sens des aiguilles d'une montre, après Bantry, on s'arrêtera à **Glengarriff**. Mais l'attrait de la ligne côtière ne doit pas nous faire négliger l'intérieur des terres. Nous ferons donc un crochet par **Ballylicky** et continuerons par **Kealkil** pour arriver dans les collines.

La pêche aux oursins dans la baie de Bantry.

La route Ballylicky-Inchigeelagh permet de visiter de très intéressants ateliers d'artisanat local. Ainsi, à moins de 2 km à l'est de Kealkil, un panneau indique un sentier menant à **Teadagh Candles**, où Marc O'Hara crée des bougies de cire aux formes, aux couleurs et aux parfums infiniment variés. Plus loin vers l'est, à 5 km au delà de **Ballingeary**, un autre panneau, à gauche, indique la maison où Rosemary et Alain Taylor confectionnent sacs, ceintures et portefeuilles en cuir ; et, au-dessus de chez eux, la « Woodery » où Bob Pinker façonne le bois (saladiers, lampes de table, planches à découper). Non seulement les objets sont vendus moins cher que dans les boutiques pour touristes que ces artisans approvisionnent, mais c'est toujours un réel plaisir de voir comment ils sont fabriqués et qui les fabrique.

La seconde raison qui peut inciter à prendre cette route est **Gougane Barra**. Il s'agit d'un lac entouré de l'un des plus beaux parcs forestiers d'Irlande, avec des promenades bien tracées, des endroits pour se garer et pour pique-niquer. La légende veut que, lorsque saint Finbarr mit le pied pour la première fois sur une île de ce lac, il ait fondé un ermitage et se soit chargé de quelques petits travaux que saint Patrick n'avait pas eu le temps de faire, comme de noyer un monstre local. Le père Denis Mahoney, ermite carmélite, s'y installa au XVIIIe siècle. La chapelle, de style roman, est plus récente. Mais lorsque les brumes, venant des **Shehy Mountains**, enveloppent Gougane Barra, il n'est pas difficile de comprendre pourquoi l'histoire du lac est remplie de saints, de monstres et d'ermites. C'est un lieu magique.

Glengarriff et la péninsule de Beara

Revenant vers la côte et reprenant notre voyage, nous arrivons à **Glengarriff**. C'est une station bien abritée, au fond de l'estuaire de la Bantry. L'été, à l'entrée est de la ville, des hommes font signe aux voitures de s'arrêter pour proposer à leurs occupants un tour en bateau. Et cela en vaut la peine.

A quelques encablures de Glengarriff se trouve l'île de **Garnish**. C'était autrefois un rocher stérile mais, au début du XXe siècle, John Allen Bryce, son propriétaire, fit charrier de la terre dans l'île et la transforma en un paradis botanique miniature. Le jardin italien, merveilleusement dessiné, est remarquable.

A l'ouest de Glengarriff s'étend la **péninsule de Beara**, dont les collines se prêtent à d'extraordinaires promenades — et notamment la Sugarloaf Mountain, juste à l'ouest de la ville. Si votre temps est limité, vous pouvez prendre la route escarpée, qui vous conduira directement à Kenmare, au nord de la ville, et dans le comté de Kerry.

Le Kerry : un comté à part

Les habitants de ce comté sont aux Irlandais ce que les Irlandais sont

Une roulotte de location sur la route de Dingle.

aux Anglais, l'objet de plaisanteries stupides.

Pourquoi se moquer des habitants du **Kerry** plutôt que de ceux de Cork ou de Donegal ? Le Kerry n'est pas plus éloigné de Dublin mais, au cours de l'histoire, il s'est davantage tourné vers l'ouest, au-delà de l'Atlantique, plutôt que vers l'est, au-delà des montagnes, particulièrement pour le commerce et les contacts humains. Là est peut-être l'origine de cet éloignement plus psychologique que géographique, qui donne au Kerry ce quelque chose de différent.

Lorsqu'on quitte Glengarriff pour aller vers le nord, la première ville en vue est **Kenmare**. Alors que la plupart des villes du comté de Cork ont des rues étroites, et donc de fréquents embouteillages, les deux rues principales de Kenmare sont larges et spacieuses, car la ville a été dessinée, si l'on peut dire, par son propriétaire. En 1775, le marquis de Landsdowne a donné ses directives, les plans ont été tracés et la ville construite. Cela confère à son centre une agréable harmonie architecturale, avec ses rangées de solides maisons de pierre calcaire.

C'est à Kenmare, vers 1670, que fut envisagée une solution hasardeuse au problème anglo-irlandais. Sir William Petty, à qui l'on doit le développement des mines de plomb, de la pêche en mer et des forges, base de l'économie de la région à l'origine, proposa d'armer des navires pour expédier en Angleterre 20 000 jeunes filles d'Irlande, et en ramener le même nombre de Grande-Bretagne — ce qui aurait fait des générations suivantes de bons et loyaux garçons et filles « anglais ».

Le Ring of Kerry

Kenmare est l'un des points de départ pour l'un des plus célèbres itinéraires du tourisme irlandais, le **Ring of Kerry** (l'anneau de Kerry). Partant de l'intérieur des terres, dirigez-vous vers le nord, de Kenmare vers Killarney. La route grimpe vers **Moll's Gap**, d'où l'on a un premier aperçu des lacs situés à l'ouest de Killarney. Il est tentant de s'y arrêter pour admirer la vue

mais, un peu plus loin, se trouve **Ladie's View**, terrasse d'où le spectacle est encore plus frappant sur **Upper Lake**, **Muckross Lake** et le plus vaste de tous, **Lough Leane**.

Dans la descente, la route de Killarney longe d'abord l'extrémité d'Upper Lake, puis de Muckross Lake. Des cerfs vagabondent encore dans les bois qui les entourent ; au XVIIIe siècle, l'un des passe-temps des colons britanniques était de les pourchasser le long des pentes, de les faire descendre jusqu'au lac et, là, de poursuivre leur chasse en bateau.

Au-delà de Muckross Lake, sur la gauche, **Muckross House**, de style Tudor et construite en 1843, est entourée de jardins. Tous deux appartiennent au Service des parcs et monuments nationaux ; la propriété abrite un musée d'art populaire local et, à travers les quatre hectares de jardins soigneusement entretenus, descendant vers le lac, différentes promenades sont signalées par des poteaux indicateurs.

Killarney et Sneem

A 6 km au nord de Muckross House se trouve **Killarney**. Plus vous en approchez, plus vous rencontrez de touristes conduisant des attelages de poneys, le long de la route bordée d'arbres. C'est la raison pour laquelle beaucoup n'aiment pas Killarney, l'estimant trop touristique, prétentieuse et chère. Ce qu'il faut remarquer dans la ville, ce sont les édifices néogothiques du XIXe siècle : la cathédrale catholique **St. Mary**, dessiné par l'architecte anglais Pugin, à qui l'on doit également le Parlement de Londres, et l'église anglicane de **St. Mary**.

L'intérêt de Killarney réside avant tout dans sa situation. Cela ne va pas sans quelques inconvénients : les rues sont étroites, aucune rocade ne contourne la ville et ses embouteillages sont célèbres.

Au départ de Kenmare, il y a un autre itinéraire pour le Ring of Kerry ; prendre la route côtière, à l'ouest en

Pages précédentes, paysage de l'Irlande rurale, près de Kenmare.

sortant de la ville, et se diriger vers **Sneem**. C'est un village ouvert et gai ; on le croirait fait de maisons de poupée pour adultes. En vérité, les façades sont repeintes chaque année de couleurs pastel. Même les stations-service sont pimpantes, sans traces d'essence ou de cambouis.

Continuant le Ring of Kerry à l'ouest de Sneem, on arrive à l'un des endroits les plus charmants et, historiquement, les plus évocateurs de la région : **Derrynane**. La propriété et son parc, descendant jusqu'à l'océan, ont depuis des siècles été la demeure d'une des familles les plus distinguées d'Irlande, les O'Connell. Elle abrite un musée, encore que le terme semble un peu vieux jeu pour une collection d'objets rappelant cette famille et, particulièrement « le Libérateur » Daniel O'Connell.

A gauche et ci-dessous, vues du Ring of Kerry.

Légendes et histoire

Après avoir quitté Derrynane, nous abordons **Waterville** et **Ballinskelligs Bay**. C'est le cadre de l'une des légendes irlandaises, illustrant le mieux ce que soupçonnent les visiteurs : plus les détails sont précis, moins l'histoire est crédible. Bith, le fils de Noé, accompagné de sa fille Cessair — assure la légende — parvint en ces lieux il y a 5 000 ans, après avoir été exclu de l'arche. Il y avait avec eux deux hommes et quarante-neuf femmes. Les femmes furent partagées entre les trois hommes qui ne tardèrent pas à s'apercevoir qu'ils ne pouvaient satisfaire aux demandes de toutes ces dames. Ladra, un jeune homme de seize ans, pilote de leur bateau, en perdit rapidement la vie. Bith expira un peu plus tard ; quant au troisième homme, Fintan, le favori de Cessair, à la perspective de devoir honorer cinquante femmes, il préféra prendre la fuite. Cessair, le cœur brisé, en mourut. Fintan survécut pour transmettre ce récit qui, au cours des temps, a subi de nombreuses transformations, l'une des versions faisant de Fintan un saumon n'ayant qu'un œil.

Revenons à la réalité et au Ring: remontant vers le nord, nous trouvons **Cahirciveen**, dont la rue principale, très large, semble une pâle copie d'une ville-frontière américaine, avec ses cow-boys et ses Indiens. Dans les premières années du XIXe siècle, Cahirciveen était si isolée du reste du pays qu'elle avait plus de contacts avec les États-Unis qu'avec Dublin ; jusqu'aux lettres et journaux de la capitale irlandaise qui arrivaient *via* New York. Les liens de la ville avec l'Amérique se renforcèrent encore du fait que le premier câble télégraphique transatlantique aboutissait à l'**île de Valentia**, juste en face, à l'ouest. Après une série de faux départs, de câbles rompus, d'isolants inondés, le premier contact fut établi en août 1857. En 1866, le service intermittent fut remplacé par une liaison nouvelle, plus solide et permanente.

Ce câble aurait du jouer un rôle dans ce qui aurait pu être l'heure de gloire de Cahirciveen. Juste à l'extérieur de la grand-rue de la ville, près de l'île de Valentia, se trouvent les ruines de quelques magnifiques casernes. En 1867, au cours d'un des soulèvements nationalistes, le plan des insurgés était d'occuper ces casernes, de prendre contact avec la station télégraphique de Valentia et, de là, grâce au nouveau câble, d'annoncer au monde entier la proclamation d'une république libre d'Irlande. C'est sans doute la toute première mise en pratique du célèbre premier commandement des candidats au coup d'État: s'assurer le contrôle des moyens de communication.

Vers l'est, la route va rejoindre la baie de Dingle, d'où l'on a une belle vue sur la péninsule du même nom, à gauche et, un peu plus loin, sur les plus hauts sommets d'Irlande, les **Macgillycuddy Reeks**, à droite. Ne vous attendez pas à des paysages himalayens; le point culminant, Carrantohill, n'a que 1 040 m de haut.

Près de Glenbeigh, juste au-dessus de la route, se dressent des ruines d'où l'on domine la baie de Dingle. On dirait à première vue les vestiges d'un château médiéval semblable à ceux des comtés de Cork ou de Kerry, mais, à y mieux regarder, le **«château» de Glenbeigh** est différent. Il fut, en réalité, construit il y a une centaine d'années par un aristocrate excentrique qui voulait un château moyenâgeux. Il chargea des plans un architecte tout aussi excentrique que lui. Mais ce dernier, préoccupé par des affaires de cœur, négligea le château, dont les toits et les murs ne tardèrent pas à laisser passer la pluie. Et ce qu'il en reste aujourd'hui, **Glenbeigh Towers**, fut réduit à l'état de ruine au cours de la terrible et meurtrière rébellion de 1922.

Killorglin et la péninsule de Dingle

Killorglin, à 10 km à l'est de Glenbeigh, marque approximativement la fin du Ring of Kerry. Village particulièrement charmant, Killorglin est arrosé par la Laune, qui sert de débouché vers la mer aux eaux des lacs de Killarney.

Chaque année, du 10 au 12 août, on y célèbre la *Puck's Fair*, qui devait être à l'origine une fête païenne de la moisson. Peut-être préférerez-vous croire qu'elle commémore le jour où des chèvres ont sauvé Killorglin des armées de Cromwell. Selon cette version, ces animaux avaient envahi les rues du village pour prévenir ses habitants de l'arrivée de l'armée anglaise et leur donner le temps de le défendre. Pendant la *Puck's Fair*, un bouc sauvage est descendu des montagnes et «mis sur le trône», sous le nom de roi Puck, dans le square municipal. Ses cornes sont ornées de rubans et de cocardes, à la suite de quoi tout le monde célèbre cet événement par des «réjouissances sans restrictions», comme le précise, par un délicat euphémisme, un guide du tourisme irlandais.

De Killorglin, vous pouvez soit obliquer vers la droite et achever le Ring of Kerry en retournant à Killarney, soit tourner à gauche en direction de **Castlemaine** et de la péninsule de Dingle. **Dingle**, village de pêcheurs très vivant, entouré de collines, mérite un détour. De même qu'à Killarney, la vie économique de Dingle dépend du tourisme mais, contrairement à Killarney, le tourisme n'a pas trop abîmé le site.

Cela tient en partie à la situation géographie de Dingle : enclavée entre la mer et les collines, la petite ville ne peut s'étendre (bien qu'une pléthore de maisons offrant le *bed and breakfast*, récemment construites le long de la route, à l'est comme à l'ouest, empêchent de voir exactement où commence et où finit Dingle). Mais, aux abords du port, les rues sont assez escarpées.

Au nord de Dingle, la route qui passe par le **col de Connor** est l'une des plus pittoresques qui soient. Au sommet du col, un parking vous laisse tout le loisir de vous arrêter pour savourer la beauté du paysage. Derrière vous s'étendent la baie de Dingle et les collines du Kerry. Devant vous se trouvent la **baie de Brandon** et les **îles Maharee**. A gauche s'élève **Brandon Mountain**, le plus haut sommet d'Irlande (953 m) après Carrantuohill. A droite, d'autres collines et d'autres lacs. Si le vent n'est pas trop fort, prenez le temps de vous arrêter, de marcher tranquillement et de vous imprégner de ce panorama.

Tralee

La route redescend ensuite vers la **baie de Brandon** et celle de **Tralee**, puis vous arrivez à **Tralee**, la principale ville du comté de Kerry et son centre industriel. Au cœur de la ville se trouvent quelques beaux exemples de l'architecture du XVIIIe siècle, en particulier **Denny Street**, une large artère bordée de maisons majestueuses. Et, pour tous ceux qui souhaitent s'imprégner sérieusement de culture irlandaise, il ne faut pas oublier que le **Siamsa Tire**, le théâtre national populaire d'Irlande, est à Tralee. Il vous permettra de passer une soirée agréable, avant de repartir pour Limerick et Clare.

Cheval à vendre à la Puck's Fair de Killorglin.

LE CENTRE-OUEST

Au centre-ouest du pays, les comtés de **Tipperary**, **Limerick** et **Clare** sont riches en souvenirs. Des centaines de châteaux, pour la plupart en ruine, attestent que la région fut le fief de grands chefs gaéliques de Munster, comme les O'Brien, et de seigneurs irlando-normands, tels les de Burgo, Butler ou Fitzgerald.

L'aéroport international de **Shannon** est plus qu'un point de débarquement, c'est la clé de la modernisation de la région du centre-ouest. Ouvert en 1915, premier aéroport en zone franche du monde, il a décidé de nombreuses entreprises étrangères à implanter leurs usines dans les environs, apportant ainsi à la région de nouveaux emplois, la prospérité et un nouveau sentiment de confiance. Il a également été à l'origine du développement de nombreux centres touristiques mettant en lumière le passé irlandais.

Le village-musée de Bunratty

Bunratty, le premier et le principal arrêt pour de nombreux touristes, illustre bien cette situation. Il se trouve à côté de la grande route reliant Shannon à Limerick.

Son « village-musée » est une merveille. Il comprend plus d'une vingtaine de reconstitutions de maisons, urbaines ou rurales, de la fin du XIXe siècle. Vous pourrez visiter, entre autres, un cottage en calcaire gris du nord du comté de Clare ; une ferme de montagne, blanchie à la chaux, de l'ouest du Limerick ; la maison d'un fermier aisé de la Golden Vale, dans le Tipperary ; et, tout à côté, la masure de son garçon de ferme. Dans chaque cheminée brûle un feu de tourbe ; des instruments aratoires sont abandonnés de-ci de-là, comme si on venait de les poser. On découvre même une rue de village, avec son prêteur sur gages, son pub, sa mercerie, son imprimerie, son épicier et son bureau de poste.

Le **château de Bunratty** fut érigé en 1450 ; aux XVIe et XVIIe siècles, il devint la forteresse des O'Brien, comtes de Thomond, nom donné à l'époque à cette partie du Munster. Il a été restauré dans les années 1960 et pourvu d'une impressionnante collection de mobilier des XVe et XVIe siècles. Des « banquets médiévaux », au cours desquels les convives sont servis par d'aguichantes jouvencelles en costume d'époque, au son d'une musique également d'époque, ont lieu dans ce château tous les soirs de l'année.

A 15 km au nord-ouest, près du village de Quin, se dresse le **château de Craggaunowen** (1550), restauré en 1975. On peut voir dans son parc un *crannog* reconstitué (un village lacustre de la fin de l'âge du bronze), et un fort circulaire. On y trouve aussi le *Brendan*, bateau de cuir dans lequel l'écrivain et aventurier Tim Severin fit voile d'Irlande à Terre-Neuve en 1976-1977 pour démontrer que saint Brendan le navigateur avait pu effectuer ce voyage au VIe siècle, ainsi que

Pages précédentes, sur la route de Limerick. A gauche, majestueuses falaises de Moher ; à droite, flore du Burren.

le relatent les anciennes chroniques. Le **château de Knappogue**, tout proche, propose aussi des banquets et des ballades.

Les amateurs de musique traditionnelle noteront que le comté de Clare est réputé pour ses musiciens, en particulier ses joueurs de flûte et d'accordéon. Il y a de bonnes « sessions », surtout en été, dans les pubs de presque toutes les villes et tous les villages de la côte, comme **Kilrush**, **Kilkee**, **Milltown Malbay**, **Ennistymon**, **Lahinch**, **Liscannor** ou **Doolin**.

Vous pourrez également admirer le paysage rocheux et éventé qui dévale vers l'Atlantique. Les **falaises de Moher** sont la partie la plus spectaculaire de cette côte ; elles s'étendent sur 8 km entre **Liscannor** et **Doolin**, formant un mur de 200 m de haut surplombant la mer.

Le Burren

Dans le nord du comté de Clare se trouve le paysage le plus étrange de toute l'Irlande : le **Burren**, zone de collines nues, d'environ 260 km², dépourvue d'arbres et d'eau de surface, souvent comparée au sol de la lune. Ce type de terrain calcaire, hautement poreux et carbonifère, est appelé karstique par les géologues, en référence à une région de Yougoslavie.

Sous le sol mystérieux du Burren existe un labyrinthe de galeries, de grottes, de cours d'eau et de lacs, dont seule une petite partie, **Aillwee Cave**, est accessible aux visiteurs n'ayant ni expérience ni matériel spécialisé. A l'entrée, à 3 km de **Ballyvaughan**, on trouve une boutique d'artisanat, un snack-bar et un bureau de renseignements, mais ils se fondent si bien dans le paysage qu'on les voit à peine. Rien de surprenant donc à ce que cet ensemble ait reçu plusieurs prix d'architecture, dont l'*Europa Nostra* de la C.E.E. La grotte elle-même, longue de plusieurs centaines de mètres, renferme de nombreuses formations rocheuses curieuses, ainsi que

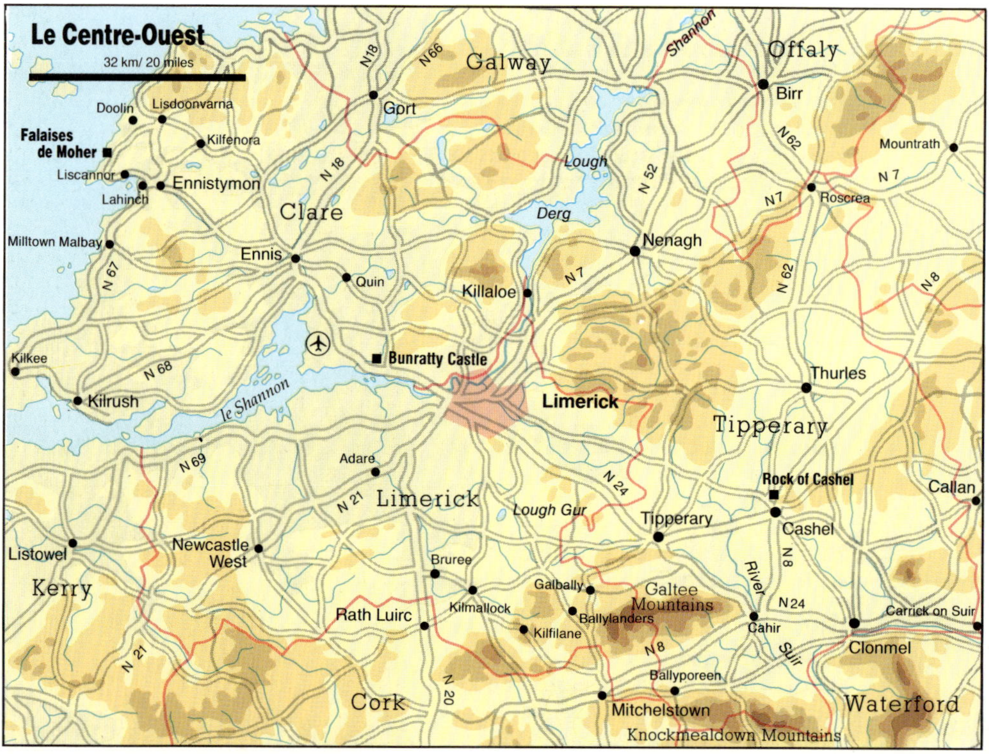

le squelette d'un ours brun, étendu dans le renfoncement où il hiberna et mourut, il y a des milliers d'années. Le Burren Display Centre, à **Kilfenora**, explique avec des documents audiovisuels l'histoire géologique et la rare flore de la région. La ville de **Lisdoonvarna**, la seule station balnéaire d'Irlande en pleine activité, est très courue, particulièrement en septembre où s'y tient un salon aux mariages.

Ennis, capitale du comté, est située sur la route de Limerick. Son abbaye franciscaine (1241) abrite une statue néoclassique de Daniel O'Connell, qui représenta le comté de Clare aux Communes de 1828 à 1831 ; vous pourrez également admirer une locomotive ayant roulé sur le West Clare Railway (1887-1961), immortalisée dans une chanson comique de Percy French.

Limerick la mal-aimée

Nous arrivons donc à **Limerick**, la quatrième ville d'Irlande (60 000 habitants), que de très nombreux Irlandais, de Dublin et d'ailleurs, affirment détester. On y trouve pourtant de belles maisons georgiennes, de larges ponts enjambant la Shannon, d'anciens quais intéressants et un centre artistique très animé : le **Belltable**, dans O'Connell Street. Ses rues commerçantes, très animées, sont remplies d'une foule de jeunes gens. A l'extrémité est de Thomond Bridge, l'imposante forteresse normande **King John's Castle** remonte à l'an 1200. Elle porte les marques d'un bombardement de 1691, au cours de la guerre entre orangistes et jacobites, dans laquelle la ville joua un rôle important. **St. Mary's Cathedral** (1172) est célèbre pour ses miséricordes de chêne noir (sculptures raffinées sur la surface inférieure des stalles du chœur). La cathédrale anglicane **St. John's Cathedral** est un exemple grandiose de l'architecture catholique triomphaliste du XIXe siècle. On dit que sa flèche (85 m) est la plus haute d'Irlande. Le **Granary** municipal (grenier à grain) du XVIIe siècle a été modernisé avec talent et abrite le principal office de tourisme de la région.

Si vous souhaitez échapper à l'agitation de la ville, faites une excursion aux **Clare Glens**, à quelques kilomètres à l'est de Limerick, où les promenades le long des gorges et des cascades de la **Clare River** sont bien indiquées.

A 16 km au sud-ouest de Limerick, sur la N-21, menant à Killarney, **Adare** est souvent décrit comme le plus beau village irlandais. Il est en fait peu typique, avec sa régularité plutôt anglaise. Aux abords du village, près des rives verdoyantes de la **Maigue**, se dressent les ruines du château de Desmond (XIIIe siècle), d'un monastère franciscain (XVe siècle), et d'une abbaye de l'ordre de Saint-Augustin, restaurée et utilisée par l'Église d'Irlande. Le village, avec sa large rue principale et ses cottages surannés, est en grande partie la création du troisième comte de Dunraven (1811-1871), qui se convertit au catholicisme en adhérant au mouvement d'Oxford. La **Trinitarian Abbey** (vers 1230), à l'extrémité nord de la rue principale, a

Ce monument à Limerick commémore l'insurrection de Pâques 1916.

été restaurée en 1811 par le premier comte de Dunraven et donnée aux catholiques d'Adare comme église paroissiale.

Vestiges de l'histoire

A 19 km de Limerick, autour des rives du **Lough Gur**, on trouve une série de vestiges dont les plus anciens remontent au néolithique : des cercles de pierres levées, des forts, des dolmens. Deux habitations de l'âge de la pierre ont été reconstituées.

Vers le sud s'élèvent les **Galtee Mountains**, dressées perpendiculairement à la plaine. Près de la ville de **Kilmallock**, les ruines d'un **monastère dominicain** remontent XIIIe siècle. On y accède par un pont de la **Loobagh**. **Blossom Gate**, l'une des quatre portes qui gardaient autrefois les murs d'enceinte de la ville, est traversée par l'une des rues principales. On y trouve également un château normand et la **Church of Sts. Peter and Paul**, bâtie du XIIIe au XVe siècle.

A 6 km au nord-ouest, dans le village de **Bruree**, un musée porte le nom d'Eamon De Valera, l'ancien Premier ministre et président de la République irlandaise, et auteur de sa Constitution. Il est situé dans l'école que fréquentait De Valera enfant.

A 10 km au sud-est de Killmallock, **Kilfinane** est une ville agréable, où s'élève le **Kilfinane Moat**, un haut tertre au sommet plat, entouré de trois remparts, sans doute le lieu où étaient installés des chefs locaux. Plus loin vers l'est, à 11 km, dans le village de **Ballylanders**, l'église catholique, moderne, est circulaire.

De Ballylanders en passant par Galbally, la route conduit au comté de **Tipperary**, en traversant le superbe vallon du **Glen of Aherlow**, entre les **Galtee Mountains** et la chaîne des Slievenamuck.

«It's a long way to Tipperary»

Tel est le titre d'une célèbre marche chantée par les volontaires irlandais

Au pas sur les chemins du Limerick.

en 1914-1918 : *« La route est longue jusqu'à Tipperary… mais mon cœur y est resté. »*

Dans la vallée de Glen of Aherlow, on découvre une grande variété de paysages : des montagnes, des prés, et des vallées, mais c'est sa luxuriance qui impressionne. Sous le soleil de l'été, elle mérite bien son nom de **Golden Vale** (vallon doré). Au sud s'élèvent les **Galtee** et **Knockmealdown Mountains**, ainsi que le sommet solitaire de **Slievenamon**, tandis que sa plaine centrale est irriguée par la Suir.

C'est la Suir qui donne leur charme aux villes du sud du comté. **Cahir** possède un parc magnifique, un imposant château dominant un pont sur la rivière, et un barrage en forme de V. Dès le IIIe siècle, une forteresse s'élevait à cet emplacement, mais le château, commencé en 1142, date pour sa plus grande partie du XVe siècle. Entièrement restauré, il abrite un centre culturel régional. **St. Paul's Church** (1820) doit ses plans à John Nash, architecte de Regent Street, à Londres.

Clonmel (12 500 habitants), à 16 km à l'est, est la plus grande ville du comté de Tipperary, installée sur les bords de la Suir, d'où l'on aperçoit les **Comeragh Mountains** du comté de Waterford. Les vestiges des murs d'enceinte de la vieille ville entourent l'**église protestante Sainte-Marie**, dont la tour est octogonale, et l'ancienne **West Gate** enjambe aujourd'hui une des rues principales. Les armes de la ville ornent la façade de la vaste caserne, **Main Guard**. Dans **Town Hall**, on peut voir la chaîne d'or que porte le maire, à laquelle chaque tenant du titre doit ajouter un maillon. **L'église catholique Sainte-Marie** (XIXe siècle) est de style néoclassique, avec une voûte ornée de dorures. C'est un ancien maire de Clonmel, l'Italien Charles Bianconi, qui dota l'Irlande de son premier service de transports publics, les *Bianconi Cars*, qui relièrent Clonmel à Cahir en 1815.

Carrick-on-Suir, à 21 km vers l'est, est un bon point de départ pour des excursions dans les **Comeragh Mountains**.

Nenagh, petite ville du comté de Tipperary.

LES MIDLANDS

Quand nous évoquons l'Irlande, nous pensons à Dublin ou à Cork, au Kerry, à l'Ouest balayé par le vent, ou encore aux troubles qui agitent le Nord. Nous songeons moins aux Midlands.

Nous sommes ici au cœur d'une région extrêmement humide. Les comtés de **Laois**, **Offaly**, **Westmeath**, **Longford** et **Roscommon** sont composés de marécages, de prés et d'eau: d'anciens canaux, d'innombrables rivières, des centaines de lacs et de cascades, des milliers de douves, de rigoles, de ruisselets viennent grossir les eaux de la Shannon, qui se jette dans l'Atlantique. Il n'est donc pas surprenant que la pêche et le canotage soient les principales attractions de la région.

Les inconvénients du modernisme frapperont le visiteur, car cette région, comme le reste du pays, n'a pas été épargnée par les cimetières de voitures et les dépôts d'ordures défigurant la campagne, la prolifération de bungalows tarabiscotés, la disparition des haies vives remplacées par des clôtures de béton.

Pages précédentes, féerie des Midlands. A gauche, les cirques ambulants sont toujours populaires.

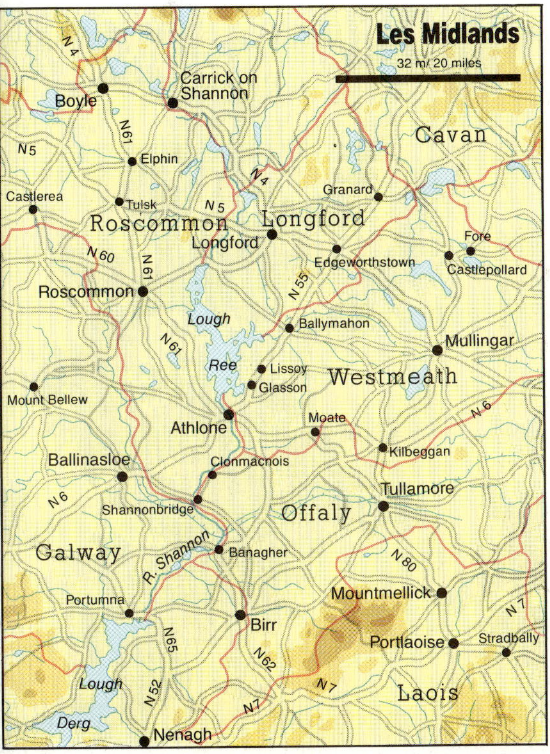

Ruines et forêts

Ne nous attardons pas sur ces quelques points noirs et commençons notre périple par une incursion dans le passé avec les ruines d'une célèbre abbaye cistercienne fondée en 1161 à **Boyle**, dans le comté de Roscommon, présentant un mélange de style roman et gothique. Boyle est une ville plaisante nichée sur la rive nord de la rivière du même nom, et dominée par les **Curlew Hills** (collines des Courlis). Sa grand-rue conduisait jadis à la demeure majestueuse des propriétaires terriens du lieu, membres de la famille King. A 2 km au nord-est se trouve le **Lough Key**, lac entouré d'un vaste parc forestier, domaine de l'État, où sont aménagés des aires de piqueniques et de camping, ainsi qu'une boutique et un restaurant. Sur l'une des nombreuses îles boisées du lac s'élèvent les ruines d'une abbaye. Le lac et ses environs appartenaient autrefois aux MacDermott, princes de Moylurg, mais, au début du XVIIe siècle, ils furent saisis, octroyés à un certain sir John King et demeurèrent dans sa famille jusqu'en 1959. On peut se promener, pêcher et canoter dans ce parc. Une tour d'observation moderne s'élève sur l'emplacement d'un bâtiment plus ancien dû à sir John Nash, architecte de la Régence. Des tunnels la relient aux rives du lac.

Roscommon: un magasin victorien

Sur la N-61, au sud de la ville de **Roscommon**, à un carrefour proche du village d'**Elphin**, s'élève un monument frappant, sculpté à la mémoire des combattants de l'IRA de Roscommon morts au cours de la guerre d'Indépendance. L'orgueil militaire et la piété qui s'y mêlent concrétisent le républicanisme de l'Irlande rurale.

On trouve également à Roscommon un prieuré dominicain du XIIIe siècle et un château normand. Le bâtiment de la **Bank of Ireland**, dans la large rue principale, était autrefois un tribunal, et servit plus tard au culte catholique. La vieille prison du comté qui le jouxte eut jadis un bourreau féminin, « Lady Betty », une meurtrière qui fut graciée à condition de passer la corde au cou des assassins sans recevoir de salaire. Mais l'un des endroits les plus sympathiques de Roscommon est le magasin victorien de James J. Harlow, « Funeral Requisites and Furniture Stores » (Articles funéraires et ameublement). Du côté gauche, c'est le royaume de la quincaillerie, se prolongeant par un bar. La boutique croule sous un amoncellement d'ustensiles ménagers ; le bar est pratiquement un musée de la publicité. Manifestement, le propriétaire est un collectionneur de talent.

La pêche et l'équitation

Longford, capitale du comté du même nom, à 35 km à l'est, sur l'autre rive de la Shannon, est dominée par **St. Mel's Cathedral**, bâtie au XIXe siècle en pierre grise, dans le style Renaissance. La crosse de ce saint, du Ve siècle, est conservée dans un musée situé derrière la cathédrale. 13 km plus loin vers l'est, le village d'**Edgeworthstown** évoque le souvenir de la famille Edgeworth, dont le membre le plus connu fut la romancière Maria Edgeworth (1767-1849), auteur de *Castle Rackrent* (*Château à louer*), sans oublier l'abbé Edgeworth de Firmont, confesseur de Louis XVI, qui l'accompagna jusqu'au pied de l'échafaud.

A 13 km au nord, **Granard** est un centre de pêche et d'équitation. La colline imposante qui s'élève derrière l'église, à l'extrémité sud-est de la ville, est la **Motte de Granard**, ancienne redoute fortifiée par les Normands. Edward Bruce mit la ville à sac et la fit brûler en 1315, car elle avait refusé qu'il y passe ses quartiers d'hiver.

A 19 km au sud-est, le village de **Castlepollard** (comté de Westmeath)

Commerçants à Athlone.

est construit, dans le style anglais, autour d'un pré communal. C'est une bonne base d'excursions, ou de pêche, car c'est une région de collines, de lacs et de petits bois. A 19 km à l'ouest, dans une vallée retirée, le minuscule village de **Fore** est entouré de ruines ecclésiastiques. Près de la route de Castlepollard, **St. Fechin's Church** s'élève au milieu d'un cimetière. Dans le pré en pente qui la surplombe se trouve une tour ancienne, jadis habitée par un ermite, attenante à un mausolée érigé au siècle dernier par la famille Greville-Nugent. Au cœur de la vallée se dresse une **abbaye bénédictine** du XIIIe siècle, bâtie dans le style des châteaux normands.

Mullingar, capitale animée du comté de Westmeath, est à 16 km au sud, au centre d'une grande région d'élevage de bétail. (Une femme aux appas généreux était autrefois comparée à une « génisse de Mullingar », et c'était un compliment.) La ville possède une vaste cathédrale de style Renaissance, datant de 1939.

Ci-dessous, à gauche, ruines à [...]nmacnois ; à droite, vente de [...]ommes de terre sur la route.

Athlone, capitale des Midlands

Athlone est la plus grande ville du comté. Située sur la Shannon, à l'extrémité sud du Lough Ree, l'un des trois principaux lacs formés par cette rivière, elle offre de nombreuses activités : baignade, canotage, pêche ou ski nautique. A l'extrémité ouest du pont sur la Shannon, le **château d'Athlone** occupe une position stratégique importante depuis le XIIIe siècle. C'est là que naquit John MacCormack (1884-1945), ténor qui fut la première grande vedette du phonographe. Dans le Bawn, non loin de **Mardyke Street**, une plaque indique sa maison et son buste orne la promenade au bord de la rivière.

Au nord d'Athlone, la N-55 conduit à la « **Goldsmith Country** », comprise entre les villages de **Glasson** et **Ballymahon**. Oliver Goldsmith, auteur de *The Vicar of Wakefield* (*Le Vicaire de Wakefield*) et de *She Stoops to Conquer* (*Elle s'abaisse pour mieux conquérir*), est, croit-on, né à Pallas

(comté de Longford), à 5 km à l'est de Ballymahon, en 1729. Il fréquenta l'école de Lissoy, près de Glasson, et cet endroit lui a sans doute inspiré son poème *The Deserted Village* (*Le Village déserté*). Les lieux auxquels il fait allusion sont signalés.

Clonmacnois, lieu de repos

A quelques kilomètres de la route principale reliant Athlone à Galway, sur la route de Shannonbridge, se trouvent les vestiges de la plus vaste cité monastique de toute l'Irlande: **Clonmacnois**. Fondée par saint Ciaran en 548, elle fut florissante durant plusieurs siècles et le dernier de ses rois, Rory O'Conor, y fut enterré en 1198.

Clonmacnois est située sur une hauteur dominant une large boucle de la Shannon. Les touristes amarrent aujourd'hui leurs bateaux de plaisance au bas de sa jetée, à l'endroit où jadis des milliers de pèlerins, venus de l'Europe entière, débarquaient pour étudier et pour prier. Il y a en ce lieu huit églises, une cathédrale, deux tours rondes, trois hautes croix sculptées (et les restes de deux autres), et les vestiges d'un château. Il y a aussi plus de 200 pierres tombales gravées, datant du VIe au XIIe siècle.

A quelques kilomètres au sud, sur la rivière, dans le village de **Shannonbridge**, un fort napoléonien gris et triste et un pont à 16 arches surgissent audessus d'une jetée abritée. **Banagher**, en aval sur la Shannon, centre animé de pêche et de croisière, est une petite ville charmante. Quelques-uns de ses magasins n'ont pas changé depuis 1940. D'autres sont fort bien pourvus en vins, épices et produits exotiques pour la satisfaction des vacanciers venus du continent.

A 13 km plus au sud, au bord de la **Brosna**, se trouve **Birr**, élégante capitale georgienne du comté d'Offaly. Le **château de Birr**, demeure du comte et de la comtesse de Rosse, n'est pas ouvert au public, mais on peut se promener dans ses vastes jardins d'agrément, où plus d'un millier d'arbres

Musée des machines à vapeur à Stradbally, dans le comté d'Offaly.

offrent leurs couleurs harmonieuses au printemps et en automne. Selon le *Livre des records*, leurs haies de buis sont les plus hautes du monde.

Le comté de Laois

A l'est de Birr, les crêtes des **Slieve Bloom**, couvertes de bruyère, marquent les frontières du comté de Laois. Se dressant sur un horizon bas, elles peuvent paraître élevées, mais ne dépassent pas 520 m. Les Bloom sont coupées par 24 vallons tranquilles et de nombreux endroits particulièrement agréables sont signalés. **Mountmellick**, à l'extrémité nord-est de cette chaîne, est une ville quaker du XVIIe siècle, presque entièrement cernée par les eaux de l'Owneass. A **Rosenallis**, à 6 km au nord-ouest, se trouve le plus ancien cimetière quaker d'Irlande.

L'un des ouvrages fortifiés les plus chargés d'histoire du pays, le **Rock of Dunamase**, s'élève au bord de la route à 6 km à l'est de Port Laoise, capitale du comté. A l'origine citadelle celte, il fut mis à sac par les Vikings et fut plus tard incorporé à la dot d'Aoife, fille du roi de Leinster, lorsqu'elle épousa le seigneur normand Strongbow. En 1650, ce haut lieu de la résistance irlandaise fut mis en pièces par l'artillerie de Cromwell. Du haut de ces fortifications, la vue est belle. Si vous continuez vers l'est, en direction de Carlow, après être passé par Stradbally, vous pourrez apprécier un autre panorama sur la vallée de Barrow et la plaine centrale depuis une aire de stationnement et de pique-nique.

Un pays de chevaux et de forgerons.

La paix du Grand Canal

L'une des meilleures façons de voir les Midlands est d'emprunter le **Grand Canal**. Jadis lien vivant et animé pour le commerce entre Dublin et la Shannon, ce canal est aujourd'hui une paisible retraite pour les pêcheurs et les canoteurs. Passer des vacances sur ses eaux est un rêve pour ceux qui aiment le calme ; en une semaine de croisière, en juin, vous ne rencontrerez peut-être pas plus d'un autre bateau. On peut louer de vieilles barges près de **Tullamore**, petite ville plaisante et pleine de vie, avec de belles maisons anciennes. Seules les écluses vous causeront quelques soucis, mais vous apprendrez vite à les franchir, puis vous choisirez entre le cap à l'ouest, vers la Shannon, ou à l'est, vers le **Barrow**, plus petit et plus calme.

Les rives tranquilles du canal sont bordées de talus herbeux regorgeant d'iris d'eau, d'orchidées sauvages et de grandes marguerites ; parfois, les arbres et les taillis forment un tunnel de verdure qui vous isole entièrement du monde environnant. Lorsque la végétation est moins dense, il y a de larges échappées sur des pâturages ondulés, parsemés d'arbres et de buissons, ou sur les vastes marécages bruns. De temps à autre, l'éclair bleu d'un martin-pêcheur, le clapotement d'une loutre, le dandinement d'une famille de canards viendront troubler votre tranquillité. Si vous souhaitez la paix, c'est là que vous la trouverez.

L'OUEST

La ville de **Galway** est située à l'embouchure de la rivière, riche en saumons, qui relie le **Lough Corrib** à la mer. A l'origine village de pêcheurs, elle devint au XIIIe siècle une ville fortifiée, dans l'endroit le plus abrité de la baie de Galway. Le village de pêcheurs subsista jusqu'à 1935 environ. Ses pittoresques cottages aux toits de chaume furent démolis, pour raison sanitaire, et remplacés par un ensemble de cottages gris, aux toits d'ardoise, portant le nom de **Claddagh**. C'est aussi le nom d'une bague ornée d'un cœur couronné, enserré entre deux mains.

La ville s'est développée en tant que cité anglo-normande, dans un pays hostile. Ses gouverneurs, parfaitement loyaux envers la Couronne anglaise, lui obtinrent une charte royale et un statut de ville indépendante dès 1484, sous le règne de Richard III. Cela amena une longue période de stabilité politique, de prospérité et d'échanges commerciaux avec l'Angleterre et le continent. La ville fut alors dirigée par les représentants des 14 grandes familles, ou tribus, de nobles négociants et Galway est, aujourd'hui encore, connue sous le nom de « Ville-aux-quatorze-tribus ».

On peut juger de leur style de vie par les vestiges architecturaux. Sur la place du marché, **Saint-Nicholas** est la plus grande église paroissiale médiévale d'Irlande. Depuis la Réforme, elle est devenue cathédrale anglicane. **Lynch's Castle**, maison de ville de la principale tribu, est aujourd'hui le siège d'une banque dans la rue principale. **Browne's Gateway**, jadis porte d'accès à la résidence d'une autre grande famille de marchands, se dresse à **Eyre Square**, près du **John F. Kennedy Memorial Garden**.

Les relations de la ville avec les « simples Irlandais » vivant hors ses murs peuvent se déduire de la lecture des ordonnances fixant les heures pendant lesquelles ils étaient autorisés à demeurer à l'intérieur de son enceinte, leur style de coiffure, et même les sports qu'ils avaient le droit de pratiquer.

Diverses tribus irlandaises, venues de leurs montagnes de l'Ouest, donnaient régulièrement l'assaut à la ville. Sur la porte occidentale était inscrite la devise *« De la furie des O'Flaherty, que le Seigneur nous préserve »*. Les O'Flaherty venaient de la région du Connemara.

Naissance d'un mythe

L'un des principaux « monuments » de Galway est **Lynch's Window** (la fenêtre de Lynch), où, en 1493, James Lynch, le maire de la ville, pendit son propre fils, Walter, qui avait tué un hôte espagnol. C'était un crime passionnel, et la popularité de son fils auprès des habitants de Galway était telle que le maire craignait qu'ils ne se rassemblent pour le faire sortir de prison. C'est pourquoi il décida d'accomplir lui-même la tâche du bourreau.

Pages précédentes, Clifden, dans le Connemara. A droite et à gauche, la tourbe joue un grand rôle dans l'ouest.

Quelques auteurs en ont déduit que c'était là l'origine du terme « lyncher », mais il n'y a en fait aucune base historique à cette interprétation dans les récits de l'époque. Lynch's Window est toute proche de l'**église Saint-Nicolas**, où la tradition veut que Christophe Colomb ait entendu la messe avant son départ pour l'Amérique. La « preuve » en serait que l'un de ses marins se nommait William de Galway.

Il resterait bien plus de traces de l'intéressante architecture de cette période si les pères de la cité n'avaient pas choisi le mauvais parti, en politique, au milieu du XVIIe siècle. Leur soutien inébranlable aux forces royalistes anglaises contre l'armée d'invasion de Cromwell fut chèrement sanctionné. Lorsque la ville fut contrainte de se rendre, en 1652, les Têtes rondes pillèrent, saccagèrent et brûlèrent la plupart de ses majestueuses demeures. On peut voir les statues décapitées et mutilées dans l'église Saint-Nicolas, où on avait mis les chevaux des troupes de Cromwell. Mais 14 autres églises et leurs clochers ont disparu à jamais. Tout ce qui reste des murs d'enceinte de la ville est la **Spanish Arch**, pont sur la rivière à Claddagh.

De cette défaite militaire date le déclin de Galway comme port et cité commercante importants, mais aussi l'établissement de relations nouvelles entre la ville et l'intérieur des terres. Aujourd'hui, Galway est la seule ville d'Irlande où les deux langues, l'anglais et l'irlandais, cohabitent, et la ville est devenue l'un des principaux centres touristiques du pays, la porte ouverte sur les îles d'Aran, le Connemara et le comté de Mayo.

Une cité très vivante

Seán O'Faoláin, romancier, historien et habitant de Cork, écrivit : *« Un homme souhaitant que sa fille apprenne la vérité de la vie ne pourrait mieux faire que de l'envoyer pour six mois à Galway. Avec la joie d'un acteur qui retire sa perruque, on lui racontera*

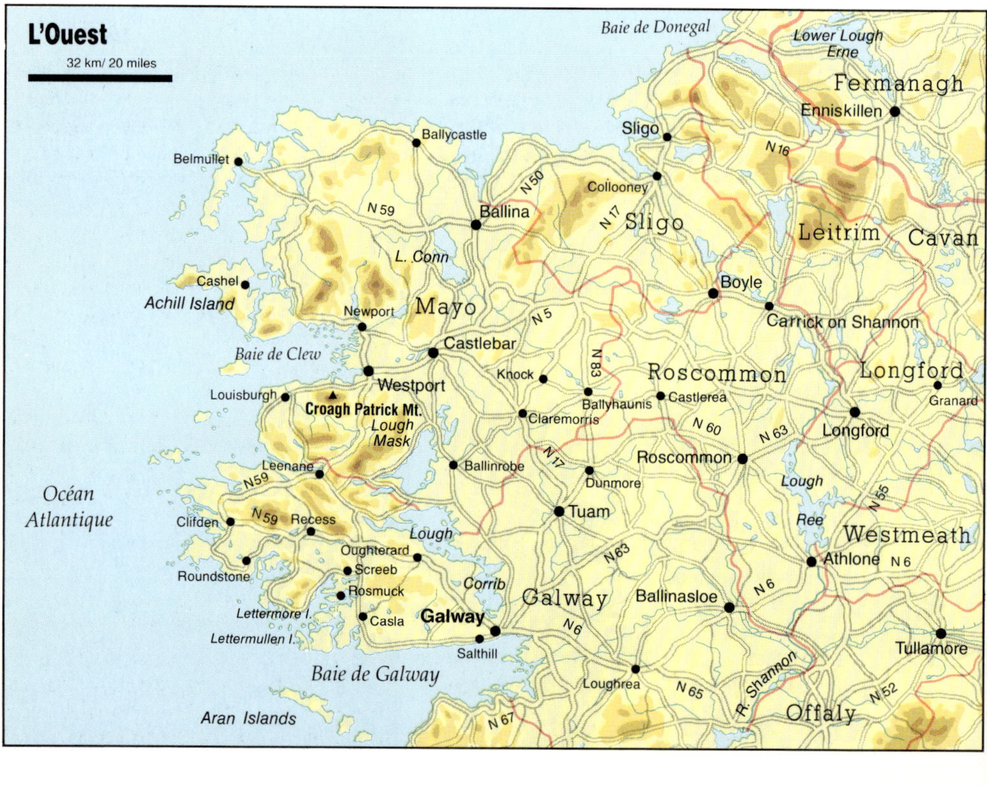

histoire sur histoire en se délectant des caprices de la nature humaine... Oui, je crois que ma fille pourrait fort bien revenir de Galway et me demander, d'une voix craintive : "Mon père, est-ce la vérité ?" Et je répondrais : "Bien sûr, mon enfant, ce n'est pas la vérité. Mais c'est la vie." Galway est et vit son folklore. »

Aujourd'hui, Galway est une cité prospère. En 1986, elle est devenue la première ville nouvelle depuis l'indépendance, avec plus de 50 000 habitants. Seule parmi les villes du pays, elle a conservé presque intact le lacis de petites rues étroites et sinueuses formant son centre commerçant. Il s'étend de **Eyre Square**, en passant par **Williamsgate Street**, **Shop Street** et **Mainguard Street**, jusqu'à **O'Brien's Bridge**, en direction du Corrib et des docks.

Galway est toujours pleine d'activité, encore accrue l'été avec l'afflux des touristes. Son université (les bâtiments et la cour carrée datent de 1849) et son collège technologique ne cessent de s'agrandir ; elle possède deux grands hôpitaux, des docks et un quartier industriel florissant dans les faubourgs. La plupart des hôtels sont complets toute l'année et les pensions de famille et *bed-and-breakfast* recevant les touristes l'été ouvrent leurs portes aux étudiants dès l'automne.

Le Connemara sauvage, un défi aux marcheurs.

Galway peut également s'enorgueillir de ses deux théâtres : **An Taibhdhearc**, dont le répertoire est joué en langue irlandaise, et le **Druid Theatre**, dont, depuis une dizaine d'années, la réputation s'est étendue jusqu'à Londres.

Bannière étoilée

Le président Reagan est venu à Galway lors de la célébration du cinquième centenaire, en 1984, et en a été fait citoyen d'honneur comme le président Kennedy en 1963. La visite de J.F. Kennedy est commémorée par une plaque de pierre portant son nom, dans le jardin d'Eyre Square.

Dans l'un de ses angles se dresse une belle statue de calcaire, représentant l'écrivain Pádraic O'Conaire. Bien que natif de Galway, il fut élevé dans le Connemara et écrivit exclusivement en irlandais jusqu'à sa mort prématurée, en 1927. Il fut aussi célèbre pour son style de vie marginal que pour ses œuvres et, vu son penchant pour la dive bouteille, certains citoyens fort respectables furent scandalisés par l'idée de lui élever une statue.

La fontaine aux motifs centraux triangulaires, derrière **Browne's Gateway**, célèbre le cinquième centenaire de la ville. Ses motifs représentent les voiles traditionnelles des bateaux de pêche de Claddagh, les hourques. Ces anciennes barques ne sont plus utilisées aujoud'hui mais, depuis quelques années, nombre d'entre elles ont été restaurées et servent à la navigation de plaisance le long des côtes du Connemara.

Une journée aux courses

L'événement marquant de l'année est la *Race Week*, la semaine des courses, la dernière semaine de juillet. Le champ de courses se trouve sur une colline à Ballybrit, à 6 km du centre de la ville, d'où l'on voit la baie et les îles d'Aran. C'est autant un carnaval qu'une manifestation hippique.

Pour réparer les excès d'une journée aux courses, sans parler des nuits endiablées qui suivent, vous pourrez vous rendre à la station balnéaire voisine de **Salthill**. Elle n'est pas très loin à pied du centre de la ville, et, bien que sa beauté soit toute relative, elle possède une promenade magnifique, longue de 3 km, en bordure de mer, offrant une vue sur la baie et sur les Burren.

Galway propose également des plaisirs plus calmes. On pourrait rester des heures sur le **Salmon Weir Bridge**, pont enjambant la rivière à l'endroit où elle sort du Lough Corrib. C'est là que les saumons s'élancent, en rangs serrés, à l'assaut du barrage pour remonter le courant. Ce pont mène à l'ancienne prison de Galway ; sur le site s'élève aujourd'hui la plus récente cathédrale catholique du pays, **St. Nicholas and Our Lady Assumed into Heaven** (Notre-Dame-de-l'Assomption). Consacrée en 1965, elle présente un éventail étonnant de styles architecturaux, en pierre du pays et en marbre du Connemara. Elle contient aussi quelques mosaïques peu communes dans ses chapelles latérales ; particulièrement dans la chapelle funéraire où les défunts sont placés sous la protection de J.F. Kennedy et de Pádraic Pearse.

Avant de vous aventurer à l'est de Galway, sachez qu'il est difficile, pour ne pas dire impossible, d'explorer les comtés de Connemara et de Mayo avec les transports publics. Ils ont pratiquement disparu de cette région de l'Irlande et les autobus sont rares.

L'aventure d'Aran

Avant de quitter la ville, toutefois, cela vaut la peine de regarder les trois îles d'**Aran**, formant comme un brise-lames naturel dans la baie. Sans leur présence, la baie serait très exposée aux vents, alors que Galway est le point de départ du service de ferry-boats desservant Aran tout au long de l'année. Il existe également une liaison aérienne quotidienne, par la compagnie *Aer Arann*, au départ de Carnmore Airport, proche du champ de courses. Le voyage dure 15 minutes, et trois heures par bateau. Bien sûr, l'avion est plus cher. De juin à septembre, de petits ferry-boats relient Ros a'Mhil (Rosaveel) aux côtes du Connemara et à Inishmore. Cette traversée ne dure qu'une heure.

Les trois îles d'Aran — **Inishmore**, **Inishmaan** et **Inisheer** — ont été habitées bien longtemps avant l'époque historique et renferment de nombreux vestiges d'avant l'ère chrétienne et de ses premiers temps. Le plus remarquable d'entre eux est **Dún Aengus**, forteresse sur l'île d'Inishmore, l'un des plus beaux monuments préhistoriques d'Europe. Dominant la mer, il est perché à l'extrémité d'une falaise verticale de 60 m de haut, et se compose de quatre murs défensifs semi-circulaires. A l'extérieur se trouve une barrière formée de milliers de piliers de calcaire dressés et placés à des angles variés.

L'embarras du choix à Belmullet.

Il est difficile d'attribuer à Dún Aengus une date précise, elle varie selon les experts entre 4 000 et 1 000 ans avant notre ère. La vue du haut de ses remparts est extraordinaire. Par une journée dégagée, on peut suivre les courbes de la côte depuis Kerry et Clare au sud, ainsi que la ligne de la baie de Galway jusqu'à l'extrémité occidentale du Connemara. Ces îles ont attiré de nombreux artistes, écrivains, amateurs d'antiquités et producteurs de cinéma. Le film de Robert Flaherty, *Man of Aran* (*L'Homme d'Aran*), en 1934, fit connaître les îles au monde entier. L'auteur dramatique John Millington Synge écrivit *The Aran Islands* (*Les Îles d'Aran*) au cours d'un séjour à Inishmaan, où il trouva également les bases de sa célèbre pièce, *Le Baladin du monde occidental*. Liam O'Flaherty, écrivain de renommée internationale, est né à Inishmore, à l'ombre de Dún Aengus. Son roman *The Informer* (*Le Mouchard*) et le film qui en a été tiré sont célèbres. Sans oublier Gilbert Bécaud qui, séduit par ces îles, a composé dans les années 1960 *L'Opéra d'Aran*.

Le gaélique est la langue officielle des habitants d'Aran, mais la majorité d'entre eux parle aussi couramment l'anglais. Cela vaut également pour les habitants des rives méridionales de la côte du Connemara, de l'autre côté de la baie. Ces deux régions font partie de ce que l'on appelle le Gaeltacht. Le dernier recensement montre qu'il y a environ 65 000 personnes parlant le gaélique dans les comtés de Waterford, Cork, Kerry, Galway, Mayo et Donegal, dans les campagnes comme dans les villes.

Barrières de langage

Le Gaeltacht du **Connemara** commence dans les faubourgs de Galway, sur la route côtière, après **An Spidéal** (**Spiddal**). Soudain, les panneaux de signalisation sont rédigés uniquement en irlandais au lieu d'être bilingues. C'est une innovation récente, provo-

Brise-vent dans les îles d'Aran.

INRI

quée dans les années 70 par les manifestations publiques destinées à renforcer le rôle de l'Irlande dans la vie de tous les jours. C'est de cette époque que date aussi la création d'un service radiophonique spécialement destiné aux régions du Gaeltacht, implanté dans le Connemara. Nous donnons ici les deux orthographes, car un grand nombre de cartes portent encore les noms de lieu sous leur forme anglicisée.

Le Connemara est l'une des plus belles régions d'Irlande et aussi l'une des plus stériles. En le parcourant, on comprend pourquoi tant de ses natifs vivent à Boston, à Birmingham ou à Londres. Ce qui est extraordinaire, c'est qu'ils soient si nombreux à être restés pour gagner une maigre pitance sur ses terres marécageuses et sur la mer. Ils sont pleins de ressources, et de courage, et l'une des façons qu'ils ont trouvée pour arrondir leurs revenus est la distillation illégale d'un alcool blanc appelé *poteen*, de l'irlandais *poitin* (petit pot).

A gauche et ci-dessous, Inishmore, l'une des îles d'Aran.

Le touriste ne peut manquer d'en entendre parler, on peut même lui proposer d'en boire ou d'en acheter, car il est fabriqué en quantité croissante dans les montagnes, sur les lacs isolés et les îles du Connemara. Il est obtenu en distillant un mélange d'orge, de sucre, de levure et d'eau.

Avant l'utilisation des bouteilles de gaz, la police recherchait les spirales de fumée de tourbe s'échappant de locaux isolés. Les pénalités encourues étaient lourdes, confiscation du matériel, de la *poteen* et amende importante. Mais aujourd'hui la chance est plutôt du côté des distillateurs et la *poteen* est disponible pour la moitié du prix du whisky. Si le liquide est passé trois fois dans l'alambic, il est tout à fait inoffensif — bien qu'extrêmement fort. Mais quelques distillateurs sans scrupules y ajoutent de l'alcool commercial et ne font passer la *poteen* qu'une ou deux fois dans l'alambic ; il convient donc d'être sur ses gardes.

Le touriste ne doit pas oublier qu'être pris en possession de *poteen* entraîne de sévères pénalités, bien que la justice considère avec indulgence ceux qui plaident que la liqueur n'était pas destinée à leur consommation personnelle, mais à frictionner un lévrier atteint de rhumatismes ! Pour ceux qui aiment vivre dangereusement, les grands centres de fabrication de *poteen* sont **Leitir Móir** (**Lettermore**), **Leitir Mealláin** (**Lettermullen**), et **Ros Muc** (**Rosmuck**).

Baies et collines

En suivant la route côtière jusqu'à **Casla** (**Costello**), puis en tournant à droite à **Scrib** (**Screeb**), puis encore à gauche le long du littoral échancré en traversant **Cill Chiaráin** (**Kilkieran**), **Caiseal** (**Cashel**), **Roundstone** — où l'on rentre à nouveau dans la partie non Gaeltacht du Connemara — et jusqu'à Clifden, on peut voir tout ce qui caractérise les côtes du Connemara. Les terres de cette région sont assez pauvres. Vers le sud, les baies arrondies sont parsemées d'îles et frangées d'algues noires, rouges et orange. Tout au long de la route, et loin dans les collines, se succèdent hameaux et villages de cottages blanchis à la chaux, ou de bungalows modernes. Le village de Roundstone est le plus remarquable de ceux-ci.

Clifden est la principale ville de la région, et l'un des meilleurs endroits où acheter du tweed traditionnel. Si le temps le permet, il serait intéressant de revenir sur Galway en passant par **Recess**, **Maam Cross** et **Oughterard**. Cet itinéraire offre de beaux points de vue sur la chaîne des **Twelve Pins** et les îles du Lough Corrib.

De Clifden, il est possible d'entrer dans le comté de Mayo par un chemin plaisant. Il passe par **Kylemore Abbey**, l'un des monuments les plus photographiés. Construite à la fin du XIXe siècle en granit, l'abbaye fut offerte par un commerçant de Liverpool à son fils. C'est aujourd'hui un internat de jeunes filles tenu par des sœurs bénédictines.

Mayo est le troisième comté par la taille, la plupart de ses curiosités se trouvent dans la moitié ouest, surtout sur le littoral.

Croagh Patrick, la montagne sacrée de l'Irlande

La route qui part de Kylemore Abbey dessert **Leenane** (**Leenaum**) et **Killary Harbour**, le seul fjord irlandais, exceptionnellement profond. Plus au nord, à l'est de Louisburgh, se profile **Croagh Patrick**, la montagne sainte d'Irlande, où des milliers de fidèles se rendent en pèlerinage le dernier dimanche de juillet.

On peut y admirer l'un des plus beaux panoramas du pays, à l'ouest, jusqu'à l'Atlantique et aux îles côtières ; au sud, sur les contreforts montagneux de Mayo et du Connemara ; à l'est, sur les plaines vallonnées au cœur du comté de Mayo ; et, au nord, sur la baie de Clew piquetée d'îles, avec Achill dans le lointain. Le romancier britannique William Thackeray, qui s'y rendit en 1842, décrivit le paysage autour de Clew Bay comme *« le plus beau du monde »*.

La cité de **Westport** est nichée au fond de Clew Bay. On notera que c'est

La rue principale de Castlebar, dans le comté de Mayo.

la seule ville du pays dont le célèbre architecte georgien James Wyatt ait dessiné les plans. Le **Mall**, avec ses rangées de tilleuls bordant les deux rives de la **Carrowheg**, est l'un des plus charmants endroits du pays.

L'île d'Achill

En allant de Westport à l'**île d'Achill**, on verra le grand pont de chemin de fer désaffecté dominant la petite ville de **Newport**. Il est tristement révélateur de la vie sociale de la région, particulièrement de l'île d'Achill. C'est en effet tout ce qui reste de la voie ferrée qui reliait jadis Westport à l'île. Il fut construit au milieu du XIXe siècle, après les lourdes pertes provoquées par le naufrage d'un bateau transportant, d'Achill à Westport, des travailleurs itinérants qui partaient pour l'Écosse récolter des pommes de terre.

Cette ligne de chemin de fer devait être raccordée à la liaison Westport-Dublin mais, en 1936, on décida qu'elle n'était pas rentable et elle fut fermée.

Miracles à Knock.

Bien que, dès 1888, un pont ait relié Achill à la terre ferme, elle a conservé de nombreux traits insulaires. Deux collines la dominent, bordées par des landes sauvages. Le reste est un mélange de falaises, de grèves dorées, de bruyères pourpres et de petits cottages blancs.

Le miracle de Knock

Au nord s'étend une des régions les plus désolées et dépeuplées du pays, les tourbières d'**Erris**, conduisant à la péninsule du même nom, dont **Belmullet** est la ville principale. La route côtière, de Belmullet à **Ballina**, par **Killala** (où les troupes françaises débarquèrent durant la révolte de 1798) domine de belles falaises. En redescendant vers le sud, avant d'arriver à **Castlebar**, première ville du comté, on peut faire un détour par le village de **Knock**. C'est là que, par un soir pluvieux de 1879, plusieurs personnes déclarèrent avoir vu la Vierge Marie sur le pignon de l'église. Aujourd'hui, une basilique pouvant contenir 15 000 fidèles domine ce village et, bien qu'il y ait eu peu de miracles attestés ou vérifiés par les autorités catholiques, des centaines de milliers de pèlerins se rendent chaque année à Knock. C'est pour commémorer le centenaire de ce sanctuaire que le pape s'est rendu en Irlande en 1979, sur l'invitation de l'évêque local, monseigneur James Horan.

Depuis lors, au sommet de la colline de **Barrnacuige**, toute proche, a été construit un aéroport international. C'était l'idée de Mgr Horan qui soutenait qu'un aéroport, à l'est du pays, était indispensable pour les pèlerins. Au début, cette idée fut considérée avec ironie, mais il réussit à obtenir un crédit de 8 millions de livres d'un gouvernement soucieux de son électorat. Ainsi, la piste principale et les bâtiments ont pu être érigés. Mais le gouvernement appelé au pouvoir en 1983 considéra ce projet comme *« fumeux et marécageux »*, et refusa d'en compléter le financement. Le gouvernement changea et un aéroport international a finalement été mis en service.

LES ÎLES DÉSERTES

Les îles Skellig

Lorsque la vedette contourne Bray Head, au large de la côte de Kerry, elle est dominée par l'île de Skellig Michael. Des colonies de marsouins escortent les bateaux et des milliers de fous de Bassan s'envolent de l'île voisine de Little Skellig. Les cris perçants des fulmars, pétrels, puffins et autres mouettes accueillent les visiteurs.

La traversée de 90 minutes qui sépare **Skellig Michael** de la terre ferme et les 600 marches taillées dans le rocher qui mènent à son sommet (150 m) donnent à toute visite de l'île un air de pèlerinage.

Il reste du monastère — fondé il y a mille ans par des anachorètes— quelques habitations de pierres sèches en forme de ruches, les vestiges d'une église et un oratoire en forme de bateau, le tout entouré d'une clôture. De là, la côte de Kerry est restée telle que saint Brendan avait dû la voir lorsqu'il mit le cap sur l'Amérique au départ de la péninsule de Dingle. A quatre reprises durant le IXe siècle, les moines furent attaqués par les Vikings, mais c'est finalement l'Église de Rome, préférant les réformes monastiques des XIIe et XIIIe siècles à la pratique de la piété, qui ferma le monastère de l'île.

Selon la légende, saint Patrick, aidé de saint Michel, aurait mis en échec des serpents venimeux et en aurait ainsi débarrassé l'Irlande. Parmi les îles d'Europe associées à ce saint — St. Michael's Mount, au large des côtes d'Angleterre, et le Mont-Saint-Michel de la Manche —, Skellig Michael est la plus isolée.

Toujours selon la légende, il y aurait 365 îles au large des côtes irlandaises, une pour chaque jour de l'année. En réalité, elles sont bien plus nombreuses à s'étendre des îles d'Aran, au large de Galway, à l'île de Tory, dans

Pages précédentes, les eaux paisibles d'un lac, dans le comté de Kerry. Ci-dessous, « The dead man » (le mort), l'une des Blasket au large de Slea Head.

le Donegal. Ponts et digues ont fait perdre à certaines d'entre elles leur insularité, d'autres, après avoir été aménagées par de florissantes communautés, sont aujourd'hui désertées.

Les Blasket

Au large de la péninsule de Dingle, au nord de Skellig, se trouvent les six îles qui forment les Blasket. Au début de ce siècle (avant qu'elle ne soit définitivement évacuée, en 1953) la **Great Blasket** a eu une production littéraire qui a fait des Blasket les îles désertes les plus célèbres d'Irlande. Des générations d'écoliers irlandais ont appris leur langue maternelle en étudiant les œuvres de cette étrange communauté insulaire. Les habitants de l'île — dont le nombre n'a jamais dépassé 200 — comptent trois écrivains éminents : Tomas O Cromthain, auteur de *The Islandman* (*L'Insulaire*) ; Peig Sawyers, qui écrivit *Peig*, et Maurice O'Sullivan, auteur de *Twenty Years A-Growing* (*Grandir pendant vingt ans*), merveilleux récit de sa jeunesse dans les Blasket. Par ailleurs, deux observateurs britanniques, Robin Flower et George Thompson, ont publié un compte rendu évocateur de cette vie insulaire.

Une seule de ces six îles peut être visitée. En été si le temps le permet, un ferry-boat relie chaque jour Dunquin à la Great Blasket. Vous n'aurez pas besoin de carte puisque la Banque centrale d'Irlande a eu la bonne idée de la faire figurer au verso de ses billets de 20 livres. Il manque toutefois une île sur ces billets, **Inishvickillaune**, qui n'est plus déserte depuis que l'ancien Premier ministre irlandais, Charles Haughey, en a fait son lieu de villégiature.

Près du débarcadère de la Great Blasket se trouvent les vestiges d'un village. Au-dessus, le gouvernement a fait construire des maisons pour les paysans de faible condition ; l'une d'elles sert parfois de pension de famille ou de café.

La Great Blasket, qui s'étire sur environ 6 km et s'étend sur 3 km, culmine à près de 300 m. C'est un lieu d'une beauté sauvage, avec des falaises abruptes, des points de vue magnifiques et des troupeaux de moutons à poils longs. Jusque dans les années 1950, de nombreux éléments de la culture gaélique du XVIIIe siècle ont été préservés. Par ailleurs, la dure existence des insulaires, qui gagnaient péniblement leur vie en pêchant à bord de *curraghs*, barques couvertes de toile, a fait d'eux des héros. La façon dont ces îles sont négligées contraste avec la faveur croissante que suscite leur littérature ; cette situation montre clairement le manque d'intérêt que des gouvernements successifs ont témoigné à la culture gaélique.

Et les autres...

Sur la côte sud-est de l'Irlande se trouvent les deux îles des **Saltee**, auxquelles on accède depuis le joli village de Kilmore Quay, dans le comté de Wexford. Les seuls habitants en sont aujourd'hui 3 millions d'oiseaux, appartenant à 47 espèces différentes. Ces îles, liées à la révolte de Wexford de 1798, sont à présent la propriété d'un certain Michael Neales, qui accueille les visiteurs respectueux des lieux. Également sur la côte est, près de Dublin, **Dalkey Island**, au sud, et **Ireland's Eye**, au nord, sont facilement accessibles.

L'île de **MacDara**, à quelques kilomètres de la côte du Connemara, près de Roundstone, est un trésor méconnu. Malgré sa faible superficie (24 ha) elle possède un très bel oratoire du VIe siècle, récemment restauré. Elle porte le nom de saint MacDara, premier saint irlandais doté d'un nom de famille. Il était le protecteur des marins et, encore récemment, des *Galway Hookers* (hourques).

Aucun service régulier de ferry-boat ne dessert l'île mais les pêcheurs y mènent les visiteurs pour une somme modique. Aujourd'hui des ferry-boats relient les îles Skellig à Cahirciveen, Derrynane, Portmagee et Valentia. Les vents et les marées rendent la traversée aléatoire mais, après tout, cela fait partie du charme aventureux des îles irlandaises.

LE NORD-OUEST

Pages précédentes, plage déserte dans le comté de Donegal. A gauche, Bunglas, dans le comté de Donegal.

Sligo est l'un des comtés les plus énigmatiques d'Irlande. Il possède tout ce qu'il faut pour devenir un centre important de tourisme ; sur de nombreux points, il rivalise avec Killarney pour la beauté et la variété de ses paysages, avec l'Atlantique en prime. En plus, ce comté contient tant de vestiges du passé qu'on pourrait le considérer comme l'un des endroits les plus vieux du monde et, en même temps, c'est l'un des plus jeunes, puisque le **lac Achree**, au nord, est dû à l'éruption volcanique de 1490.

Si l'on ajoute le fait que le poète William Butler Yeats, lauréat du prix Nobel, a évoqué dans son œuvre la plupart de ses sites magnifiques — et que son frère, le peintre Jack Yeats, a représenté les courses, les fêtes et les foires locales dans ses tableaux —, la question est : « Pourquoi a-on choisi de mettre si longtemps toutes les lumières de Sligo sous le boisseau ? » Toujours considérée comme une cité prospère, Sligo, la capitale du comté, doit son expansion commerciale aux héritiers conservateurs de longues lignées d'affaires de famille. Lorsque le tourisme irlandais a été organisé sur le plan national, entre 1950 et 1960, Sligo a semblé s'en désintéresser ou s'en méfier. Mais, depuis une ou deux décennies, Sligo commence à rattraper le temps perdu.

La ville de Sligo est la base idéale pour explorer le comté. Située sur la **Garavouge**, qui relie le Lough Gill à la mer, elle est entourée sur trois côtés de collines, dont la plus saisissante est **Benbulben**, au nord, au pied de laquelle le poète Yeats est enterré, à **Drumcliff**.

Yeats est devenu, si l'on peut dire, une industrie en pleine expansion dans la région ces dernières années. La **Yeats Summer School** (université d'été), qui ouvre chaque année au mois d'août, attire chercheurs et étudiants de pays aussi éloignés que le Japon et l'Australie. Sligo abonde en hôtels, pubs, salons de thé et bars portant le nom du poète.

A quelque distance de Drumcliff se trouvent la station balnéaire et l'excellent parcours de golf de **Rosses Point** et, de l'autre côté de la baie de Sligo, vers le sud, la petite station surannée de **Strandhill**, nichée entre le mont Knockarea et la mer.

La sépulture de la reine Maëve

Knocknarea est une autre colline saisissante de la région. Bien que son cône tronqué ne s'élève pas à plus de 300 m, il domine le paysage d'une façon mystérieuse. Il est couronné par un immense cairn (tumulus) formé d'environ 40 000 tonnes de rochers. On assure qu'il s'agit de la sépulture de Maëve, reine de Connacht, la première femme vraiment libérée de la mythologie irlandaise. Sa poursuite du Brown Bull (le taureau brun) de Cooley, et la guerre sanglante qui en résulta entre les armées de l'Ulster et de Connacht, est le sujet d'une des épopées les plus célèbres d'Irlande,

The Táin (disponible dans une excellente version anglaise due au poète Thomas Kinsella). Knockarea, qui signifie « colline des exécutions » en irlandais, se termine par une série de pentes abruptes et de précipices. A l'ouest se trouve **Carrowmore**, emplacement de l'une des plus grandes sépultures mégalithiques d'Europe. A l'est, on a une belle vue sur le lac du **Lough Gill**. On peut s'y promener en barque et accoster sur l'île qui inspira le plus beau poème lyrique de Yeats, *The Lake Isle of Inishfree* (*L'Ile du lac Inishfree*).

Un peu au nord de la ville de Sligo, sur la route de Bundoran, le champ d'une bataille dont le nom semble mythique, mais qui évoque un fait réel: la «bataille des livres». Elle eut lieu en 561 à Cuildrevne et opposa les partisans de saint Columba et de saint Finian sur une épineuse question de droits d'auteur. 4 000 hommes y perdirent la vie. Finian avait prêté un précieux psautier à Columba, qui le recopia subrepticement. Lorsque Finian s'en aperçut, il réclama son exemplaire, mais Columba le lui refusa. Finian demanda alors au roi suprême d'Irlande de rendre son jugement. Ce qu'il fit par cette phrase célèbre: *« A chaque vache son veau et à chaque livre son exemplaire. »* Colomba, exalté, ne voulut pas s'incliner, et les deux partis partirent en guerre. L'armée de Columba triompha mais son chef, saisi de remords, décida de faire amende honorable et de quitter l'Irlande définitivement. Après avoir construit un monastère à Drumcliff — dont des fragments existent encore — il fit voile vers Iona, en Écosse, et passa le reste de ses jours comme missionnaire.

Une île désertée

Plus au nord, dans le petit port de **Mullaghmore**, on peut louer des bateaux pour aborder sur l'**île Innishmurray**, à 6 km en mer, qui fut habitée jusqu'en 1947. Cette île abrite d'intéressants vestiges historiques: une des

Sur les côtes sauvages du comté de Sligo, près de Mullaghmore.

plus anciennes églises chrétiennes du pays, ainsi qu'une collection païenne de *Cursing Stones* (pierres de malédiction). Ces pierres rondes font l'objet d'une légende qui veut que personne n'ait réussi à les compter correctement deux fois de suite, bien qu'il n'y en ait en réalité qu'une quarantaine.

Ballymote, au sud du comté, est très fier de son vaste **château de Burgo**, orné de six tours, datant du XIVe siècle, et du **monastère franciscain** où le *Livre de Ballymote*, clé de l'écriture celtique d'Ogham — en usage du Ve au VIIe siècle —, fut rédigé en 1390.

Le monde préhistorique est aussi présent et l'on trouve à **Carrowkeel**, tout proche, au sommet d'une colline des **Bricklieve Mountains**, une impressionnante collection de dolmens à couloir. Des excavations sur ce site ont mis au jour des poteries et divers objets de la fin de l'âge de la pierre.

Le tour du lac de **Lough Arrow**, aux îles couvertes d'arbres, est vivifiant. Même ici, le passé est encore présent. Le **château de Ballinafad** a été construit à la fin du XVIe siècle pour défendre un défilé dans les **Curlew Mountains**. A Sligo, on le considère comme presque moderne.

Avant de faire route vers l'est en direction de Leitrim, il faut s'arrêter à **Lough Nasool** (le lac de l'Œil). Il disparaît régulièrement dans un entonnoir situé dans son lit et reparaît tout aussi inexplicablement.

La disgrâce du comté de Leitrim

Le **comté de Leitrim** n'a pas grand-chose à son crédit. Aucun écrivain ne l'a célébré ; William Thackeray l'a ignoré dans son *Irish Sketch Book* (*Croquis irlandais*). Sa superficie est modeste : 74 km de long sur une largeur de 29 km ; il possède seulement 3 km de côtes, coincées entre les plages de Sligo et de Donegal. Il est en majorité formé de collines, dont certaines atteignent 600 m. Mais la composition de son sol (schiste, grès et meulière) en fait un paysage de landes vallonnées peu remarquable.

.es chemins tranquilles de Leitrim.

Pour ajouter à ces disgrâces, Leitrim manque d'industries et de ressources naturelles, à l'exception d'une mine de charbon, non rentable, à **Arigna**. Il est en proie à une émigration incessante à destination de Dublin, de la Grande-Bretagne ou des États-Unis : c'est le seul de tous les comtés irlandais qui n'ait pas accru sa population depuis que l'émigration a été enrayée, dans les années 1960 ; au contraire, elle décroît et le pourcentage de personnes âgées est élevé.

Si Sligo a fait une entrée tardive sur la scène du tourisme, on peut dire que Leitrim tente encore d'y accéder. Les atouts ne manquent pourtant pas : le **Shannon**, un grand nombre de lacs, et des paysages qui n'ont pas été défigurés par le progrès.

Lough Allen (10 km de long sur 5 km de large) est l'un des trois grands lacs du Shannon. Il est entouré de collines ventées. Mais c'est un paradis pour les pêcheurs de perches, brochets, gardons et brèmes. La ville toute proche de **Drumshanbo** se spécialise d'ailleurs dans les articles de pêche ; c'est également un grand centre de musique irlandaise. Avec la vogue croissante de la navigation de plaisance sur le Shannon, la capitale du comté, **Carrick-on-Shannon**, en est devenue le principal centre. Cette activité est particulièrement appréciée par les touristes. On peut louer des bateaux à plusieurs cabines à Carrick-on-Shannon. La rivière et la plupart de ses lacs sont navigables jusqu'à Killaloe, au sud, à 22 km de Limerick.

Le désert du Donegal

La meilleure façon d'entrer dans le **comté du Donegal** est de prendre la route côtière, en passant par **Bundoran**. C'est une station balnéaire de style classique, très prisée des visiteurs du nord du pays. C'est aussi un centre de surf, grâce aux vagues que l'Atlantique fait déferler sur sa large plage. Au nord, la ville de **Ballyshannon** est située sur une colline dominant l'estuaire de l'**Erne**. Les chutes d'**Assaroe** sont proches. De là, en tournant à droite, vous arriverez au village de Pettigo, dont une moitié est en République d'Irlande et l'autre en Irlande du Nord.

A 8 km de Pettigoe, le **Lough Derg**, lac isolé et entouré de landes, est connu sous le nom de « purgatoire de saint Patrick ». La légende veut que ce saint y ait passé 40 jours à jeûner et à prier dans une grotte de Station Island, située à 1 km du rivage. C'est depuis des siècles un lieu de pèlerinage. Du 1er juin au 15 août, seuls les pèlerins sont admis sur cette île. Sa superficie est à peine d'un demi-hectare et l'on y trouve une basilique, une église et des hospices pour les pèlerins. Les pénitences durent trois jours, pendant lesquels un seul repas (pain sec et thé noir) est autorisé, avec quelques verres d'eau. Les pèlerins doivent être pieds nus durant leur séjour sur l'île, ils doivent réciter certaines prières devant les croix de saint Patrick et de sainte Brigitte en faisant le tour de la basilique et de chacun des lits de pénitence (ainsi appelle-t-on les restes des cellules de pierre des moines du début

Commérages dans un village du comté de Donegal.

de l'ère chrétienne). Et, de surcroît, la première nuit sur l'île est consacrée à une veillée dans la basilique et la plupart des pèlerins ne prennent aucun vrai repas avant d'être revenus chez eux.

Une ville-frontière

Donegal est un excellent point de départ pour visiter le sud de ce comté montagneux, le plus affecté par la partition de l'Irlande. A l'est vivent une grande proportion de fermiers et commerçants protestants qui tournent leurs regards vers l'Irlande du Nord.

Pour les habitants du nord de cette région, dont beaucoup parlent le gaélique, **Derry** (Londonderry pour les Anglais) était la capitale régionale. C'était le port d'où ils s'embarquaient vers l'Écosse, pour un travail saisonnier aux champs ou des emplois plus stables dans la construction de tunnels et de routes. Le journal local qu'ils lisaient — et lisent encore en majorité — était publié à Derry.

Enracinés dans leurs traditions orales, ils se sentaient chez eux à Derry comme à Glasgow. Ils s'intéressaient au Glasgow Celtic, le club de football écossais et, pendant les années où le club de Derry disparut à cause des violences, une nouvelle équipe, Finn Harps, fut mise sur pied à Ballybofey.

Les gens du sud du Donegal, plus éloignés de la frontière, se tournèrent naturellement vers Sligo. A 27 km de Donegal, la ville de **Killybegs** est le plus important port de pêche de la côte ouest. **Kilcar**, un peu plus loin à l'ouest, est le centre de l'industrie du tweed de la région. Un peu plus loin, le village de **Carrick** est le point de départ pour l'ascension du **Slieve League** (600 m). Il ne faut la tenter que si la journée est belle. Quand on a atteint le sommet des falaises, après une marche le long d'une étroite corniche, avec un à-pic de 550 m sur la mer, d'un côté, et un escarpement tout aussi abrupt de l'autre, on peut se reposer et profiter d'une vue

Bar dans le village de Dunfanaghy, dans le comté de Donegal.

s'étendant sur cinq comtés et l'immensité de l'océan.

Une visite au village de **Glencolumbkille** s'impose. Situé à l'extrémité d'une longue vallée riche en monuments remontant à l'ère préchrétienne, il tire son nom du patron de Donegal et de Derry, saint Columba ou Columbkille (la colombe de l'église). Vous pourrez visiter un village folklorique de quatre cottages illustrant diverses périodes de la vie irlandaise, meublés et décorés dans le style de l'époque, ainsi que le centre d'artisanat de la coopérative locale.

Un deuxième Gaeltacht

Pour aller vers le nord, la route la plus intéressante passe par Ardara et Glenties. **Glenties** a reçu plusieurs fois le prix annuel de la ville la plus soignée du pays. Elle est au confluent de deux vallons pittoresques ; c'est une cité florissante, avec des usines de tricot et de bonneterie. De là, la route conduit à une étendue rocheuse de 25 000 ha, entrecoupée de cours d'eau et de nombreux lacs, allant se perdre sur une côte parsemée d'îles. On l'appelle les **Rosses** (les îles nombreuses) et sa « capitale » est le village de **Dungloe**. **Burtonport**, non loin de là, est un port de pêche animé où arrivent plus de saumons et de homards que dans n'importe quel autre port du pays. De là, un service régulier de ferry-boats va sur l'île d'Arranmore, à 5 km du port.

La région qui s'étend jusqu'à **Fal Carrach** (Falcarragh) est un autre Gaeltacht (îlot linguistique où le gaélique demeure la langue dominante), dont le cœur est la paroisse de **Gaoth Dobhair** (Gweedore). L'endroit est réputé pour le zèle et l'habileté de ses habitants, dont beaucoup passent une partie de l'année à travailler en Écosse. Quand on la regarde de la route qui borde **Bloody Foreland** (la falaise sanglante) — ainsi nommée à cause des teintes que prennent ses pierres au crépuscule —, Gweedore semble une ville importante, particu-

L'île de Tory, au large des côtes du comté de Donegal.

lièrement la nuit, tant la masse de ses maisons est dense. Pour essayer de fournir des emplois sur place aux habitants de la région, l'organisation pour le développement du Gaeltacht a créé un groupe industriel dans la paroisse même. Il comprend un théâtre et les studios régionaux de la radio du Gaeltacht.

L'île de Tory

Tory, au large de Bloody Foreland, est à 14 km de la côte. Elle compte 200 habitants qui se sont groupés afin de refuser un projet pour leur relogement sur la terre ferme. C'est une communauté unique qui s'enorgueillit d'une école de peintres naïfs. Ceux qui se rendent à Tory doivent s'attendre à des surprises et il n'est pas facile de s'accoutumer au bruit qui y règne, même en été. Mais il est intéressant de voir une communauté isolée se battre pour conserver ses traditions et son identité. Actuellement, les habitants de Tory semblent gagner. Le premier pub de l'île s'est ouvert légalement en 1985 et, durant les mois d'hiver, une liaison par hélicoptère a lieu de temps en temps. Un simple coup d'œil sur la carte montre la profusion de beaux paysages que l'on rencontre sur le littoral très dentelé, entre **Horn Head** et la péninsule d'**Inishowen**. La péninsule de **Fanad**, de Milford à Fanad Head en revenant par Rathmelton, est bordée par une nouvelle route panoramique de 72 km de long.

Letterkenny, capitale du comté, est un bon point de départ pour visiter le nord du Donegal mais, en dehors de sa rue principale, l'une des plus longues de tout le pays, elle n'a guère d'intérêt.

Le cap Malin, le point le plus au nord de l'Irlande (mais politiquement, il est au sud).

Rochers et puits

A 11 km a l'ouest de la ville, un peu en dehors de la route, à **Kilmacrenan**, se trouve **Doon Rock**. C'est là qu'eurent lieu les fêtes d'installation des O'Donnel, chefs du Donegal jusqu'au début du XVIIe siècle. Bien qu'il ne faille pas grimper longtemps pour arriver à la roche plate du sommet, la disposition du terrain est telle que, du haut de ce rocher, le chef pouvait voir les limites de son royaume. Non loin de là se trouve un puits sacré: **Doon Well** aux prétendues vertus guérissantes.

La péninsule d'Inishowen est une région montagneuse, conduisant au **cap Malin**, le point le plus septentrional de l'Irlande et l'un des plus désolés. Une route de 160 km encercle ce paysage d'une beauté sauvage : elle est très bien signalisée. La ville principale est **Buncrana**, très prisée des habitants de Derry. Quant au village de **Malin**, également lauréat du concours des villages soignés, il est typique du Donegal: net, propre et un peu austère. A 16 km au sud de Buncrana, la plus intéressante relique du passé de l'Ulster est le **Grianán of Aileach** (Grianán signifie «palais du soleil»). C'est un fort concentrique remarquable, situé au sommet d'une colline de 240 m de haut. Il a été construit vers 1700 avant notre ère et fut, un temps, la résidence des rois de l'Ulster, les O'Neill.

La chaussée des Géants
Culdaff
Portsalon
Moville
Lough Swilly
Buncrana
Creeslough
Lough Foyle
N 56
Ramelton
N 13
Derry
Letterkenny
R. Foyle
Donegal
Stranorlay
Strabane
N 15
Portstewart
Portrush
Bushmills
Downhill
Coleraine
Ballymoney
A 26
Limavady
A 2
Derry
Dungiven
A 29
R. Bann
A 6
Portglenone
Sperrin Mountains
Tobermore
Draperstown
Toome
Castlederg
A 5
Newtownstewart
Tyrone
A 505
Cookstown
A 29
L. Derg
Omagh
Stewartstown
Lough Neagh
Pettigo
Belleek
Boa Island
Kesh
Dromore
Fintona
Dungannon
M 1
Lower Lough Erne
Irvinestown
A 5
A 4
Craigavon
Moy
Portadown
Garrison
A 32
Augher
Aughnacloy
Loughall
R. Bann
Clogher
Benburb
R. Blackwater
Tandragee
Fivemiletown
Armagh
Enniskillen
A 4
Caledon
A 3
Scarva
A 4
Lisbellaw
Markethill
Blacklion
Fermanagh
Monaghan
A 28
Upper Lough Erne
Lisnaskea
Keady
Armagh
A 32
N 54
Monachan
Swanlinbar
Clones
N 2
Leitrim
Castleblayney
Belturbet
N 3
Crossmaglen
Forkhill
N53
Dundalk

LES DEUX ULSTER

Il y a vingt ans, il vous aurait été difficile de dire à quel moment vous aviez traversé la frontière entre la République et l'Irlande du Nord. Il ne fallait pas de passeport. Quelques points de passage importants avaient des postes de douane mais, généralement, il suffisait d'un signe de la main pour les franchir.

Aujourd'hui, les passeports ne sont toujours pas obligatoires, mais de nombreux sentiers sur la frontière ont été bloqués par des murets de béton armé. Sur les routes autorisées, le premier contact du visiteur avec l'Irlande du Nord est un poste de garde de l'armée britannique : un bunker de béton gardé par un soldat armé et vêtu d'un gilet pare-balles. Les contrôles d'identité sont fréquents.

Un peu plus loin sur la route, vous pouvez croiser une patrouille de soldats à pied, fusils armés, le visage barbouillé de graisse de camouflage. Des hélicoptères de l'armée les transportent d'un point à un autre pour décourager les embuscades des terroristes. Dans chaque village, il est facile de repérer le poste de police : c'est une forteresse protégée par des sacs de sable, des fils de fer barbelés, des écrans antiroquettes ; du haut de leurs épais murs de béton, des caméras balaient les alentours. Tout cela ne prépare guère le visiteur à la chaleureuse hospitalité que les habitants réservent aux étrangers.

Une frontière au tracé incertain

La frontière se fraie un chemin à travers des terres cultivées, dont les tracés remontent au XVIIIe siècle. Elle ne tient pas compte des frontières naturelles comme les rivières, ni des différences culturelles qui séparent les catholiques, favorables aux républicains, des protestants, proches des Britanniques. Une paroisse, une maison peuvent se trouver à cheval sur la frontière et l'on dit, dans ce cas, que ses habitants y dorment la tête dans le

Royaume-Uni et le cœur en République d'Irlande.

Il avait été décidé en 1922, après la partition, que la frontière serait redessinée rationnellement et une commission avait été créée à cet effet. Mais le gouvernement britannique, espérant éviter de nouveaux troubles, supprima le rapport de cette commission. S'il avait agi différemment, il n'y aurait peut-être pas aujourd'hui de patrouilles en armes et de postes de police fortifiés. Une situation très confuse fut ainsi créée. Alors que l'ancienne province irlandaise d'Ulster comprenait neuf comtés, le nouvel État d'Irlande du Nord — couramment appelé Ulster — n'en compte que six: **Antrim**, **Down**, **Armagh**, **Derry**, **Fermanagh** et **Tyrone**. Cependant, les trois comtés qui furent attribués à la République, **Donegal**, **Cavan** et **Monaghan**, sont toujours unis aux six autres par de solides liens de famille et d'affaires. La frontière est par conséquent une sorte d'abstraction. Et, de fait, il est difficile de la prendre tout à fait au sérieux quand les États qu'elle sépare ne peuvent même pas s'accorder sur sa longueur, la République assurant qu'elle est de 448 km et les autorités d'Irlande du Nord soutenant qu'elle est de 485 km.

Nous avons inclus le Donegal dans le chapitre précédent et traiterons ici les huit autres comtés de l'ancien Ulster. Malgré les conflits qui ont déchiré cette province, il est possible de s'y promener librement. Comme l'a fait remarquer l'Office du tourisme de l'Irlande du Nord, son domaine se compose en réalité de 1 200 trous de golf, avec un certain nombre de villes et de villages éparpillés tout autour.

Douceur du Monaghan

Clones (prononcer Clonesse) illustre les tristes conséquences de la partition d'une petite île. C'est une petite ville agricole du comté de Monaghan. Son fils le plus célèbre est Barry McGuigan, le Cyclone de Clones, champion du monde de boxe (poids plume) en 1985.

Pages précédentes, la Chaussée des Géants, dans le comté d'Antrim. Ci-dessous, route barrée à la frontière, à Fermanagh.

Fermanagh Street est l'artère commerçante de Clones. Mais la partition a supprimé son rôle de centre ferroviaire important, et les troubles récents ont atteint son commerce, car les gens du Nord sont moins enclins à traverser la frontière surveillée par l'armée. En outre, les deux tiroirs-caisses sur la plupart des comptoirs des magasins accentuent la différence entre les deux monnaies. Depuis que la livre irlandaise (ou *punt*) a rompu ses liens avec la livre britannique, vers 1970, elle est la plus faible des deux, rendant ainsi les prix du Sud plus élevés que ceux du Nord.

Les vestiges d'une abbaye augustinienne du XIIe siècle, **la Wee Abbey** (la Petite Abbaye), sont dans Abbey Street. Sur la place du marché s'élève une haute croix sculptée du Xe siècle. Dans le cimetière, près d'une tour ronde de 23 m, se trouve un sarcophage sculpté ; on peut se procurer la clef du cimetière au pub Patton, tout proche. La ville conserve de nombreuses demeures georgiennes du XVIIIe siècle ; et, dans la campagne, quelques « Big Houses » témoignent de la gloire passée de l'*Ascendency*.

Monaghan est le centre administratif du comté du même nom. A 19 km au nord-est de Clones, la ville abrite un marché couvert (1792), la cathédrale **St. Macartan's** (XIXe siècle), de style néogothique et un musée sur la préhistoire et l'artisanat local.

Au sud, **Ballybay** et **Castleblayney** n'ont rien de remarquable, si ce n'est leur proximité de **Lough Major** et de **Lake Muckno**, plans d'eau poissonneux autour desquels sont aménagés des sentiers forestiers et des aires de pique-niques. Plus au sud, **Carrickmacross** est réputé pour sa dentelle et, juste à l'extérieur du village, ses quelques grottes calcaires.

Croisière à Cavan

Le comté de Cavan, enserré dans les terres, est le trait d'union entre les deux Irlandes : deux cours d'eau y prenant leur source, le **Shannon**, coulant

Bienvenue en Ulster !

vers le sud jusqu'à l'Atlantique, et l'**Erne**, coulant vers le nord jusqu'aux splendides lacs du Fermanagh. Ils sont tous deux parfaits pour la navigation de plaisance.

La ville de **Cavan** est le site d'un monastère franciscain du XIVe siècle, dont seul subsiste le beffroi. La cathédrale catholique date de 1942. La cristallerie présente ses créations en verre soufflé.

En faisant le tour du comté, partant de Cavan vers l'ouest et le nord, vous passerez par **Arvagh**, village paisible au bord du Lough Garty ; **Cornafean**, où Corr House est un musée régional installé dans une ancienne porcherie ; **Killeshandra**, au bord de Lough Oughte ; **Dowra**, près du Black Pig's Dyke (muraille du Cochon noir), sans doute ancien mur-frontière de terrassement ; **Blacklion**, hameau entouré de nombreux cairns et habitations préhistoriques en forme de ruche ; et **Butlersbridge**. Un circuit par l'est et le sud couvrirait : **Cootehill**, avec sa splendide maison palladienne construite pour la famille Coote, en 1730, à Bellamont Forest ; **Shercock**, où l'écrivain Richard Brinsley Sheridan vécut un certain temps ; **Kingscourt**, dont l'église catholique possède quelques vitraux célèbres ; **Bailieborough**, avec sa belle rue principale ; **Virginia**, ancienne ville de garnison ; enfin, **Ballyjamesduff**, avec son marché couvert de style.

Le folklore est très vivant dans cette région. A la fin des années 60, par exemple, des milliers de personnes, venues de tout le pays, se pressaient chaque semaine à **Lough Gowna**, un hameau retiré où un adolescent de 17 ans était censé avoir un pouvoir de guérisseur, en sa qualité de « septième fils d'un septième fils ».

De l'autre côté de la frontière

Fermanagh, adjacent aux comtés de Monaghan et de Cavan, a bien des points communs avec eux, particulièrement son rythme de vie. Politiquement, il fait partie de l'Irlande du Nord, c'est le royaume des lacs de la

Le Lower Lough Erne.

province ; plus d'un tiers de sa superficie est occupée par les eaux. La capitale du comté, **Enniskillen**, est un fief protestant depuis l'époque des Tudor. Elle est bâtie sur une île, entre deux bras de l'Erne, **Upper** et **Lower Lough Erne**.

L'importance stratégique de la ville est attestée par **Enniskillen Castle**, dont les parties les plus anciennes datent du XVe siècle. Le château abrite deux musées, l'un sur la préhistoire, l'autre consacré aux reliques militaires.

Pour apprécier les charmes de la région, il suffit de faire le tour du Lower Lough Erne. A 5 km au nord-ouest d'Enniskillen, **Devenish Island** est accessible par bateau depuis la ville. C'est la plus connue des 97 îles de ce lac, en raison de sa tour ronde, élaborée et bien préservée. Tout près s'élèvent les ruines de l'abbaye augustinienne **Sainte-Marie** (XIIe siècle). Quelques kilomètres plus loin, sur la rive nord du lac, **White Island** abrite une église du XIIe siècle ; le long d'un de ses murs sont alignées huit mystérieuses statues païennes, découvertes seulement au XXe siècle.

Après le village de **Kesh**, son école moderne de voile et son poste de police fortifié, se trouve la plus étrange de toutes les figures de pierre anciennes : la **statue de Janus** à deux faces, sur Boa Island. Il faut chercher un petit panneau indiquant « Caldragh Cemetery », puis descendre un sentier de ferme pour arriver dans un champ de pierres tombales, dévorées par la mousse, au centre desquelles se cache l'impénétrable visage celtique. Une autre figure de Janus a été découverte sur la petite île de **Lustybeg**, près de Kesh.

Pèlerins et pique-niques

En suivant les rives du lac, vous atteignez **Pettigo**, jadis point de départ des pèlerins se rendant aux lieux saints du Lough Derg, juste au-delà de la frontière, dans le comté de Donegal. La Termon, qui traverse Pettigo, marque aujourd'hui la frontière. Un chêne,

planté, en 1853, à une extrémité du pont, célèbre la victoire britannique de Sébastopol. De l'autre côté du pont, une statue rappelle le sacrifice de quatre hommes de l'IRA, morts en combattant les Britanniques en 1922.

Castle Caldwell, château du XVe siècle en ruine, sur la rive du lac, s'élève au milieu d'un parc forestier. Vous y verrez un « Fermanagh Cot » long de 10 m : c'est une barge de bois utilisée pour transporter le bétail d'une île à l'autre dans Upper et Lower Lough Erne. Le souvenir d'un violoneux qui, ayant trop bu, tomba d'une barge et se noya dans le lac est évoqué par un monument en forme de violon sur lequel est gravé un poème se terminant ainsi : *« Sur la terre ferme exerce ton talent, tu pourras y jouer et boire ton content. »*

De Belleek à Castlecoole

La frontière atteint encore l'Erne à **Belleek**, où les pêcheurs assurent qu'on peut attraper un saumon dans la République et le rapporter en Irlande du Nord.

Le village est réputé pour sa **fabrique de porcelaine**, qui utilise du feldspath importé de Norvège. Pour 50 pence vous pouvez regarder les artisans assembler les vases satinés, au milieu de statuettes de Jésus-Christ et d'affiches proclamant : *« Nous soutenons les grévistes de la faim. »* Dans cette zone frontière, il n'est pas facile d'échapper à la politique.

Vous pouvez prendre la route pittoresque de la rive sud du lac pour revenir à Enniskillen. Vous vous arrêterez à **Lough Navar Forest**, d'où un point de vue permet d'apercevoir cinq comtés. A Monea, à 6 km de la route, se trouve une forteresse du XVIIe siècle bien conservée.

« Plus de 300 millions d'années d'histoire » — tel est le slogan utilisé pour faire connaitre les **Marble Arch Caves**, vaste réseau de grottes calcaires contenant de remarquables stalactites. Une visite de 1 h 30 comprend une promenade souterraine en bateau. Le *Moses Walk* (passage de Moïse) est une chaussée passant à travers un lac, avec plus de 1 m d'eau de chaque côté. Les grottes sont ouvertes de mars à octobre ; on peut y accéder en suivant la route A-4, au sud-ouest d'Enniskillen, pendant 5 km, puis en prenant la A-32 en direction de Swalinbar.

A 3 km au sud-est d'Enniskillen, **Castlecoole** est la plus belle demeure de style classique d'Irlande. Construite en 1790, elle appartient aujourd'hui au *National Trust* et a été largement rénovée. Dans le vaste parc s'étale un lac qui abrite depuis 300 ans un troupeau d'oies cendrées.

Tyrone l'inconnu

Lorsque vous arrivez à **Omagh**, capitale du comté de Tyrone, à 43 km au nord-est d'Enniskillen par la A-32, les divisions religieuses de l'Irlande du Nord sont très apparentes. Sur la droite, l'église presbytérienne ; sur la gauche, l'église méthodiste ; plus loin, Saint-Columba, dévolue à l'Église d'Irlande ; puis les flèches gothiques de l'église du Sacré-Cœur (catholique), une

La statue de Janus sur l'île de Boa.

cathédrale de Chartres du pauvre. Il y en a beaucoup d'autres. Omagh est au confluent du Camowen et du Drumragh, qui se réunissent pour former la Strule. De nombreuses boutiques proposent, en dehors des habituels articles en lin irlandais, des plaques et des statuettes faites avec la tourbe provenant du **Black Bog** (la tourbière noire), située entre Omagh et Cookstown, à 43 km à l'est.

Cookstown, le centre exact de l'Irlande du Nord, est renommée pour sa grand-rue de 3 km de long et de 50 m de large. On peut l'apercevoir de très loin, grâce à la flèche de son église catholique, de style gothique, haute de 61 m. La ville (6700 habitants) a une forte tradition nationaliste, entretenue dans ses pubs à l'ancienne mode. Les ventes d'animaux sur pied donnent une idée de l'amabilité bourrue des campagnards de l'Ulster. Un golf de 18 trous occupe le parc de **Killymoon Castle**, dont les tours et les remparts ont été dessinés en 1803 par John Nash.

Autour de ces deux villes sont disséminés beaucoup de sépultures et de cercles de pierres de l'époque néolithique (notamment les **Beaghmore Stone Circles**, très impressionnants), que la tourbe a conservés depuis des millénaires, ainsi que des villages comme **Clogher** et **Coagh**, **Moneymore** et **Pomeroy**, réputés pour leurs excellents musiciens traditionnels, et une grande variété d'architecture ecclésiastique. Certains villages paraissent un peu éteints, en raison du chômage chronique. Mais il ne faut pas oublier ce qu'a écrit John Broderick dans *The Pilgrimage* (*Le Pèlerinage*) : *« Le citadin qui passe à travers un bourg de la campagne et s'imagine qu'il est endormi et apathique est bien loin de la vérité : il est aux aguets, comme dans la jungle. »*

Le pays des présidents américains

Durant les périodes de crise économique au siècle dernier, l'esprit d'entreprise des habitants de la région,

Les grottes de Marble Arch.

presbytériens, originaires d'Écosse, poussa un grand nombre d'entre eux à chercher fortune aux États-Unis. Les résultats furent remarquables et l'Irlande du Nord s'enorgueillit de ce que 11 présidents américains y ont leurs racines : Andrew Jackson, James Knox Polk, James Buchanan, Andrew Johnson, Ulysses S. Grant, Chester Alan Arthur, Grover Cleveland, Benjamin Harrison, William McKinley, Theodore Roosevelt et Woodrow Wilson.

Une famille de banquiers de Pittsburgh, les Mellon, ayant retrouvé la trace de ses origines à **Camphill**, à 6 km au nord d'Omagh, a doté le village d'un parc folklorique. Pour mieux faire comprendre le chemin parcouru par les émigrants, des maisons d'artisans, une école, une forge et une salle de réunion presbytérienne de l'Ancien Monde ont été reconstruites sur une tourbière, le long de cabanes de bûcherons, ainsi qu'une ferme de Pennsylvanie avec ses dépendances et un chariot couvert du Nouveau Monde. Un feu de tourbe brûle en permanence dans les cottages pour ajouter à l'authenticité, et on y fait régulièrement des démonstrations de fabrication de bougies, de salage du poisson et de ferrage des chevaux. Une salle d'exposition abrite une reconstitution de la grand-rue d'une ville de l'Ulster au début du siècle, sa quincaillerie offrant des chaufferettes et des lampes à pétrole, et sa pharmacie des remèdes d'époque : emplâtres et sinapismes.

Des filatures autrefois prospères

Avec la récession dans l'industrie textile, autrefois florissante en Ulster, certains villages ont à nouveau connu des temps difficiles. C'est le cas de **Draperstown** (construit en 1818 par la Compagnie des drapiers de Londres), situé dans les montagnes de Sperrin aux teintes bleues, riches en vestiges archéologiques. Il en est de même pour **Dungannon**, à 21 km au sud de Cookstown, qui était autrefois le fief du grand clan des O'Neill. A 5 km au

Le passé revit au parc folklorique de l'Ulster.

nord-est, le nom de **Coalisland** (l'île du Charbon) et des buttes d'argile sont tout ce qui reste d'un bassin houiller qui n'a jamais pu tenir ses promesses.

Sion Mills, à 27 km au nord-ouest d'Omagh, est encore un village dont le nom (Filatures de Sion) témoigne de son activité passée. Les vieux cottages des tisserands sont pleins de charme. L'église paroissiale du Bon-Pasteur est un édifice de style italien saisissant, contrastant avec l'architecture moderne de l'église catholique de Sainte-Thérèse.

A 5 km plus loin sur la A-5, voici **Strabane**, ville-frontière couplée avec Lifford, du côté du Donegal. C'est là, à la Gray's Printing Press (Imprimerie Gray), conservée par le National Trust, que John Dunlap, l'imprimeur de la Déclaration d'indépendance américaine, apprit son métier. C'est une ville sympathique, en dépit des nombreux bombardements terroristes qu'elle a subis et de son taux de chômage avoisinant les 50 %.

Les murs du vieux Derry

A 24 km au nord, **Londonderry** est, elle aussi, très accueillante ; même dans ses conflits religieux, elle est nettement moins tendue que Belfast. Si Thomas Carlyle, écrivain écossais du XIXe siècle, revenait aujourd'hui, il ne pourrait plus l'appeler *« la plus jolie ville que j'ai vue en Irlande »* ; les portes de nombreuses maisons délabrées ont été murées de briques et des écrans de sécurité protègent les devantures des magasins.

La croissance de la ville, sur le vaste estuaire de la Foyle, a été financée par les guildes de Londres qui, en 1614, l'ont ceinturée de murs. C'était à l'époque une ville de marchands et l'on peut encore voir des souvenirs de son optimisme économique sur les façades ornementées des vieilles manufactures de chemises. Pour bien marquer leur rejet des liens de Londonderry avec l'empire britannique, les nationalistes locaux raccourcissent toujours son nom en « Derry ».

Maison des ancêtres du président Wilson, à Dergalt, dans le comté de Tyrone.

Les remparts eux-mêmes, de 6 m d'épaisseur, avec leurs tours de guet et leurs canons, comme le **Roaring Meg** (Meg la Rugissante), avec ses obus de 18 livres, datant de 1642, sont toujours parfaitement intacts.

Les deux sièges que la ville a subis au XVIIe siècle n'ont pu ébranler ses murs et lui ont valu le surnom de « ville vierge ». Certains assurent qu'elle a conservé une mentalité d'assiégée, renforcée par le slogan de l'IRA : *« Vous êtes à Free Derry »*, (Derry libre). Ce nom fut donné à un quartier catholique, le **Bogside**, dont les nombreux habitants se barricadèrent pour ne pas laisser entrer la police après le début des troubles, en 1969.

Avant la partition, l'arrière-pays naturel de Londonderry était le Donegal ; il est resté un refuge pour les terroristes en fuite et pour les buveurs désireux d'échapper aux dimanches « secs » de l'Irlande du Nord. Après la partition, le gouvernement unioniste a fixé les limites des circonscriptions électorales de façon à s'assurer une majorité permanente dans ce qui était une zone nettement nationaliste. Se sentant exclus de la prospérité des comtés de l'Est, les citoyens de Derry ont cultivé un ressentiment qui a fini par exploser, en même temps qu'un merveilleux esprit communautaire.

La ville des orangistes

Le siège le plus fameux — toujours commémoré par un défilé protestant — eut lieu en 1689, lorsque les forces catholiques de James II, le dernier roi Stuart d'Angleterre, imposèrent un blocus de quinze semaines aux partisans protestants de Guillaume d'Orange. Il faillit réussir à les soumettre. Près de 7 000 personnes, sur les 30 000 entassées à l'intérieur des murs de la ville, moururent de faim ou de maladie. La délivrance finale de la cité est représentée sur le vitrail commémoratif de **St. Columb's**, cathédrale anglicane du XVIIe siècle, bâtie dans le style gothigue « Planters ». La salle du chapitre renferme des souvenirs du siège. Extra-muros, au sud-ouest de la vieille ville, se dresse **St. Columb's Church**, construite en 1784, connue sous le nom d'« église à la haute tour ». Les rues partant des quatre portes percées à l'origine dans les remparts convergent sur **le Diamond**, place du marché carrée, située tout en haut de **Shipquay Street**, la rue à la pente la plus raide de tout le pays. Contrastant avec le style en majorité georgien de la rue, des arcades commerçantes de style américain sont été construites, dont l'éclat a été légèrement terni par l'explosion d'une voiture piégée dans le voisinage. Au bas de Shipquay Street, le **Guildhall**, l'un de ces bâtiments de style Tudor-gothique fréquents en Irlande du Nord, témoigne de l'influence des marchands de Londres. Sa grandeur a également souffert des événements. Il a été le témoin d'un curieux incident : un conseiller municipal nouvellement élu, entrant dans cet hôtel de ville, s'avéra être celui qui en avait fait sauter une partie 13 ans plus tôt. Il déclara que la

bombe qu'il avait lancée, de même que son élection au conseil municipal, était un acte politique.

Derrière le Guildhall se trouvent les quais, chantés par les centaines de milliers d'émigrants ayant descendu la Foyle après s'y être embarqués à destination d'une vie nouvelle en Amérique. En réaction, peut-être, aux difficultés économiques revenues aujourd'hui, les activités communautaires ont connu un regain de faveur, spécialement dans le domaine artistique. Les enthousiastes du cru vous diront que Londonderry est la première ville d'Europe occidentale à affronter les réalités de l'âge postindustriel.

La côte et les géants

La A-2 quitte Londonderry et longe Lough Foyle, en passant par **Ballykelly**, bâtie à l'origine par la Compagnie londonienne des poissonniers, aujourd'hui fréquentée par le personnel d'une base de l'armée toute proche, qui posssède quelques belles églises. **Limavady**, la capitale du district, rappelle l'Irlande georgienne, avec ses vieux porches pleins de charme et le **Rope Bridge**, pont à six arches, de 1700. Le marché aux bestiaux du lundi, existant depuis le tout début du XVIIe siècle, s'est maintenu dans Main Street. Une mélodie célèbre, le *Londonderry Air*, y fut notée en 1851, par une certaine miss Jane Ross qui l'avait entendu jouer par un violoneux ambulant.

Ignorez la route directe vers Coleraine, prenez le détour de 32 km sur la A-2 passant par **Magilligan Strand**, la plus longue plage d'Irlande. Sur ses 12 km de beau sable fin et de dunes, on peut voir des oies sauvages, des cols-verts, des sarcelles, des sternes, et 120 sortes de coquillages. Au début de la plage se trouve une **tour Martello** (fort circulaire) aux murs épais de 3 m, datant des guerres napoléoniennes. Les barbelés et les tours de guet du camp de prisonniers de Magilligan, vide aujourd'hui, mais utilisé dans les années 70 pour

Un drapeau britannique dans une rue ouvrière de Londonderry.

interner les présumés terroristes, rappellent les troubles plus récents de la province.

Plus loin sur la A-2, sur un promontoire battu par les vents, les ruines massives de **Downhill Castle** dominent l'horizon. Le **Mussenden Temple**, dangereusement perché près d'une falaise haute de 60 m, abrita jadis la bibliothèque d'un évêque excentrique et, peut-être, sa maîtresse ; il s'inspirait des temples de Vesta de Tivoli et de Rome. Dans la **forêt de Downhill**, on peut faire de jolies promenades.

Coleraine et Dunluce Castle

Coleraine, une ville de marché sans éclat sur la Bann, est le siège de la nouvelle université d'Ulster, fondée en 1968. Portstewart et Portrush, deux stations balnéaires voisines, sont plus vivantes. **Portstewart** est assez calme, c'est une petite ville victorienne avec des plages sûres et de grandes facilités pour la pêche au gros. **Portrush** est plus exubérante, on y trouve des arcades pleines d'attractions, des boutiques de souvenirs, des pensions de famille, un terrain de jeux pour enfants et deux parcours de golf de compétition. Les bons marcheurs peuvent emprunter le **North Antrim Coast Path** (sentier côtier du nord de l'Antrim), à Portstewart Strand ; il fait partie de l'Ulster et se prolonge vers l'est sur 64 km, jusqu'à **Murlough Bay**.

A près de 5 km de Portrush, sur la route côtière, se trouvent les ruines pittoresques de **Dunluce Castle**. En équilibre sur un promontoire rocheux, cette forteresse du XIVe siècle est immense et spectaculaire. Le romancier William Makepeace Thackeray évoquait *« ces tours grises de Dunluce, dressées sur un roc de plomb semblant abriter une vieille vieille princesse de vieux vieux contes de fées, gardée par un dragon »*. Dans le cimetière de l'église voisine, en ruine, sont enterrés des marins de la galéasse espagnole *Girona*, de l'Invincible Armada, qui fit naufrage sur des rochers des alentours en 1588, avec 1 300 hommes à son

Portstewart, station discrète.

bord et ne fut localisée au fond de la mer qu'en 1967.

La **distillerie de Bushmills**, quelques kilomètres plus loin, se targue d'avoir la plus ancienne licence de fabrication de *whiskey*, accordée en 1609. Old Bushmills, Black Bush et Bushmills Malt, faits à partir d'orge locale et d'eau de St. Columb's Rill, peuvent être dégustés au cours de la visite.

La chaussée des Géants

Quand le vent souffle de l'Atlantique, une goutte de cette noble liqueur sera un merveilleux fortifiant avant une visite à la **Giant's Causeway** (la Chaussée des Géants), à 3 km du village. L'existence de la chaussée, avec ses 37000 stupéfiantes colonnes de basalte, la plupart parfaitement hexagonales, formées par le refroidissement des laves en fusion, n'a été connue du monde qu'en 1692, lorsqu'un évêque de Derry la découvrit par hasard.

Les Irlandais y voient une origine mythique : des géants auraient jeté ces pierres dans la mer pour pouvoir traverser à pied jusqu'aux terres d'Écosse. Aujourd'hui, cette curiosité géologique est accessible aux touristes, mais quelques visiteurs sont parfois déçus, car ils s'attendent à ce que les colonnes soient plus hautes : les plus élevées, dans le *Giant's Organ* (l'orgue des Géants), ont environ 12 m.

A l'extrémité est de la chaussée se trouve **Dunseverick Castle**, vestiges d'une forteresse du VIe siècle perchée sur un rocher en surplomb, au-dessus d'un port de pêche pittoresque. Après **Whitepark Bay**, jolie plage en croissant de lune, et **Ballintoy Harbour**, très prisé des artistes, la route passe près de **Carrick-a-rede Rope Bridge**. Ce pont de corde suspendu à 20 m au-dessus d'une faille, menant à une pêcherie de saumon, offre une vue admirable, mais il n'est pas recommandé à ceux qui souffrent du vertige.

La Chaussée des Géants, extraordinaire géométrie de basalte.

Le théâtre des premiers essais de télégraphie sans fil

Le meilleur moment pour se rendre à **Ballycastle**, tout proche, est celui de la Ould Lammas Fair, qui se tient les derniers lundi et mardi d'août. Cette ville, que l'industrialisation a laissée intacte, devient alors un marché très animé ; les fermiers à l'accent incompréhensible amènent le bétail de leurs vallons, des centaines d'éventaires proposent des souvenirs, du bric-à-brac, des *dulse*, algues séchées à déguster, et des *yellowmen*, friandises jaunes. La grande attraction est *the crack*, la conversation émaillée de « craques », égayée par un ou deux verres de Bushmills.

Sur la grève, une stèle commémore l'endroit où, en 1898, Marconi fit les premiers essais sérieux de télégraphie sans fil. C'est de là qu'il réalisa sa transmission historique jusqu'à **Rathlin Island**, à 13 km de la côte en direction de Mull of Kintyre, en Écosse. Cette île en forme de boomerang, dont la population est tombée de 2000 à 100 habitants en moins d'un siècle et demi, vit de l'agriculture et de la pêche. Elle attire les botanistes, les géologues et les amateurs d'oiseaux (on y trouve environ 10 000 oiseaux de 175 espèces différentes, dont 79 s'y reproduisent). Les traversées quotidiennes se font par beau temps, sur un petit bateau, mais si la mer est grosse vous pouvez attendre quelques jours à Rathlin : il y a un pub et un hôtel.

Juste à l'est de Ballycastle, **Bonamargy Friary** est un couvent franciscain en ruine fondé aux environs de 1500. Une crypte contient les cercueils massifs de plusieurs chefs des MacDonnell qui résistèrent victorieusement aux armées de la reine Elizabeth Ire. Près de là, **Corrymeela Community House** est un centre de vacances et de conférences interconfessionnelles, dont l'idéalisme contraste avec le cynisme politique prépondérant en Irlande du Nord.

La route côtière d'Antrim

Après Ballycastle, on peut descendre la côte le long de la mer d'Irlande ou bien plonger au cœur du comté d'Antrim. Les agréments du premier itinéraire sont des échappées spectaculaires sur des landes brunes, des calcaires blancs, des basaltes noirs, du sable rouge et une mer bleue tout le long de la route côtière d'Antrim. Belle réalisation du génie civil, elle fut destinée, en 1834, par sir Charles Lanyon à lutter contre la famine et à désenclaver la région, dont les habitants préféraient prendre la mer jusqu'en Écosse plutôt que d'aller par voie de terre dans le reste de l'Irlande.

A divers endroits de cette route, vous pouvez vous diriger vers l'un ou l'autre de neuf vallons célèbres : **Glenarm**, **Glencloy**, **Glenariff**, **Glenballyeamon**, **Glenaan**, **Glencorp**, **Glendun**, **Glenshesk** et **Glentaisie**, et pénétrer ainsi dans un autre monde. C'est un univers de fermiers hâlés, vêtus de tweed et de pantalons avec des poches aux genoux ; de ventes de moutons solennellement menées par des commissaires-priseurs au débit de mitrailleuse ; un monde où règne un dialecte déconcertant, où la « rosée des montagnes », la *poteen*, est distillée dans des coins déserts.

La fameuse route panoramique côtière commence à Cushendun, à 19 km de Ballycastle, sur la A-2, juste après l'imposant **viaduc de Glendun** (1839). **Cushendun** est un charmant village aux cottages blancs évoquant la région des Cornouailles, aux vieilles maisons gracieuses et aux pubs accueillants ; il a été peint très fréquemment, et le National Trust le sauvegarde dans sa totalité.

A 8 km au sud, **Cushendall**, la « capitale des vallons », a été presque entièrement créée au XIXe siècle par un riche propriétaire terrien, Francis Turnly. Son édifice le plus frappant est la **Curfew Tower** (tour du Couvre-feu) de quatre étages, en grès rouge, bâtie pour servir de « lieu de réclusion pour les oisifs et les émeutiers ». La plage est agréable ; on y pratique la voile.

Juste au nord, la **Layde Old Church** (XIIIe siècle), où les anciennes cryptes sont intéressantes. Après la plage de sable incurvée de **Red Bay**, on arrive au village de **Waterfoot** où, chaque année au mois de juillet, se tient un

Dégustation d'algues séchées à la foire de Ballycastle.

festival de danses et de chants irlandais. C'est aussi la porte d'entrée dans la vallée de Glenariff, profonde gorge boisée décrite par Thackeray comme *« une Suisse miniature »*. Des fleurs sauvages tapissant le sommet du vallon au printemps et au début de l'été et des ponts rustiques au-dessus de cascades en font le charme.

Carnlough, vers le sud, possède un beau port et, enjambant sa grand-rue, un pont blanc construit en 1854 pour acheminer le calcaire depuis les carrières jusqu'aux bateaux à quai. L'hôtel Londonderry Arms (également de 1854) a gardé le charme d'un ancien relais de poste. **Glenarm** possède un beau parc, jouxtant un château prétentieux, résidence des comtes d'Antrim. **White Bay** est une zone de pique-niques, autour de laquelle on peut trouver de petits fossiles. **Ballygalley** possède un manoir fortifé de 1625 (transformé en hôtel).

De là, la route court vers **Larne**, un port d'où partent chaque jour de nombreux ferries, le reliant à Stranraer, en Écosse, en 70 minutes. Le vieil hôtel de ville de Cross Street abrite un centre historique exposant des ustensiles et des photographies du début du siècle.

Larne, point de départ des ferries pour l'Écosse.

Les influences de l'Écosse

Si vous traversez l'intérieur des terres en partant de Ballycastle, vous verrez la région agricole assez prospère située à l'est de la **Bann**. Cette longue rivière, trop peu utilisée, coulant du sud-ouest de la province, à travers le Lough Neagh, jusqu'à l'Atlantique, près de Portstewart, est une ligne de démarcation rudimentaire entre les comtés de Derry et de Tyrone, à l'ouest, où prédominent les catholiques nationalistes, et les comtés d'Antrim et de Down, à l'est, où la majorité est protestante et unioniste. Dans une ville de marché animée comme **Ballymoney**, des tournures de phrases archaïques qui auraient été familières à Shakespeare viennent tout naturellement dans les conversations quotidiennes, souvenir des Écossais presbytériens qui s'y établirent au XIIe siècle.

Comme dans le reste de l'Ulster, les églises sont au premier plan. Ainsi, il y en a une sur chacune des quatre routes menant à un petit village comme **Dervock**, à 6 km au nord de Ballymoney, demeure des ancêtres du président américain McKinley, assassiné en 1901. La légende veut que cette disposition stratégique des églises éloigne le diable. Les gens du lieu disent que cela le maintient peut-être sur place.

Ballymena, à 30 km au sud-est de Ballymoney, est le centre des affaires, résolument protestant, du comté d'Antrim. Et, peut-être en raison de la forte influence écossaise, on l'a surnommée « la ville la plus avare d'Irlande ». **Antrim**, capitale du comté, à 18 km au sud-est, possède une tour ronde presque intégralement préservée, datant de plus de 1 000 ans, et l'**Antrim Castle Demesne** (château du domaine d'Antrim), qui ressemble à un mini-Versailles. Son parc descend jusqu'aux rives du Lough Neagh, le plus vaste lac, non seulement d'Irlande (27 km sur 18), mais aussi des îles Britanniques.

Comme ses abords sont marécageux, il y a peu de points d'accès à ce lac. Mais la voile et le ski nautique commencent à s'y développer, avec les marinas de **Ballyronan**, sur la rive ouest, et **Oxford Island**, sur la rive sud. Une importante pêcherie d'anguilles est installée à **Toome**, où elle emploie 400 personnes.

On peut avoir une vue plus gaie du lac depuis les locomotives à vapeur de **Shanes Castle Railway**, une petite ligne de chemin de fer à voie étroite dans une propriété privée, sur la rive nord, près de **Randalstown**, qui possède également un parc pour les cerfs et une réserve naturelle.

Le comté d'Armagh : le royaume des bandits

Au sud-ouest du Lough Neagh, **Dungannon** est une petite ville tranquille, avec ses filatures et son marché. Au sud s'étend le comté d'Armagh, traditionnellement appelé « la pommeraie d'Irlande », et, plus récemment, en raison des activités terroristes près de sa frontière avec la République, « le comté des bandits ».

La capitale du comté, **Armagh**, avec ses 12 000 habitants, est bien le symbole des nombreux problèmes de l'Irlande du Nord. Ses deux belles cathédrales, l'une catholique, l'autre protestante, toutes deux dédiées à saint Patrick, se trouvent sur deux collines en vis-à-vis, comme les deux termes d'une alternative, dit-on. Les deux communautés résident dans des quartiers bien délimités de la ville et se comportent en majorité comme si elles ne vivaient pas sur la même planète. Des voitures piégées ont gravement endommagé l'une des plus belles architectures georgiennes du pays.

Mais il y a encore beaucoup à voir. A l'une des extrémités d'un **Mall** (parc) ovale, terrain de cricket en été, et de rugby l'hiver, s'élève un tribunal de style classique : à l'autre extrémité,

Sur la ligne de chemin de fer de Shanes Castle.

une prison. Un petit musée à colonnes ioniques renferme des objets d'artisanat local. Il rappelle l'une des plus dramatiques catastrophes ferroviaires d'Irlande, qui eut lieu en 1889 et au cours de laquelle 80 enfants périrent. Non loin de là, le **musée des Royal Irish Fusiliers** expose de nombreux uniformes, médailles et drapeaux des régiments de la région.

Mitoyen de l'**Observatory**, sur College Hill, l'unique **planétarium** d'Irlande est ouvert tous les jours. Juste à l'ouest de la ville, **Navan Fort**, qui est censé avoir été construit en 300 av. J.-C., a été la résidence des rois de l'Ulster pendant six siècles. Tout ce que l'on peut en voir aujourd'hui est une butte herbeuse.

La ville est entourée de villages soignés que l'on atteint par un réseau d'agréables sentiers. **Tynan** possède une croix de pierre sculptée, du Xᵉ siècle, haute de 4 m. Près de Markethill, dans **Gosford Forest Park**, se trouve Gosford Castle, bâti en granit et surmonté de tourelles dans un style pseudo-normand. **Bessbrook**, une ville de filatures modèle, a été créée par un quaker, elle ne possède donc pas de pub. La place du marché de **Crossmaglen** est très vaste, elle est ornée d'un monument de bronze célébrant l'IRA ; ce village est en première ligne dans le combat opposant l'IRA aux forces de sécurité, ainsi qu'en témoigne son poste de police, solidement défendu contre les attaques de roquettes.

Entre Armagh et Belfast se succèdent des villes à vocation commerciale. **Portadown**, à 16 km au nord-est, a vu son rôle passer de grand embranchement ferroviaire à celui d'une ville de marché célèbre pour ses roses et ses poissons d'eau douce. Les filatures ont, elles aussi, perdu de leur importance.

C'est le cas de **Lurgan**, 10 km plus loin sur la A-3. Dans les années 1960, on décida de relier ces deux villes pour former la « cité linéaire » de Craigavon, afin de réduire l'engorgement de Belfast ; mais l'esprit de clocher et la

Match de cricket à Armagh.

récession économique ont maintenu très vivantes les identités respectives de Portadown et Lurgan.

Warrenpoint et Rostrevor

A 32 km au sud-est d'Armagh, **Newry** est une ville-frontière très active, défigurée depuis les événements mais, grâce au ressort des Irlandais du Nord, elle a conservé sa gaieté. Le souvenir de son commerce est attesté par un canal, l'un des plus anciens de Grande-Bretagne.

L'atmosphère s'allège lorsque vous vous dirigez vers le sud-ouest, pour vous rendre à **Slieve Gullion**, où un sentier forestier monte en lacet jusqu'à deux cairns de l'âge de la pierre au sommet d'une colline ; ou vers le sud-est, pour arriver à deux petites stations respectables, Warrenpoint et Rostrevor, dominant Carlingford Lough. **Warrenpoint** a deux jetées, d'où l'on peut pêcher, un square spacieux et une promenade d'environ un kilomètre, bordée d'arbres. Après avoir grimpé pendant presque 1 km sur la pente du **Slievemartin**, vous arriverez à **Cloghmore**, une « grande pierre » censée avoir été projetée à cet endroit par le géant irlandais Finn MacCool sur un rival écossais. La véritable origine en est la dérive glaciaire.

En contournant les Mourne Mountains, on parvient à **Kilkeel**, village apprécié des amateurs de pêche, capitale du « royaume des Mourne ». Ses rues en zigzags, ses chemins piétonniers en gradins et ses vieilles maisons ont fière allure. Là, vous pouvez faire un choix : soit continuer le long de la côte, par **Annalong**, un village pour pêcheurs plus petit, avec de vieux cottages et un moulin à grains doté d'une roue à aubes; ou prendre par l'intérieur des terres pour apprécier les Mourne Mountains.

Les méandres des Mourne

Les Mourne Mountains sont des montagnes jeunes et la diversité de leurs paysages attire les marcheurs. Parfois,

La magie des Mourne Mountains.

le granit est gris et, soudain, il devient rose. Vous marchez près d'une ferme, le vent souffle et, tout à coup, vous vous trouvez au cœur d'un désert.

A un moment, les Mourne justifient tous les chants qui les ont célébrées ; le moment suivant, elles deviennent un amas de broussailles et de collines sans intérêt. Le temps y joue un grand rôle. La **Silent Valley**, isolée, abrite un imposant barrage. **Slieve Donard**, le plus haut de ses sommets (850 m), offre de merveilleux points de vue.

Lorsque vous êtes aux premiers contreforts des Mourne, tournez à droite, juste avant Hilltown, en direction de **Newcastle**. C'est la principale station balnéaire de l'est du comté de Down, avec une belle plage de sable fin et le célèbre **Royal County Down Golf Club**. Plusieurs parcs forestiers (Donard, Tollymore et Castlewellan) permettent de se promener à bicyclette ou sur des poneys.

A 8 km à l'intérieur des terres en partant de Newcastle, **Castlewellan** est un village pittoresque avec une grand-rue bien large. A 14 km à l'ouest, **Rathfriland** est une ville aux rues en pente, où les ventes de bétail sur pied sont animées et où, comme partout en Ulster, les bordures des trottoirs sont peintes en rouge, blanc et bleu pour marquer l'appartenance politique de l'endroit.

De là jusqu'à Banbridge, au nord, s'étend le «**Brontë Country**», un circuit signalisé de façon assez confuse par les organismes de tourisme, pour faire valoir le fait que Patrick Brontë (ou Brunty), père des romancières Charlotte, Emily et Anne, est né dans un cottage à Emdale, à 5 km au sud-est de Loughbrickland. Or la famille conquit sa renommée dans le Yorkshire, et non à Emdale, et rien dans ces lieux ne rappelle l'atmosphère des *Hauts de Hurlevent* ou de *Jane Eyre*.

Sur les pas de saint Patrick

Au lieu de vous diriger vers les Mourne en venant de Newcastle, vous pouvez continuer en suivant la côte jusqu'à **Ardglass**, où plusieurs petits châteaux en ruine témoignent de l'importance stratégique du site au Moyen Age. L'un d'entre eux, **Jordan's Castle**, est assez bien conservé. C'est également un centre important de pêche au hareng.

A 11 km à l'intérieur des terres, vers le nord-ouest, se trouve **Downpatrick**, la capitale du comté de Down. La ville possède une cathédrale bâtie entre 1790 et 1827 sur l'emplacement supposé de la première église de pierre de saint Patrick. On prétend que le saint y est enterré. La ville a une atmosphère georgienne. A 2,5 km à l'est de la ville, les **sources de Struell**, aux eaux miraculeuses, attestent la présence d'un culte païen bien avant l'aube de la chrétienté.

Au nord de la ville commence une ceinture de banlieues prospères peuplées de membres des professions libérales. La source de leur prospérité, et l'aimant qui les attire chaque jour ouvrable, est situé au Nord : c'est **Belfast**.

Belfast
500 m/ 0,3 miles
Cliftonville
Crumlin Rd.
Antrim Rd.
North Queen St.
York Rd. Sta.
Garmoyle St.
York Dock
la Lagan
Donegall St.
York St.
Corporation St.
Shankill Rd.
Cathedral
North St.
Albert Clock
Divis St.
Castle St.
Falls Road
St.
Victoria St.
High
Royal Av.
Ann Bridge
End
Lagan Bank Rd.
Tourist Information Offices
Chichester St.
Donegall Sq.
City Hall
Howard St.
May St.
Royal Courts of Justice
East Bridge St.
Albe Bridg
Central Sta.
Grosvenor Rd.
Motorway
Bus Station
Gt. Victoria St.
Bedford St.
Ulster Hall
Cromac St.
Ormeau Av.
Sandy Row
Dublin Rd.
Donegall Rd.
Ormeau Rd.
Donegall Rd.
Botanic Sta.
City Hospital
Lisburn Rd.
University St.
la Lagan
Ormeau Embankment
Orme
Park
University Rd.
Queen's University
Ulster Museum
Stranmills Embankment
Terrain de golf
Jardins botaniques
Malone Rd.
Malone Av.

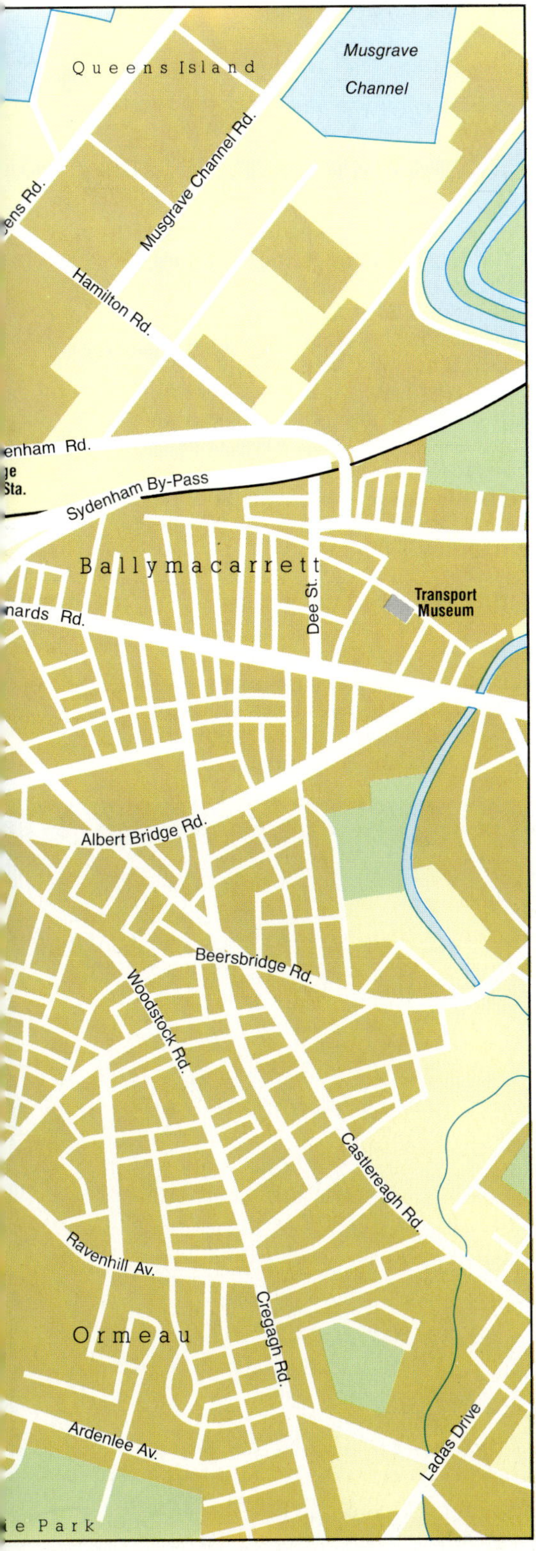

BELFAST ET SES ENVIRONS

Celui qui se rend pour la première fois à Belfast ressent, en atterrissant à l'aéroport international d'Aldergrove (à 25 km au nord de la ville), un mélange de curiosité et d'anxiété. Au poste de garde de l'armée ou de la police, presque inévitable, les officiers en armes vous donnent l'impression d'arriver sur une zone en guerre.

Mais l'autoroute M-2, qui descend vers la mer et traverse des paysages verdoyants, offre une perspective plus rassurante. A l'embouchure d'un lac abrité se dessine alors la ville.

La violence reste cependant tapie dans l'ombre. Un paquet suspect ou une voiture mal garée peuvent déclencher une intervention rapide des forces de l'ordre. Le visiteur devra donc veiller à garer son véhicule avec soin.

A quelques rues de là, la vie poursuit son cours et le bruit d'une explosion ne trouble qu'un moment le quotidien des 400 000 habitants de la ville. Belfast a su s'adapter à ce que d'autres villes vivraient comme un cauchemar. Depuis quelques années, le climat est toutefois moins tendu : les forces de l'ordre se font plus discrètes à mesure que la violence décroît.

Statistiquement, on est plus en sûreté à Belfast que dans la plupart des villes américaines. La confiance revient, et on constate une reprise des affaires et de la vie sociale. En découvrant la ville, le visiteur est fasciné par la sérénité avec laquelle chacun vaque à ses affaires ainsi que par l'hospitalité de ses habitants.

Un passé mouvementé

Belfast est devenue la ville dominante de l'Ulster en raison de sa position stratégique à l'embouchure de la rivière Lagan. Les villes voisines, telles Carrickfergus et Holywood, étaient à l'origine plus importantes, mais Belfast leur a ravi la primauté grâce à son activité portuaire et son centre industriel.

Le nom de Belfast pourrait être une déformation de *Fearsat*, ancien mot désignant un gué. Les Danois et les Norvégiens furent les premiers à faire valoir sa situation stratégique pour le commerce. On trouve les traces d'une bataille de Fearsat en l'an 666. L'invasion anglo-normande eut lieu en 1171, et John de Courcy fut nommé comte d'Ulster par le roi Henry II d'Angleterre. Les noms comme Castle Street et Castle Place indiquent l'emplacement de son ancienne forteresse. Edward Bruce détruisit ce château fort au XIVe siècle et la ville tomba plus tard entre les mains des O'Neill, comtes de Tyrone, qui s'établirent sur le site du faubourg actuel de Castlereagh, à l'est du centre de la ville.

Au Moyen Age, des factions se disputaient le contrôle de Belfast. Après l'assassinat de Brian O'Neill, en 1571, la ville passa aux mains de sir Thomas Smith, puis de sir Arthur Chichester, dont le nom a été donné à une rue. Belfast se vit accorder sa première charte royale par Jacques Ier en 1613, et ses activités commerciales éclipsèrent celles de Carrickfergus, l'ancien fief normand dont le splendide château s'élève sur la rive nord du lac. Mais la paix ne régnait pas pour autant : une révolte éclata en 1641.

Des siècles encore plus mouvementés suivirent, marqués, notamment, par l'assassinat du « propriétaire » de la ville, le comte de Donegal, par l'armée du duc de Marlborough, ou la pendaison de Henry Joy McCracken, idéaliste protestant, à l'angle de High Street et de Cornmarket, non loin de l'emplacement actuel des magasins Woolworth. Mais, en dépit de ces conflits, Belfast a réussi à devenir l'un des plus beaux fleurons de la révolution industrielle britannique.

Filatures et chantiers navals

Fonder une ville sur les terrains marécageux d'un estuaire a toujours relevé du défi. Mais l'ingénieux aveugle Alexander Mitchell réussit à mettre au point un système de pilotis à vis. Ce

Le centre-ville de Belfast avec, au premier plan, l'hôtel de ville.

fut pour Belfast le début de la prospérité grâce aux fabriques de cordages et aux filatures, activités dont témoigne le nom de **Linenhall Street** (rue de la Filature-du-Lin). Dès la fin du XVIIe siècle, des pionniers de l'imprimerie de presse s'y établirent. En 1737 parut le *Belfast Newsletter* (le *Bulletin de Belfast*), que l'on estime aujourd'hui être le plus ancien quotidien du monde. High Street fut la première artère importante de la ville. Une rivière, aujourd'hui souterraine, coulait sur toute sa longueur.

De petits chantiers navals apparurent à l'embouchure de la Lagan. Le plus célèbre d'entre eux, Harland & Wolff, a été fondé en 1851. Nombre de grands paquebots de ligne de cette époque y ont été construits dont, en 1912, le malheureux « insubmersible » *Titanic*. Harland & Wolff demeura l'un des premiers chantiers navals du monde jusque dans les années 1950. Sa situation stratégique à Belfast en fit une cible privilégiée au cours de la Seconde Guerre mondiale et les bombardements allemands y causèrent de lourdes pertes.

L'horizon de Belfast est aujourd'hui dominé par les deux énormes grues de ce chantier naval. Hautes de 96 et 106 m, elles ont été baptisées Samson et Goliath. Aujourd'hui, Harland & Wolff s'est informatisé et se consacre principalement à la construction de pétroliers et de gros porteurs.

Un sens des affaires exceptionnel

A côté de ce chantier naval se trouvent les usines de constructions aéronautiques Shorts Brothers. Rachetée par un groupe canadien, cette société se veut novatrice, mais le succès commercial ne l'a récompensée que tout récemment. C'est là que, pendant la guerre, les hydravions monocoques Sunderland furent fabriqués. On doit également à Shorts la conception du *Belfast*, l'un des plus gros avions-cargos du monde. Le premier turbojet à décollage vertical du monde, le « Lit-Cage volant », y a été construit à la

Le chantier naval de Harland & Wolff.

demande du ministère de la Défense britannique. Mais la meilleure réussite commerciale a été le Skyvan, avion-cargo pratique et économique, ainsi que les avions de ligne SD 330 et SD 360.

L'industrie du tabac, longtemps moteur de l'économie en Irlande du Nord, est aujourd'hui menacée par les campagnes contre le tabagisme. Toutefois Gallaher, fondée en 1857 par un habitant du Derry, Tom Gallaher, et intégrée à une multinationale américaine, reste une des firmes les plus performantes du Royaume-Uni. La moitié du tabac à pipe fumé de nos jours dans le Royaume-Uni provient de la manufacture Gallaher, dans York Street.

Le sens des affaires et des contacts avec l'étranger d'hommes comme Harland, Wolff, les frères Short et Gallaher était réellement exceptionnel ; ils ont surmonté les désavantages dus au manque de matières premières de la région. D'autres sociétés de travaux publics, comme Davidson's Sirocco Works, fabricant d'énormes appareils de ventilation pour les pays miniers, et la Hughes Tool Company, y ont leur siège. Ford et General Motors ont des usines de pièces détachées d'automobile qui approvisionnent leurs unités d'assemblage en Europe et aux États-Unis.

Belfast à l'heure de la récession économique

Les filatures et l'industrie textile, activités traditionnelles du passé, qui ont souffert de la concurrence des textiles synthétiques et de la main-d'œuvre à bon marché des pays d'Extrême-Orient, se sont maintenues sur une plus petite échelle. L'Ulster Weaving Company s'est spécialisée dans les services à thé décorés qu'elle exporte dans le monde entier.

Les usines désaffectées que l'on voit à Belfast et dans ses environs attestent du déclin industriel de ces dernières années. Les coups les plus durs ont été ressentis dans des villes comme

On soigne son aspect et… sa maison.

Antrim et Carrickfergus, où se sont implantées des usines de textiles synthétiques. Les différents gouvernements britanniques qui se sont succédé ont fait de l'emploi leur priorité, mais avec des résultats mitigés. Les faillites spectaculaires d'entreprises financées par des fonds publics — par exemple les voitures de sport De Lorean et les projets d'avions en fibre de carbone Lear Fan — ont éclipsé les réussites. Le taux de chômage est le plus élevé du Royaume-Uni.

La plupart des succès commerciaux de Belfast dans le passé doivent être attribués à la qualité du travail de ses habitants. Leur habileté et leur diligence les ont fait comparer aux Japonais. La productivité industrielle et les relations humaines dans les entreprises sont supérieures aux normes britanniques. Une partie de la tragédie de l'Ulster vient de ce que ses industries traditionnelles ont été dominées par les protestants et que les catholiques ont pris une part moins grande à la prospérité.

Une ville rude et tendre à la fois

Les événements ont confiné les travailleurs dans des ghettos modernes. La *« Peace Line »* (Ligne de la paix), mur fortiflé séparant **Shankill Road** et son quartier protestant de **Falls Road**, catholique, est l'un des spectacles les plus tristes de la ville. Sa construction a été ordonnée par un général de l'armée à l'époque où les émeutes dans les rues étaient fréquentes. La ville est divisée en deux zones : orange (protestante) et verte (catholique) ; bien que, dans les quartiers bourgeois, les deux confessions coexistent.

L'ouest de Belfast est une citadelle catholique qui déborde un peu au nord de la ville. L'est est en majorité protestant. Mais le Shankill demeure un bastion loyaliste à l'ouest.

Le caractère des gens de Belfast est à la fois rude et généreux. Dans leurs discours publics, les politiciens sont intraitables et intransigeants les uns envers les autres. Mais, au quotidien, il règne une tolérance officieuse.

Hommage au leader républicain James Connolly, sur les murs de la ville.

Le sport rassemble souvent les habitants. Les champions de retour au pays défilent dans la rue principale, **Royal Avenue**, acclamés par une foule enthousiaste. Mary Peters, ayant reçu aux jeux Olympiques la médaille d'or du pentathlon, se souvient encore de l'accueil extraordinaire qui lui fut fait. Tels sont les gens de Belfast, pour ne pas dire de l'Ulster, qui refusent de « céder un pouce de terrain » sur le plan politique et donnent leur cœur à un champion local.

L'architecture : des trésors cachés

Malgré sa croissance industrielle extrêmement rapide, Belfast a réussi à conserver quelques beaux modèles architecturaux. Le **City Hall** (1903), imposant édifice en calcaire de Portland, a été construit par Brumwell Thomas dans le style Renaissance ; il est surmonté de dômes de cuivre, verdis par la corrosion. L'intérieur comporte de nombreuses salles de réception en marbre d'Italie, avec des vitraux. C'est une véritable splendeur, dont Betjeman appréciait grandement *« l'air avantageux et le réconfortant manque d'austérité »*.

Custom House (1857), de style corinthien, à deux pas du Queen Elizabeth Bridge, a été édifié par sir Charles Lanyon. Non loin de là s'élève l'**Albert Clock**, une tour penchée qui est à Belfast ce que Big Ben est à Londres. Certaines églises et banques sont intéressantes : la **Bank of Ireland**, dans High Street (1897), est coiffée de dômes de cuivre ; l'intérieur de l'**Ulster Bank**, dans Waring Street, toute proche, ressemble à celui d'un palais vénitien ; et la **Northern Bank**, dans le même quartier, était à l'origine (1769) un marché couvert.

La construction de **St. Anne's Cathedral**, qui commença en 1899 et se poursuivit en 1932, demeure toujours inachevée. L'intérieur renferme des mosaïques de Gertrude Stein, des sculptures de Morris Harding et la tombe de lord Carson, leader unioniste.

Visages de la jeunesse à Belfast.

La vieille **Presbyterian Oval Church** (1783), dans Rosemary Street, possède de belles voûtes cintrées. **St. Malachy's Roman Catholic Church**, dans Alfred Street (1848), est plus somptueuse encore, avec ses tourelles. Une élégance georgienne règne à **St. George's Church of Ireland** (1819), située dans High Street.

Traversez l'Albert Bridge et, à moins de 2 km de Ravenhill Road, vous verrez **Martyrs Memorial Free Presbyterian Church** (mémorial des Martyrs de l'Église libre presbytérienne). Le fondateur de cette église, le révérend Ian Paisley, prédicateur fondamentaliste et leader politique des protestants, y tient ses assises. Chaque dimanche, il dénonce l'action de Rome dans un style inimitable et demande une quête « silencieuse » (en billets).

Maisons et palais

Au nord de la ville, l'**Old Charitable Institute** (1771), entouré de jardins, dans Clifton Street, est de style georgien irlandais. Plus loin, dans Antrim Road, **Belfast Castle** (1870) est une autre création de Lanyon, intéressante mais ne méritant pas le nom de château, vu ses dimensions.

Vers le sud, le quartier tout autour de **Queen's University** est l'un des plus agréables de la ville, avec ses terrasses élégantes. Le principal bâtiment de l'université (1849), toujours de Lanyon, est une réplique en brique rouge de Magdalen College, à Oxford.

Le Parlement (**Parliament Buildings**), à 10 km à l'est du centre, le long de Newtonards Road, est à **Stormont**. C'est le siège de l'ancien gouvernement de l'Irlande du Nord ; il est entouré d'un parc magnifique de près de 150 ha. L'allée qui longe la façade s'étire sur 2 km. Cet édifice imposant, de style palladien, est fait de pierre de Portland et de granit de la chaîne des Mourne. A l'intérieur de la propriété s'élève **Stormont Castle**, plus petit, autrefois la résidence du Premier

A gauche, enfants devant les palissades de la « Peace Line » ; à droite, l'Albert Clock.

ministre irlandais. Stormont, siège des services gouvernementaux, a vu naître ces derniers temps des tentatives pour établir une administration locale intercommunautaire. Mais les deux Chambres de ce Parlement n'ont que l'apparence du pouvoir car la province est dirigée par un secrétaire d'État et des ministres du gouvernement britanique.

Les quartiers populaires de Belfast étaient autrefois des rangées monotones de maisons de brique, affectueusement surnommées « petits palais ». Elles tendent à disparaître, car la ville se développe sur une grande échelle. Le style des nouveaux édifices est varié. On voit surgir des ensembles de maisons très élégantes, au cachet certain, bien qu'il subsiste encore des constructions peu esthétiques d'après-guerre et que, dans certains quartiers de Belfast, les conditions de logement soient parmi les plus mauvaises d'Europe.

Au cours de la dernière décennie, le gouvernement a créé des centres de loisirs pour améliorer le climat social. Ces centres sont extrêmement bien équipés : piscines, salles de sport et pour certains même saunas et solariums. Ils sont tous ouverts au public moyennant une contribution minime.

Les affaires continuent

Newtownards Road est l'une des rares artères où les affaires se soient maintenues comme autrefois, lorsque des petites boutiques se pressaient dans les rues depuis les faubourgs jusqu'au centre-ville. Mais ce style de commerce tend à disparaître. Des centres commerciaux à l'américaine les remplacent.

Après plusieurs années de vaches maigres, le cœur de Belfast renaît. La plupart des magasins à l'ancienne mode n'existent plus, mais Anderson & McAuley's ainsi que la Belfast Cooperative Society survivent, parvenant en quelque sorte à concilier le marketing moderne et la saveur du bon vieux temps. La présence des magasins des chaînes du Royaume-

Queen's University.

Uni, Marks & Spencer, British Home Stores, Boots, Littlewoods, fait que le centre de la ville tend à ressembler à celui de n'importe quelle autre ville britannique.

L'un des aspects positifs du problème de la sécurité est que de nombreuses rues du centre sont devenues piétonnières. **Ann Street** et ses alentours, ainsi que **Fountain Street**, sont très à la mode.

Il reste encore quelques survivances du passé, comme **Queen's Arcade**, où l'on peut acheter des bijoux, des vêtements de prix... Dans **May Street** se tient tous les mardis et jeudis un marché dont l'atmosphère compense le peu de qualité des articles.

La scène et l'écran

La plupart des artistes qui se sont produits à Belfast ont été impressionnés par l'enthousiasme du public. *« Ils applaudiraient n'importe quoi »*, disent les cyniques mais, après des années sans spectacles, les bravos sont sincères. Le **Grand Opera House**, joyau du théâtre victorien, endommagé par un incendie, a retrouvé à grand-peine sa splendeur. Son répertoire d'opéras, de ballets, de théâtre et de variétés est impressionnant.

A quelques rues de là, l'**Ulster Hall** est une salle où ont lieu combats de boxe et concerts symphoniques. C'est le domaine de l'Ulster Orchestra, ensemble remarquable. A côté se trouve le petit **Group Theatre**, où se produisent les comédiens de l'Ulster et les artistes locaux.

Plus près de Queen's University est situé l'**Arts Theatre**, une salle plus vaste mais sans âme, qui subsiste grâce au dynamisme de ses représentations. Au **Lyric Theatre**, dans Ridgeway Street, le style des acteurs est plus intellectuel.

Les cinémas sont en voie de disparition à Belfast, comme ailleurs. A côté de l'Opéra, l'**ABC** a trois salles groupées, et le **New Vic**, de l'autre côté de la rue, donne à la fois des films, des spectacles de variété et des concerts de

Centre commercial de Castle Court.

pop music. Un autre cinéma à plusieurs salles est le **Curzon**, à Ormeau Road, à environ 3 km du centre. Le petit **Queen's Film Theatre** se spécialise dans les films d'art et d'essai.

En novembre se déroule un festival culturel autour de Queen's University. C'est une manifestation exceptionnelle qui propose aussi bien la Royal Shakespeare Company que des ballets russes, de la pop music et des leçons de cuisine chinoise. Plus de 100 spectacles sont présentés en deux semaines, du crépuscule à l'aube. D'après les critiques, le Belfast Festival est l'un des meilleurs festivals du Royaume-Uni, presque du niveau de celui d'Édimbourg

Pubs et restaurants

Un autre centre de distractions est le **Golden Mile** («Mile d'or»), le quartier des pubs et des restaurants, au sud du centre-ville. Il va de l'Opéra jusqu'aux abords de l'université. Le choix est international, on peut goûter à la cuisine française, indienne, chinoise, allemande, italienne ou grecque. La restauration rapide y est également présente : hamburgers, plats chinois à emporter, poulet frit du Kentucky et les traditionnels *fish and chips*.

Les pubs, eux aussi, se lancent dans la restauration et les meilleurs proposent une cuisine maison. Dans Great Victoria Street, le **Crown Bar**, récemment restauré, est un authentique bar victorien avec ses panneaux de céramique ornementée et ses vitres de couleur. Près de là, se trouve **Robinsons**, un autre pub à l'ancienne mode, avec son mobilier en bois sculpté.

Le centre de la ville, en particulier du côté sud, possède des auberges accueillantes, comme l'Elbow, le Crow's Nest, Kelly's Cellars, le Linenhall, et le Duke of York. Citons encore le Harper's Bar, dans l'hôtel Forum — du nom d'un de ses directeurs à l'époque où le bar avait le triste privilège d'être l'hôtel le plus bombardé d'Europe.

Le Grand Opera House.

Les réglementations sur les débits d'alcool diffèrent de celles de l'Angleterre : si les pubs ferment le dimanche, ils restent, en revanche, ouverts les six autres jours de la semaine tous les après-midi. Cependant, vous pourrez boire, le septième jour, dans les hôtels, les restaurants, et, si vous êtes l'invité d'un aimable natif de la ville, dans l'un des milliers de clubs privés foisonnant autour de Belfast qui présentent aussi des spectacles de cabaret.

Une ville verte

Les étrangers seront peut-être surpris d'apprendre que Belfast a gagné le prix du Royaume-Uni des « cités fleuries ». Il y a des faubourgs verdoyants avec des cerisiers en fleur au printemps et couverts d'or en automne. La municipalité a lancé un programme pour fleurir les endroits les plus inattendus de la ville.

Les parcs sont nombreux. L'un des plus intéressants, situé près de Queen's University, possède un palmarium de plus de 130 ans, créé par Lanyon, qui abrite des plantes tropicales presque aussi vieilles que le bâtiment. Dans un ravin tropical poussent des bananiers : c'est **Botanic Gardens**.

Dixon Park, dans Upper Malone, voit se dérouler chaque année des concours de roses dont la culture est favorisée par le climat humide de l'Ulster. On y découvre des milliers de variétés ; non loin de là se trouve **Barnett's Demesne**, avec des hectares de terrains boisés et de pelouses descendant jusqu'aux rives de la Lagan, à Shaw's Bridge, où l'on peut faire des courses de canoë. Dans le Lagan Valley Park, la rivière longe le pittoresque chemin de halage de l'ancien canal sur 14 km. Dans ses environs se trouve aussi une tombe néolithique, **Giant's Ring**. De l'autre côte de la ville, le **zoo** de Belfast occupe le bas des pentes raides du Cavehill.

Belfast est un site exceptionnel pour les amateurs de golf : huit parcours sont aménagés sur son territoire. Il y a

Le Crown, un pub préservé par le National Trust.

également plusieurs stades de football, le plus remarquable étant **Windsor Park**, où se disputent des matches internationaux dans une atmosphère de corrida.

Si vous vous intéressez à l'histoire de la capitale, rendez-vous à **Belfast Library**, dans Royal Avenue ; cette bibliothèque conserve d'anciennes photographies de la ville. La **Linenhall Library**, en face du City Hall, est spécialisée dans les journaux anciens et possède une vaste collection d'œuvres littéraires irlandaises.

Le **Kings Hall**, à Balmoral, peint en couleur crème et couvert d'un toit incurvé, est le plus grand ensemble d'expositions et de compétitions sportives de Belfast. Il comprend des courts de tennis, un parcours de jumping ; c'est là qu'ont lieu les comices agricoles de printemps.

A Stranmillis Road, près de Queen's University, l'**Ulster Museum** présente de belles collections d'art, de costumes et de mobilier irlandais. Il est également spécialisé en technologie industrielle et témoigne de l'esprit d'invention des habitants de l'Ulster à travers les âges. On y découvre aussi une collection de pièces d'or et d'argent provenant de la *Girona*, navire de l'Invincible Armada coulé au nord de la côte d'Antrim en 1588.

Il y a sept galeries d'art à Belfast. En dehors de celle du musée, elles sont plutôt petites. La **Magee Gallery** expose les œuvres des artistes confirmés ; les galeries **Tom Caldwell** et **Malone**, celles des artistes et des peintres irlandais. L' **Octagon Gallery**, dirigée par des artistes, met en valeur les jeunes talents locaux.

Les transports dans la ville

Une conséquence curieuse des troubles à Belfast est son système de « taxis noirs » (Black Taxis). Il est né, sous contrôle paramilitaire, à l'époque où les transports publics étaient souvent interrompus à cause des zones interdites à la circulation. Aujourd'hui légalisé, ce service fait la navette sur

Le Royal Belfast, l'un des nombreux parcours de golf d'Irlande.

les routes de banlieue, dans les fiefs nationalistes aussi bien que loyalistes, avec des taxis londoniens de seconde main. Ces taxis noirs maraudent aux principaux arrêts d'autobus. Il y a aussi à Belfast un grand nombre de compagnies de taxis, certaines étant illégales. Mais les taxis officiels sont très compétitifs.

Les transports en commun municipaux réguliers sont les City Bus, de couleur rouge. Pour décourager le vandalisme, ils sont équipés de sièges en matière plastique dure et leurs chauffeurs sont isolés par des écrans. Le service ne fonctionne qu'aux heures ouvrables. Les City Bus, comme les Ulster Bus (desservant la banlieue avec des voitures bleues ne prenant de passagers en ville qu'au terminus), sont dirigés par Werner Heubeck, originaire d'Allemagne, dont la spécialité est d'enlever lui-même les colis suspects.

En Irlande du Nord, le transport ferroviaire est limité, et la Central Station de Belfast est surnommée « la gare pas très centrale » car elle est sur Albert Bridge, assez loin du centre de la ville. Mais elle est reliée par autobus aux quartiers commerçants. La région la mieux desservie est la rive sud de Belfast Lough, par la ligne de Bangor. L'été, un train à vapeur part de York Station.

Les environs de Belfast

On est vite sorti de Belfast. Sa ceinture de collines vertes a limité son expansion aux rives du lac et à la vallée de la Lagan. Quelques minutes de trajet en voiture, et vous voici à la campagne. Le calme de la vie rurale a agi comme un aimant durant les années troubles. Les stations balnéaires et les villes de marché voisines sont devenues des cités-dortoirs pour près de 100 000 personnes (en majorité des classes moyennes) qui ont fui Belfast au cours des années 70.

La route A-2, qui va de Belfast à Bangor, au nord-est, passe par la « Gold Coast » (côte dorée) ; c'est

ainsi qu'on surnomme cette région peuplée de boursiers et d'agents de change, où les collines boisées, entrecoupées de belles pelouses, dominent les bateaux ancrés dans les ports. C'est, de longue date, le quartier des gens fortunés.

Holywood, ancien établissement religieux, à 8 km de Belfast, sur une voie de dérivation, jouit d'une calme prospérité. A **Cultra**, 5 km plus loin, on trouve des allées ombragées, des maisons splendides et l'hôtel Culloden, resplendissant. C'est une région où se pratiquent le yachting, le golf et l'équitation.

Non loin de là se trouve l'**Ulster Folk and Transport Museum** (musée des Transports et des Arts populaires). Des fermes, des cottages, des églises et des moulins ont été reconstitués avec les matériaux utilisés traditionnellement. Une spécialité irlandaise, le *soda bread*, pain levé au bicarbonate de soude (*soda*), est mise à cuire sur des feux de tourbe traditionnels. Dans la partie dévolue aux transports, on peut voir des chariots tirés par des chevaux et le prototype de voiture de sport De Lorean. Harry Ferguson, le célèbre ingénieur originaire de l'Ulster, pionnier de l'aviation, des tracteurs et des voitures à quatre roues motrices, est un exemple remarquable de la participation de l'Ulster à tous les moyens de transport. Les tramways et les trains sont exposés dans un autre bâtiment du musée, qui s'élève sur Whitla Street, dans l'est de Belfast.

Avant d'arriver à Bangor, un panneau indicateur sur la gauche vous signale le détour par les plages de Helen's Bay, le domaine boisé du **Crawfordsburn Country Park** et le pittoresque village de Crawfordsburn, avec sa charmante auberge ancienne. Il est rare de trouver des endroits aussi calmes aux abords d'une ville.

Bangor et la péninsule d'Ards

Bangor était à l'origine une station balnéaire, connue pour son abbaye. Le

Concert à Bangor, dans le comté de Down.

front de mer a perdu son charme d'antan; de nombreux fast-foods et des boutiques de souvenirs y ont été construits. Vous pourrez louer des barques pour canoter dans la baie et, si le temps le permet, vous baigner dans la piscine Pickie Pool. L'air de cette petite ville est vivifiant, c'est peut-être la raison pour laquelle on y rencontre de nombreux évangélistes, ces pêcheurs d'âme, sur la digue.

Le vieux Bangor a été investi par de nouveaux ensembles immobiliers, dont certains sont habités par des gens qui travaillent à Belfast. C'est une ville active : un marché en plein air s'y tient chaque semaine, il y a de nombreux pubs, des restaurants et des facilités pour se garer. La plus belle plage est **Ballyholme Bay**, toute proche. Elle est bondée lorsque le soleil brille.

Au-delà de Bangor s'étend une kyrielle de petites plages, où beaucoup de gens vont passer une journée de détente. A 10 km, **Donaghadee** est connue pour son phare, son joli port et propose en été des promenades en bateau jusqu'aux îles **Copeland** (sanctuaire d'oiseaux) toutes proches. La route en lacet passe par les plages tranquilles de Ballywalter et de Ballyhalbert et par le petit port de pêche de Portavogie où, certains soirs, on vend sur le quai du poisson à la criée.

A l'extrémité de la **péninsule d'Ards**, longue de 37 km, parsemée de villages et de plages, **Portaferry**, où le Strangford Lough se vide et se remplit au rythme des marées, est relié par car-ferries à Strangford, sur l'autre rive.

On assure que les Vikings y avaient établi un comptoir au IXe siècle. Près de là se dresse **Castleward House**, manoir georgien du XVIIIe siècle, jadis demeure du seigneur de Bangor. Il surplombe le lac et présente deux façades de style différent : le seigneur et son épouse n'ayant pas le même goût. On trouve dans le parc du gibier d'eau, ainsi qu'une blanchisserie victorienne, un kiosque du XVIIIe siècle et deux petits châteaux du XVe siècle.

A 14 km au nord de Portaferry, le long de la route A-20, la ville de **Kircubbin**, avec une rue unique, est un centre de canotage, avec une petite jetée faisant saillie sur Strangford Lough. A 3 km dans l'intérieur des terres, le Kirkistown Circuit est un aérodrome du temps de la guerre, où se disputent des compétitions automobiles, chaque mois durant la saison d'été. Les sports motorisés sont très appréciés en Irlande du Nord, en particulier les courses de motos et les rallyes.

A 6 km, vers le nord, sur la A-20, le joli village de **Greyabbey** abrite une abbaye cistercienne de 1193, l'une des plus complètes de ce style en Irlande. A 3 km au nord, dans le village de **Mountstewart**, un autre joyau conservé par le National Trust : une maison du XVIIIe siècle entourée de beaux jardins, où poussent des plantes délicates inhabituelles dans cette région. Le **temple des Vents** de cette propriété est la copie d'un temple athénien ; il domine le lac.

Strangford Lough est un centre de sports aquatiques ; ses myriades d'îles,

Le musée des traditions populaires de l'Ulster.

dont la plupart sont des collines immergées, et les petites hauteurs lisses et glaciales qui l'entourent, sont typiques des paysages du comté de Down. Des routes étroites mènent à sa rive est, en prenant la A-22 au sud de Comber. Les rives, de ce côté du lac, sont rocheuses, comme à **Whiterock Bay**, où il faut signaler le restaurant Daft Eddy. **Mahee Island**, accessible grâce à un pont, possède un parcours de golf et les vestiges d'un monastère ancien, **Nendrum Abbey**.

Newtownards, cité-dortoir en pleine expansion à la pointe du lac, est une ville ancienne, du XVIIe siècle. L'hôtel de ville est construit en beau grès ; parmi d'autres monuments intéressants, on peut citer **Movilla Abbey**, élevée sur le site d'un monastère du VIe siècle, à environ 2 km à l'est de la ville. L'aéroport, ouvert aux pilotes amateurs, présente chaque année un spectacle d'acrobaties aériennes. Audessus de la ville s'élève la **Scrabo Tower**, érigée au XIXe siècle à la mémoire du troisième marquis de Londonderry, et d'où l'on a une vue splendide sur le lac et les collines de **Killynether Wood**, où il fait bon se promener.

Comber, également à la pointe du Strangford Lough, était un centre de filature du lin. Vous pourrez admirer un moulin toujours en activité. Le centre de la ville a conservé son caractère ancien, malgré les promoteurs, avec ses petites boutiques à un étage et sa place centrale.

La rive nord du Belfast Lough

En suivant la rive nord du Belfast Lough, on passe par les faubourgs de **Whiteabbey** et **Greenisland**, où de belles maisons opulentes font face à Cultra.

Carrickfergus, à 19 km au nord de Belfast sur la A-2, est encore une ville de marché et une cité-dortoir. Ses vastes usines de fibres synthétiques sont vides aujourd'hui, mais témoignent de son florissant passé industriel.

Une journée de détente à Donaghadee.

L'imposant **Norman Castle**, proche du port, fut au début de ce siècle le théâtre de nombreuses fusillades. Mais son authenticité est indéniable. Le château retient l'attention avec sa herse, ses remparts dominant la mer, ses cachots impressionnants, ses canons et son musée militaire installé dans le donjon.

Reflet de notre époque de loisirs, la marina de la ville offre 300 places et tous les services adéquats. L'église paroissiale de Saint-Nicolas remonte au XIIe siècle. A moins de 2 km à l'est, à **Boneybefore**, on a reconstitué le cottage au toit de chaume où naquit Andrew Jackson, septième président des États-Unis.

La campagne, qui s'étend au nord de Carrickfergus, est une région de riches prairies, où se niche la station ensommeillée de **Whitehead**, à l'embouchure du lac. Une promenade en bord de mer permet de rejoindre le phare de **Blackhead**. Au-delà commence la **péninsule d'Islandmagee**, où les plages ne sont pas défigurées et où se trouvent de nombreuses grottes, tout autour du Larne Lough.

Le château de Carrickfergus, souvenir émouvant de la conquête normande.

Hillsborough et Templepatrick

En direction du sud de Belfast, le long de l'autoroute M-1, et relié à la capitale par une suite ininterrompue d'agglomérations, **Lisburn** est un autre centre commercial bruyant où peu de choses retiennent le voyageur en route pour les paisibles paysages situés au-delà. **Hillsborough** fut le siège du gouvernement d'Irlande du Nord. Le **château du gouverneur** est entouré d'un parc où se trouve également un fort imposant. C'est une retraite tranquille pour les membres de la famille royale ou les hommes politiques en visite. Il est dommage que, pour des raisons de sécurité, le public ne puisse que l'entrevoir à travers les palissades. La ville, avec son **tribunal** datant du XVIIIe siècle, a conservé sa splendeur georgienne; on l'a décrite comme la plus anglaise des villes de l'Ulster. A l'ouest, Belfast est gardée par les deux sommets jumeaux de **Black Mountain** et de **Divis Mountain**. Leurs pentes, couvertes de fougères, descendent vers des quartiers un peu défavorisés de Belfast. La vue que l'on a depuis le **Horseshoe Bend**, sur la route A-52, est encore plus majestueuse que celle que l'on a du côté du comté de Down, et les promoteurs d'immeubles de prestige semblent avoir négligé l'endroit. Audelà des collines, avant une zone agricole plus verdoyante, le paysage est assez morne. Le célèbre Dundrod Circuit est l'un des rares parcours restant au monde pour les courses de motos sur route. En août, le grand prix d'Ulster attire des dizaines de milliers de spectateurs.

Templepatrick, petite ville très soignée sur la route de Belfast à l'aéroport d'Aldergrove, donne au visiteur une image de tranquillité. A droite, les vestiges moyenâgeux d'**Upton Castle**. A gauche, un restaurant ressemblant aux hôtelleries du comté d'Oxford ou du Connecticut.

Tel est l'autre visage, rarement entrevu, de l'Irlande du Nord.

INFORMATIONS PRATIQUES

PRÉPARATIFS ET FORMALITÉS DE DÉPART

PASSEPORT ET VISA

Les ressortissants des pays membres de la CEE doivent être en possession d'un passeport en cours de validité ou d'une carte nationale d'identité de moins de 10 ans. Les visiteurs suisses n'ont pas besoin de visa si leur séjour ne dépasse pas trois mois.

• **Ambassades d'Irlande**

Belgique
19, rue du Luxembourg, 1040 Bruxelles,
tél. 513 66 33, fax: 513 21 73
Canada
170, Metcalfe Street, Ottawa, Ontario K2P1P3,
tél. (613) 233 6281, fax: (613) 233 5835
France
4, rue Rude, 75016 Paris,
tél. 45 00 20 87, fax: 45 00 84 17
Luxembourg
28, rue d'Arlon, 1140 Luxembourg,
tél. (02) 45 06 10, fax: 45 88 20
Suisse
Kirchenfeldstrasse 68, CH3005 Berne,
tél. (0) 31 441 442, fax: 441 455

VACCINATION

Aucune vaccination n'est obligatoire.

ANIMAUX

Une quarantaine de six mois est obligatoire pour tous les animaux en provenance du continent. Aucune dérogation n'est accordée.

QUELS VÊTEMENTS EMPORTER

Une garde-robe sportive et décontractée convient parfaitement pour parcourir un pays où l'élégance n'est pas de mise. N'oubliez surtout pas d'emporter des vêtements imperméables et un pull-over, même en été. Enfin, prévoyez une bonne crème solaire car l'ozone transporté par les vents de l'Atlantique renforce les effets nocifs du soleil.

QUAND PARTIR

Le printemps et l'automne sont les saisons idéales pour visiter l'Irlande. Au printemps la nature, plus verdoyante, est envahie de fleurs sauvages. A l'automne elle prend des teintes mystérieuses à l'image des bruyères noyées dans la brume. Si vous venez en mai ou en septembre vous pourrez suivre en toute quiétude activités culturelles et sportives sous de magnifiques ciels changeants.

OFFICES DU TOURISME A L'ÉTRANGER

Belgique
25, av. de Beaulieu, 1160 Bruxelles,
tél. 673 99 40, fax : 672 10 66
Canada
160, Bloor Street East, Suite 1150, Toronto, Ontario M4W 1B9,
tél. (416) 929 27 77, fax : (416) 929 67 83
France
33, rue de Miromesnil, 75008 Paris,
tél. 47 42 03 36, fax : 47 42 01 64
Suisse
Kirchenfeldstrasse 68, CH3005 Berne,
tél. (0) 31 352 14 42, fax : 352 14 55

ALLER EN IRLANDE

EN AVION

La république d'Irlande compte trois aéroports internationaux; ceux de Dublin, Cork et Shannon. En Irlande du Nord, l'aéroport de Belfast assure principalement des vols à destination de Grande-Bretagne, Amsterdam et Paris. Nombreuses sont les compagnies qui desservent ces différents aéroports: la compagnie irlandaise Aer Lingus ainsi qu'Air Inter ont des vols quotidiens Paris-Dublin. USIT Voyages propose toute l'année des départs réguliers pour Dublin, Cork et Shannon. Renseignez-vous sur les trajets moins fréquents qu'offrent Britair, TAT et Nouvelles Frontières. Si vous souhaitez passer par la Grande-Bretagne, empruntez Air UK, British Airways ou British Midland.

Les compagnies aériennes et les agences de voyages proposent de nombreuses formules aux tarifs préférentiels, sans compter les vols charters de: Ashling, Go Voyages, Jumbo Charter, Look Charters, Nouvelle Liberté, Orvac, Pacha Tours et Plein Vent Voyages.

• **Compagnies aériennes**
Air Inter
119, av. des Champs-Elysées, 75008 Paris,
tél. 47 23 59 58

Vol quotidien Paris-Dublin toute l'année.
Vol Paris-Shannon, le samedi, d'avril à septembre.
Britair
Aérodrome de Ploujean, BP 156,
29204 Morlaix,
tél. 98 62 10 22
Vols Nantes/Brest-Cork les samedis et/ou dimanches de juin à septembre.
Nouvelles Frontières
87, bd de Grenelle, 75015 Paris,
tél. 41 41 58 58
Vols réguliers Paris-Dublin, Cork ou Shannon d'avril à octobre.
TAT
Tél. 98 94 30 30
Vol Lannion/Quimper/Cork, le samedi, d'avril à septembre.
USIT Voyages
6, rue de Vaugirard, 75006 Paris,
tél. 43 29 85 00
Vols réguliers Paris/Dublin/Cork/Shannon.
Aer Lingus
- En France :
47, av. de l'Opéra, 75002 Paris,
tél. 47 42 12 50
Vols quotidiens Paris-Dublin, Cork, Shannon. Correspondances assurées sur Galway, Sligo, Kerry et Knock.
- En Belgique
91-93, av. Louise, 1050 Bruxelles,
tél. 537 24 10
- En Suisse
Lintheschergasse 17, 8001 Zurich,
tél. 222 28 50

• Tour-opérateurs
Bennett Voyages
28, bd Haussman, 75009 Paris,
tél. 48 01 87 77, fax : 48 01 87 89
Jet Tours Europe
38, av. de l'Opéra, 75002 Paris,
tél. 47 42 06 92, fax : 49 24 94 47
République Tours
1, av. de la République, 75541 Paris Cedex,
tél. 43 55 39 30, fax : 43 55 30 30
Le Tourisme français
96, rue de la Victoire, 75009 Paris,
tél. 49 70 44 00, fax : 42 80 18 77

Il existe trois formules pour visiter agréablement l'Irlande : un voyage entièrement pris en charge, des visites à l'hôtel; un séjour à thème avec diverses possibilités d'hébergement (cottage, « cabin-cruiser », roulotte...) et enfin, option la plus souple, location d'une voiture et haltes dans les hôtels sélectionnés.

Pour plus de renseignements, l'Office du tourisme irlandais édite une brochure, *L'Irlande en kit*, qui donne des informations détaillées sur les organismes et les voyages proposés.

EN BATEAU

Deux compagnies assurent les liaisons directes France-Irlande, l'une de Normandie (Irish Ferries), l'autre de Bretagne (Brittany Ferries). Irish Ferries dessert Rosslare toute l'année depuis Le Havre (2 heures de traversée) ou Cherbourg (19 heures) ainsi que Cork en saison.

Brittany Ferries propose toute l'année une liaison hebdomadaire Roscoff-Cork (14 heures) ou Saint-Malo - Cork 18 heures).

• Compagnies maritimes
Brittany Ferries
19, rue des Mathurins, 75009 Paris,
tél. 42 68 18 47
B&I
32, rue du 4-Septembre, 75002 Paris,
tél. 42 66 90 90
Sealink
23, rue Louis-Le-Grand, 75002 Paris,
tél. 44 94 40 40
Irish Ferries
- En France
32, rue du 4-Septembre, 75002 Paris,
tél. 42 66 90 90
- En Belgique
115, rue Defacz, 1050 Bruxelles,
tél. 537 45 88
- En Suisse
Beckerhofstrasse 26, PO Box 303,
CH-8035 Zurich,
tél. (0) 1-363 52 55
- Au Canada
655, St. Clair Avenue West, Toronto,
Ontario M6C 1A8,
tél.(416) 653 44 44
- En Hollande
PO Box 21486, 3001 AL Rotterdam,
tél. (10) 13 92 93

A L'ARRIVÉE

DOUANES

Les ressortissants des pays membres la CEE (la Suisse exceptée) sont tenus d'observer les règles suivantes: s'il leur est formellement interdit d'introduire viandes et produits laitiers, frais ou en conserve, il leur est possible d'importer des armes et des munitions pour la chasse, à condition de remplir un formulaire six semaines avant leur départ.

Les Suisses, eux, doivent se plier aux mesures suivantes à l'importation : 200 cigarettes ou 100 cigarillos ou 50 cigares ou 250 g de tabac ; 1 l d'alcool de plus de 15 ° et 2 l de vin de moins de 15 ° ; 250 cl d'eau de toilette ou 50 cl de parfum.

Monnaie et change

La livre irlandaise (ou « punt »), que l'on écrit IR £, pour la distinguer de la livre sterling, est divisée en 100 pence. Il existe des pièces de 1, 2, 5, 10, 20, 50 pence et d'une livre et des billets de 5, 10, 20, 50 et 100 livres. Le cours de la livre irlandaise est en 1994 d'environ 8 francs. Le système monétaire de l'Irlande du Nord est identique à celui de la Grande-Bretagne. Le taux de change varie mais la plupart des magasins proches de la frontière acceptent les deux monnaies.

Les Eurochèques et Eurocartes sont acceptés en Irlande du Sud comme en Irlande du Nord. Toutes les banques, ainsi que les bureaux de change et la plupart des hôtels, acceptent les traveller's cheques. Mastercard et Visa sont les cartes de crédit les plus utilisées, suivies par American Express et Diner's Club. Enfin, sachez que dans les petites pensions et les *bed-and-breakfast*, un paiement en espèces est souvent exigé.

Transports depuis l'aéroport

Une navette spéciale et le bus n° 41 font la jonction entre l'aéroport de Dublin et la capitale (départs toutes les demi-heures). Le prix du trajet s'élève respectivement à 2,30 IR£ et 1,10 IR£0. Un bus relie l'aéroport de Dublin à Belfast trois fois par jour (moins fréquemment le week-end).

Des bus assurent également la liaison entre l'aéroport de Belfast et la ville. Enfin l'aéroport de Shannon est desservi aussi régulièrement. Le prix du trajet est de 3 IR£.

Des taxis à compteur attendent à la sortie des aéroports de Dublin, Belfast, Cork, Limerick et Galway. Ailleurs, le prix est fixé après arrangement avec le chauffeur.

Pour réserver un taxi, consulter les pages jaunes de l'annuaire. La plus importante compagnie de radio-taxis, à Dublin, la National Radio Cabs, est au *772 222*, *544 070* et au *766 528*.

A SAVOIR UNE FOIS SUR PLACE

Décalage horaire

L'Irlande a une heure de retard sur la France. Les deux pays n'ont un horaire commun qu'au mois d'octobre puisque l'Irlande se met à l'heure d'hiver plus tardivement.

Poids et mesures

Longueur
1 mile = 1,6 km — 1 km = 0,620 mile
1 yard = 0,91 m — 1 m = 1,09 yard
1 foot = 0,30 m
1 inch = 2,50 m

Surface
1 square mile = 2,6 km²
1 acre = 0,4 ha

Poids
1 pound = 453 g — 1 kg = 2,25 livres
1 acre = 28 g

Capacité
1 gallon = 4,5 l
1 pint = 0,57 l

Courant électrique

Le courant électrique est de 220 volts partout, et les prises sont à 2 ou 3 fiches. Munissez-vous d'un adaptateur électrique.

Pourboires

Le service est inclus dans la plupart des restaurants, dans le cas contraire, il faut majorer la note de 10 %. On peut également laisser un pourboire en remerciement d'un service de bonne qualité. En revanche il n'est pas d'usage de laisser un pourboire aux ouvreuses de théâtre ou de cinéma. Seuls les chauffeurs de taxi, les portiers et les gardiens de parking sont susceptibles d'attendre quelques pièces.

Heures d'ouverture

La plupart des magasins sont ouverts de 9 h à 17 h. En dehors des grandes villes, ils ferment un après-midi par semaine (en général le mercredi ou le samedi à partir de 13 h). Les grandes surfaces demeurent ouvertes jusqu'à 21 h les jeudis et vendredis. Beaucoup de petites épiceries restent ouvertes tard dans la nuit et quelques magasins accueillent leurs clients 24 heures sur 24.

Les banques sont ouvertes du lundi au vendredi de 10 h à 12 h 30 et de 13 h 30 à 15 h, celles d'Irlande du Nord ferment à 15 h 30.

Le bureau de change de l'aéroport de Dublin est ouvert tous les jours de 7 h à 21 h 30; celui de Shannon de 6 h à 18 h; celui de Cork de 10 h à 12 h 30 et de 13 h 30 à 15 h; celui de Belfast de 9 h à 12 h 15, de 13 h 15 à 15 h et de 18 h à 20 h de mai à septembre, sauf les samedis et dimanches.

Les bureaux de poste sont ouverts du lundi au vendredi de 8 h ou 9 h à 17 h 30 mais peuvent fermer entre 13 h et 14 h 15.

Jours fériés

Dates fixes
1er janvier
17 mars: *St. Patrick's Day* (Saint-Patrick), fêté dans toute l'Irlande.
12 juillet: *Orangeman's Day* (jour anniversaire de la bataille de la Boyne, en 1690, seulement en Irlande du Nord).
Dernier lundi d'octobre: *Autumn Bank Holiday* (jour de congé généralisé à partir de la fermeture des banques).
25 décembre: Noël
26 décembre: *St. Stephen's Day* (fête de la Saint-Étienne).

Fêtes mobiles
Vendredi saint: *Good Friday*
Lundi de Pâques: *Easter Monday*
Lundi de Pentecôte: *June Holiday*
1er lundi d'août: *August Bank Holiday*

Postes et télécommunications

• Postes
En 1994, le tarif d'affranchissement d'une lettre à destination d'un pays de la CEE est de 32 p, celui d'une carte postale de 28 p. Pour des courriers expédiés hors de la CEE les tarifs sont respectivement de 44 p et 17 p. On affranchit une lettre par avion à 50 p.

En Irlande du Nord sont pratiqués les tarifs anglais: 24 p pour une lettre urgente, 18 p pour les autres. On affranchit une lettre par avion hors d'Europe à 39 ou 50 p, selon son poids.

• Téléphone
L'indicatif international de l'Irlande du Sud est le *313*. *Telecom Eireann*, compagnie publique, contrôle encore la majorité des appels même si depuis peu *Mercury* lui fait concurrence. La communication locale est de 20 p. Depuis une cabine, il faut composer le *10* pour avoir une opératrice locale ou le *14* pour l'international. En Irlande du Nord, *British Telecom* régit les télécommunications. Un appel local revient à 10 p et l'opératrice s'obtient par le *100*.

Médias

• Presse écrite
Les Irlandais dévorent les journaux et n'ont pas moins de six quotidiens du matin pour cinq millions d'habitants. L'*Irish Times*, l'*Irish Independent* et l'*Irish Press* sont publiés à Dublin. Le *Times*, le plus sérieux et le plus complet des quotidiens, est connu pour ses rubriques de politique étrangère, d'économie et d'art. Il n'est affilié à aucun parti politique. L'*Independent* soutient massivement le parti Fine Gael et son style est percutant. Le *Press* soutient le *Fianna Fáil* ; c'est un journal à sensation, moins insolent que l'*Independent*. Le *Cork Examiner* est le pain quotidien des agriculteurs et des hommes d'affaires du Sud-Ouest.

Deux quotidiens du matin sont publiés à Belfast : le *News Letter* (protestant unioniste) et l'*Irish News* (catholique nationaliste) ; il peut être intéressant de comparer leurs versions d'un même événement.

Il y a quatre quotidiens du soir: l'*Evening Press*, l'*Evening Herald* (du groupe de l'*Independent* de Dublin), l'*Evening Echo* (Cork) et le *Belfast Telegraph* qui appartient à Thompson. Tous consacrent de nombreux articles aux sports, aux spectacles, et aux potins.

Le *Press* et l'*Independent* ont leur édition dominicale. Le *Sunday Tribune*, également publié à Dublin, vise à une information sérieuse, de l'analyse politique à la critique d'art. Viennent aussi de la capitale le *Sunday Business* et le *Sunday World*, journal à sensation qui sous des manchettes tapageuses affiche scandales et pin-ups ; il remporte un franc succès. Le *Sunday Business* évidemment plus austère se concentre sur les affaires et la politique.

A Belfast paraît le *Sunday News* (du groupe *News Letter*, moins marqué politiquement). Enfin tous les quotidiens nationaux de Grande-Bretagne et leurs éditions dominicales sont disponibles des deux côtés de la frontière, ce qui saura satisfaire la curiosité des visiteurs. Une centaine de journaux locaux peuvent être utiles et amusants pour ceux qui s'intéressent à une région particulière. *Hot Press* est un journal intéressant de culture pop. *In Dublin* présente les programmes des théâtres, des cinémas, etc.

• Radio et télévision

Le service national de radiodiffusion, *Radio Telefis Eireann* (RTE) possède deux chaînes de télévision et deux stations de radio. Toutes les chaînes de télévision britanniques (BBCI, BBC2, ITV et Channel 4) peuvent en plus être captées dans la majeure partie du pays, ce qui explique la profusion d'antennes. Enfin le câble permet de capter de nouvelles chaînes comme Sky et Screensport.

A la radio, RTE1 concentre informations et émissions culturelles tandis que RTE2 préfère la musique pop. Si vous voulez être sur la même longueur d'onde que M. Tout-le-Monde dans le pays, branchez-vous sur le *Gay Byrne Show* (tout au long de l'année, de 9 h 15 à 11 h, du lundi au vendredi). Il existe en outre plusieurs radios indépendantes locales.

L'Irlande du Nord reçoit toutes les informations TV et radio de la BBC mais produit en plus beaucoup d'émissions locales. Ulster Television, Downtown Radio (MW) et Cool FM passent des publicités.

Santé

Il est vivement recommandé à tous les visiteurs de contracter une assurance-maladie. Les ressortissants de la CEE ont accès aux soins médicaux en vertu d'accords de réciprocité, en Irlande du Nord comme du Sud. Ils devront se munir du formulaire E111 auprès de leur centre de Sécurité sociale. Ce formulaire leur garantit une gratuité complète qui comprend une hospitalisation éventuelle dans le public. Les Anglais pour leur part n'ont qu'à présenter une pièce d'identité chez le médecin ou à l'hôpital.

Pour joindre la police, le servive des urgences médicales, les pompiers, composez le *999* et demandez le service concerné.

Voyageurs handicapés

Pour les personnes invalides, le National Rehabilities Board publie une brochure, *Dublin: A Guide for Disabled Travellers* (*Dublin: un guide pour les handicapés*). Elle présente de nombreux renseignements pratiques et est disponible au *NRB, 25 Clyde Road, Dublin 4* ou à l'office du tourisme.

COMMENT SE DÉPLACER

En avion

Aer Lingus et Aer Arann assurent la liaison entre Dublin, Shannon et Cork, ainsi qu'entre Galway et les îles d'Aran.

En train et en autocar

En république d'Irlande, la CIE, gérée par le ministère des Transports, regroupe trois compagnies: Dublin Bus (sur la capitale), Bus Eireann (couvrant la province) et Irish Rail (réseau de trains de banlieue comme l'est le DART). Les horaires de trains et de bus indiquant les réductions possibles sont vendus dans les kiosques à journaux. Sinon vous pouvez appeler les bus de Dublin au *734 222*, les Bus Eireann au *366 111* et Irish Rail au *366 222*. Un répondeur automatique vous donnera les horaires de trains; vous en trouverez le numéro dans l'annuaire à «*Coras Iompair Eireann*». A Dublin, le DART est le moyen le plus rapide pour se rendre en banlieue mais son trajet se réduit au littoral, de Howth à Bray. La CIE régit enfin des lignes de bus urbains à Cork, Galway, Limerick et Waterford.

La carte Eurorail est valable dans les bus et les trains d'Irlande du Sud mais seulement en dehors des villes. Une liaison gratuite en ferry est en plus assurée par Irish Ferries depuis Le Havre et Cherbourg jusqu'à Rosslare. Les billets sont délivrés par les bureaux de chemins de fer qui participent à cette opération. La CIE propose la carte de réduction *Rambler* qui permet un nombre illimité de voyages en bus et en train (villes non comprises), pendant huit ou quinze jours.

En Irlande du Nord, les chemins de fer relient Belfast à Londonderry (au nord-ouest), par Ballymena et par Coleraine; Belfast à Bangor (à l'est); et Belfast à Dublin (au sud), par Newry. Pour plus de renseignements téléphonez à la gare centrale de Belfast (*230 310*). «Ulsterbus» gère les services de Belfast et de toute l'Irlande du Nord (Belfast, *tél. 333 000* et *320 011*).

En bateau

Les trois rivières que l'on peut remonter en bateau sont le Shannon, sur une distance de 240 km en suivant le courant depuis le Lough Key (Roscommon); le Grand Canal, coulant en direction de l'ouest à travers la plaine centrale de Dublin jusqu'au Shannon, auquel se joint dans le Kildare un affluent de la rivière Barrow ; et l'Erne, navigable sur 80 km à partir de Belturbet (Cavan) en passant par Upper et Lower Lough Erne, jusqu'à Bellek, près d'Enniskillen (Fermanagh). Ces trois voies d'eau sont agréables pour ramer, pêcher, observer les oiseaux, prendre des photos, ou simplement flâner.

En Irlande du Sud, huit sociétés louent des bateaux de plaisance : six sur le Shannon et deux sur le Grand Canal. En Irlande du Nord, six sociétés mettent des bateaux à votre disposition sur l'Erne. La capacité de ces bateaux varie de deux à huit couchettes. La plupart possèdent chauffage, eau chaude et douche et tous sont pourvus de réfrigérateurs et de réchauds à gaz. Canots de sauvetage, cartes et équipement de secours sont également compris. Avoir déjà navigué est un avantage, mais les novices peuvent être initiés. Pour plus de détails adressez-vous aux bureaux de tourisme concernés.

En voiture

Il peut être très agréable de conduire sur les routes peu fréquentées d'Irlande. En Irlande du Nord comme du Sud, la conduite à gauche est de règle. Conducteurs et passagers sont tenus d'attacher leur ceinture. En Irlande du Sud, la vitesse maximale est soit de 30 miles (48 km/h) soit de 40 miles (64 km/h) en ville, et de 55 miles (88 km/h) sur les routes. En Irlande du Nord, la vitesse est limitée à 60 miles (96 km/h) sur route, et à 70 miles (112 km/h) sur autoroute ou route à deux voies.

• **Location de voitures**

- En Irlande du Sud :

Toutes les firmes mentionnées ci-dessous appartiennent au **Car Rental Council**, et sont assujetties à ses règles et à celles du Bureau de tourisme irlandais. N'oubliez pas d'ajouter l'indicatif *01* si vous téléphonez à Dublin depuis d'autres régions.

Argus Rent-a-Car
Terenure, Dublin 6, tél. 904 444
Avis/Johnson & Perrott
Dublin Airport, tél. 370 204
Shannon Airport, tél. 061-61 094
Cork Airport, tél. 021-963 133
Emmel Place, Cork, tél. 021-273 295
Budget Rent-a-Car
Dublin, tél. 379 802
Dublin Airport, tél. 370 919
Shannon Airport, tél. 061-61 688
Ballygar, Co. Galway, tél. 0903-24 668
Cahills Car Rentals
North Strand, Dublin, tél. 747 766
Dan Dooley Rent-a-Car
Dublin Airport, tél. 428 355
Dublin, tél. 428 355
Shannon Airport, tél. 061-61 098
Knocklong Co. Limerick, tél. 062-53 103
Hamill's Rent-a-Car
Mullingar, tél. 044-48 682 ou *40 508*
Livraison aux aéroports de Dublin et Shannon, et aux terminus du ferry à Dublin.
Hertz Rent-a-Car
Leeson St. Bridge, Dublin, tél. 602 255
Dublin Airport, tél. 429 333
Shannon Airport, tél. 061-61 369
Cork Airport, tél. 021-965 849
Murrays Europcar Rent-a-Car
Baggot St. Bridge, Dublin, tél. 681 777
Dublin Airport, tél. 378 179
Shannon Airport, tél. 061-61 618
Cork Airport, tél. 021-966 736
Rosslare Harbour, tél. 053-33 634
O'Mara's Rent-a-Car
Athlone, tél. 0902-92 325
Shannon, tél. 061-92 325
Dublin, tél. 429 313
Sligo, tél. 071-44 068
Galway, tél. 091-64 663
Windsor Rent-a-Car
South Circular Rd., Rialto, Dublin, tél. 540 800
Bachelors Walk, Dublin, tél. 730 944
Nassau St. Dublin, tél. 775 775
Livraison à l'aéroport de Dublin et aux terminus des ferries de Dublin et de Dun Laoghaire.

- En Irlande du Nord

Avis Rent-a-Car
Great Victoria St., Belfast, tél. 0232-240 404
Belfast City Airport, tél. 0232-452 017
Larne, tél. 0574-260 799
Belfast Airport, tél. 0232-732 451
Coleraine, tél. 0265-43 654
Lurgan, tél. 0762-321 322
Hertz Rent-a-Car
Belfast International Airport, tél. 08494-22 533
Belfast City Airport, tél. 0232-732 451
Budget Rent-a-Car
Belfast, tél. 0232-230 700
Belfast City Airport, tél. 0232-451 111
Londonderry, tél. 0504-36 040
McCausland Car Hire
Grosvenor Rd., Belfast, tél. 0232-333 777
Belfast City Aiport, tél. 08494-22 022
Lochside Garages
Tempo Rd., Enniskillen, tél. 0365-324 366

A BICYCLETTE

C'est une agréable façon de profiter du paysage. En Irlande du Sud, on loue facilement de robustes bicyclettes de marque *Raleigh Tourer*; la liste des loueurs agréés (*Rent-a-Bike*) est disponible dans les bureaux de tourisme. Vous pouvez obtenir votre bicyclette à l'aéroport.

EN ROULOTTE

Roulottes et chevaux peuvent être loués dans les comtés de Cork, de Kerry et de Wicklow. On ne parcourra pas plus d'une quinzaine de kilomètres par jour, mais c'est justement cette allure qui laissera le temps d'apprécier le paysage, de bavarder avec ceux que l'on rencontrera en chemin. Nourrir, harnacher et étriller le cheval prendra du temps car c'est un dur labeur. Les roulottes sont en général prévues pour quatre personnes et sont équipées de couchettes convertibles en sièges. Vaisselle, ustensiles de cuisine et réchaud à gaz sont fournis.

SHOPPING

Dublin réunit tous les produits du pays mais il est toujours plus intéressant de découvrir sur place l'artisanat local. Les gestes de l'artisan se sont transmis à travers les générations en Irlande. Le verre soufflé remporte de nouveau du succès, surtout celui de Waterford. L'industrie textile s'est affinée : n'est-elle pas passée du vieux tweed tissé à la main au filage délicat de robes, d'écharpes, et d'étoles ? Le lin et la dentelle continuent d'exiger un savoir-faire subtil, à l'inverse de la poterie, qui se fait en série.

LOISIRS ET SPECTACLES

MUSÉES ET BIBLIOTHÈQUES

• **Dublin et ses environs**

James Joyce Museum
Martello Tower, Sandycove, tél. 280 92 65
Documents, souvenirs, dans une vieille tour où Joyce vécut quelque temps.

Kilmainham Jail Museum
Kilmainham, Dublin 8, tél. 535 984
Histoire de la lutte pour l'indépendance.

Marsh's Library
St. Patrick's Close, Dublin 8, tél. 543 511
La plus ancienne bibliothèque publique d'Irlande.

Millmount House Museum
Millmount, Drogheda, tél. 041-36 391
Folklore et histoire locale.

National Museum
Kildare St., Dublin 2, tél. 618 811
Histoire naturelle, arts et manufactures, antiquités irlandaises.

National Wax Museum
Cranby Row, Dublin 1, tél. 726 340
Personnages en cire grandeur nature, représentant des personnalités historiques, sportives, politiques, du théâtre et de la littérature.

Parnell Museum
Avondale House, Rathdrum, Wicklow, tél. 0402-32 676
Tout ce qui se rapporte au grand leader politique du XIXe siècle, dans sa maison de famille. Bien documenté.

Pearse Museum
St. Enda's Park, Rathfarnham, Dublin 14, tél. 934 208
Documents sur le grand patriote Patrick Pearse.

Trinity College Library
College St., tél. 772 941
Abrite d'innombrables livres précieux, dont le fameux *Book of Kells.*

• **Région Sud-Est**

Carlow Museum
Town Hall, Carlow, tél. 050-33 1759
Folklore, archéologie, histoire naturelle.

House Museum
Parliament St., Kilkenny, tél. 056-22 893.
Histoire et archéologie, dans la maison d'un marchand, de style Tudor.

Waterford Civic Museum
Reginald's Tower, The Mall, Waterford, tél. 051-73 501
Histoire civique et maritime.

Wexford County Museum
Castle St., Enniscorthy
Situé dans un château normand du XIIIe siècle. Folklore, archéologie.

• **Région Sud-Ouest**

Ballyferriter Museum
Kerry, tél. 066-56 100
Expositions sur l'histoire de la péninsule de Dingle et sur Brendan le Navigateur.

Cork Public Museum
Fitzgerald Park, Cork, tél. 021-20 679
Histoire. Argenterie et verrerie de Cork.

West Cork Regional Museum
Old Methodist School, Western Rd., Clonakilty
Histoire et folklore de la région.

• Région Centre-Ouest
Bunratty Castle and Folk Park
Bunratty, tél. 061-61 511
Habitat, ateliers artisanaux, machines agricoles.
Burren Display Centre
Kilfenora, tél. 065-88 030.
Maquette en volume du Burren. Flore, faune, archéologie et histoire de la région.
Civic Museum
St. John's Square, Limerick, tél. 061-47 826
Archéologie et histoire de la région.
Craggaunowen Project
Quin, tél. 061-361 511.
Habitations de l'âge du bronze reconstituées. *The Brendan*, crannog sur lequel l'Américain Tim Severn a refait, dans les années 1970, le voyage de saint Brendan vers le Nouveau Monde.
Damer House and Roscrea Heritage Centre
Roscrea, tél. 0505-21 850
Mobilier traditionnel de l'*Irish Country Furniture Society.*
De Valera Library and Museum
Harmony Row, Ennis, tél. 065 -21 616
Peinture, archéologie, histoire.
Hunt Collection
National Institute for Higher Education, Limerick, tél. 061-333 644.
Objets de l'âge du bronze, art médiéval, argenterie du XIIIe siècle.
Interpretive Centre
Lough Gur, à 16 km au sud de Limerick, tél. 061-85 186
Vestiges de l'âge de la pierre situés autour du Lough Gur.

• Région des Midlands
Athlone Castle Museum
tél. 0902-94 630
Folklore, archéologie.
Birr Castle Demesne
Birr, tél. 0509-20 056
Télescope géant du XIXe siècle. Dessins et objets relatifs à l'astronomie.
Diocesan Museum
St. Mel's Cathedral, Longford, tél. 043-46 465
Objets de culte et archéologie.
Mullingar Museum
Market Square, Mullingar, tél. 044-48 795
Histoire locale, folklore, archéologie.
Steam Museum
Stradbally, tél. 0502-25 136
Locomotives à vapeur et matériel ferroviaire.

St. John's Interpretive Centre
Strokestown, tél. 078-33 100
L'Irlande de l'âge de la pierre.

• Région Ouest
Belcarra Folk Museum
Belcarra, Castlebar, tél. 094-32 001
Folklore et documents sur la Grande Famine.
Galway City Museum
Spanish Arch, Galway, tél. 091-68 151
Histoire et folklores locaux.
Knock Folk Museum
Knock Shrine, Claremorris, tél. 094-88 100
Folklore, archéologie, histoire, religion.
Mill Museum
Shop St., Tuam, tél. 093-24 463
Vieux moulin à eau. Boutique d'artisanat.
Museum na nOilean
Inishmaan, îles d'Aran
Documents sur le dramaturge J. M. Synge.

• Région Nord-Ouest
Donegal Museum,
Franciscan Friary, Rossnowlagh, tél. 072-65 342
Archéologie, folklore, histoire militaire, numismatique.
Glencolumbkille Folk Museum
tél. 073-30 017
Folklore du sud du Donegal.
Sligo County Museum
Stephen St., Sligo, tél. 071-42 212
Histoire locale, peinture. Exposition consacrée à W. B. Yeats (manuscrits, documents).

• Comté de Monaghan
Inniskeen Folk Museum
Inniskeen, à 11 km à l'est de Carrickmacross, tél. 042-78 109
Folklore, archéologie. Un département du musée est consacré au poète Patrick Kavanagh, né à proximité.
Monaghan County Museum
The Hill, Monaghan, tél. 047-88 109
Archéologie, folklore, histoire locale, arts appliqués.

• Irlande du Nord
Armagh County Museum
The Mall, Armagh, tél. 0861-523 070
Bibliothèque, galerie d'art, salle d'histoire naturelle, collection de poupées victoriennes.
Armagh Planetarium
College Hill, Armagh, tél. 0861-526 389
Reconstitution du vaisseau spatial *Gemini*, télescope spatial.
Belfast Central Library
Royal Avenue, tél. 243 233

Livres datant des débuts de l'imprimerie, photographies, journaux et cartes anciennes.
Church of Ireland Cathedral Library
Armagh, tél. 0861-523 142
Ouvrages remarquables consacrés à la théologie, à la science et à l'archéologie. Manuscrits rares, registres des archevêques d'Armagh du Moyen Age. Ne se visite que sur accord du doyen.
Linenhall Library
Donegall Square North, tél. 321 707
Fondée en 1788, collection de Robert Burns.
Ulster-American Folk Park
Camphill, Omagh, tél. 0662-3292
Habitations anciennes. Évoque l'émigration aux États-Unis de milliers de familles Irlandaises au XIXe siècle.
Ulster Folk and Transport Museum
Cultra, tél. 0232-428 428
Habitats et moyens de transport anciens.
Ulster Museum
Botanic Gardens, Stranmillis Rd., Belfast, tél. 0232-381 251
L'Irlande depuis 9000 ans. Trésors de l'Invincible Armada.

GALERIES D'ART

• Région de Dublin
Gallery of Oriental Art
Chester Beatty, 20 Shrewsbury Rd., tél. 692 386
Mardi à vendredi, 10 h-17 h, samedi 14 h-17 h. Visites guidées samedi et mercredi, 14 h 30.
Hugh Lane Municipal Gallery of Modern Art
Parnell Square, tél. 741 903
Mardi à samedi, 9 h 30-18h, dimanche 11 h-17h.
National Gallery of Ireland
Merrion Square West, tél. 615 133
En semaine de 10 h à 18 h, jeudi de 10 h à 21 h, dimanche de 14 h à 17 h.

Hormis ces trois galeries, que devraient voir tous ceux qui s'intéressent aux arts visuels, Dublin possède de nombreuses salles d'exposition et galeries particulières. En voici quelques-unes.
Bank of Ireland Exhibition Hall
Lower Baggot St., tél. 615 933
Lundi à vendredi, 10 h à 17 h. Expositions d'art moderne irlandais et international.
Combridge Fine Arts
24 Suffolk St., tél. 774 652
Lundi à vendredi, 9 h 30 à 17 h, samedi 10 h à 13 h. Paysages classiques à l'huile et à l'aquarelle.
Douglas Hyde Gallery
Trinity College, tél. 772 941
Lundi à samedi, 11 h à 17 h. Peintures, sculptures, photographies contemporaines.
Gallery of Photography
37-39 Wellington Quay, tél. 714 654
Cartes postales, affiches et gravures.
Kilcock Art Gallery
School St., Kilcock, Kildare, tél. 678 7619.
Mardi à vendredi, 10 h à 15 h, samedi 14 h à 17 h.
Oliver Dowling Gallery
19 Kildare St., tél. 766 573
Lundi à vendredi, 10 h à 17 h 30, samedi 10 h à 13 h. Peintures et sculptures d'artistes irlandais et internationaux.
Oriel Gallery
17 Clare St., tél. 763 410
Lundi à vendredi, 10 h à 17 h 30, samedi 10 h à 13 h. Tableaux irlandais des XIXe et XXe siècles. Paul Henry, Jack B. Yeats.
Taylor Gallery
6 Dawson St., tél. 776 089
Lundi à vendredi, 10 h à 17 h 30, samedi 11 h à 13 h. Peinture et sculpture irlandaises contemporaines.
Tom Caldwell Gallery
31 Upper Fitzwilliam St., tél. 688 629
Mardi à vendredi, 11 h à 17 h, samedi 11 h à 13 h. Artistes irlandais contemporains, surtout du Nord.

• Région Sud-Est
Kilkenny Castle Art Gallery
Kilkenny, tél. 056-21 450
Art irlandais fin XIXe et XXe siècle.
Waterford Trade Centre
The Mall, Waterford, tél. 051-76 002
Exposition d'arts appliqués : verre, cuivre, fer forgé, etc.

• Région Sud-Ouest
Cork Arts Society Gallery
16 Lavitt's Quay, Cork, tél. 021-277 749
Mardi à samedi, 11 h à 14 h, 15 h à 18 h. Expositions temporaires d'artistes irlandais.
Crawford Municipal Art Gallery
Emmet Place, Cork, tél. 021-273 377
Lundi à vendredi, 10 h à 17 h, samedi, 9 h à 13 h. Peinture, sculpture, argenterie, cristaux irlandais et européens.
Sean O'Connor
Town Hall, Killarney, tél. 064-31 255
Lundi à samedi, 9 h à 17 h (jeudi 9 h à 13 h). Paysages.
Sheeog Art Gallery
Langford St., Killorglin, tél. 066-61 220
Avril à septembre, décembre, lundi à samedi, 10 h 30 à 18 h 30.
Triskel Arts Centre
5 Bridge St., Cork, tél. 021-272 022
Mardi-samedi, 10 h à 17 h 30. Expositions et lecture de poèmes.

• **Région Centre-Ouest**
Belltable Arts Centre
69 O'Connell St., Limerick, tél. 061-319 866
Lundi à samedi, 10 h à 21 h. Peintres locaux.
National Self-Portrait Collection
Kneafsey Gallery, Plassey House, Limerick, tél. 061-333 644
Autoportraits d'artistes connus.

• **Midlands**
Caroll Art Gallery
6 Keons Terrace, Longford, tél. 043 411 448
Portraits d'artistes connus.

• **Région Ouest**
Cregal Art Centre
Ballybane, Galway, tél. 091-51 247
Lundi à samedi, 9 h à 18 h. Peinture irlandaise et internationale.
Education Centre
Castlebar, tél. 094-21 769
Lundi à vendredi, 10 h 30 à 17 h. Art et arts appliqués irlandais.
Kenny Art Gallery
High St., Galway, tél. 091-62 739
Lundi à samedi, 9 h à 18 h.

• **Région Nord-Ouest**
County Sligo Yeats Art Gallery
Stephen St., Sligo, tél. 071-42 212
Lundi à vendredi, 10 h à 14 h, 15 h à 17 h, samedi 10 h à 13 h. Environ 100 tableaux, comprenant des œuvres de John et Jack B. Yeats.
Glebe Gallery
Churchill, Donegal, tél. 074-37 071
Collection de Derek Hill, artiste anglais associé avec des peintres de l'île de Tory.

• **Irlande du Nord**
Arts Council of Northern Ireland
Bedford St., Belfast
Expositions, librairie.
Bell Gallery
13 Adelaide Park
Artistes irlandais des XIXe et XXe siècles, peinture victorienne.
Fenderesky Gallery
4 Malone Rd.
Peinture irlandaise contemporaine et d'avant-garde.
Magee Gallery
455 Ormeau Rd.
Surtout des œuvres classiques de peintres reconnus.
Tom Caldwell Gallery
40-42 Bradbury Place
Artistes irlandais contemporains.

MUSIQUE

L'Irlande possède la tradition musicale la plus vivante au monde. Les pubs passent presque tous de la musique, mais les visiteurs cherchant la qualité assisteront à des manifestations organisées, comme celles que présente, les mercredis et jeudis d'été, l'association de musique traditionnelle *Comhaltas Ceoltoirí Eireann* à son quartier général, Culturlann nah Eireann. L'adresse est *Belgrave Square, Monkstown, Dublin, tél. 280 0295.*

Les autobus 7 et 8, partant du centre de Dublin, s'arrêtent tout près, et la station DART de Monkstown et Seapoint n'est qu'à quelques pas. Le principal club de musique folklorique de Dublin est à Slattery's, dans Capel Street. Le programme des manifestations paraît dans le magazine *In Dublin.*

In Dublin annonce également les programmes des manifestations de jazz, de rock et de musique classique. Pour cette dernière, le principal lieu de rendez-vous est National Concert Hall, à Earlsfrost Terrace, donnant sur St. Stephen's Green, Dublin.

THÉÂTRE

The Abbey Theatre (théâtre national)
Lower Abbey St., Dublin, tél. 787 222
Fondé au début du siècle par Yeats, lady Gregory et leurs collaborateurs, il a rapidement acquis une réputation mondiale, grâce à son répertoire étendu et classique. Le **Peacock**, son théâtre jumeau, sert de salle d'art et d'essai.
Andrews Lane Theatre
9-11 Andrews Lane, Dublin 2, tél. 679 5720
Ouvert en septembre 1989 dans un entrepôt transformé, il est un rendez-vous populaire.
The Gate Theatre
Parnell Square, tél. 744 045
Fondé par Micheál MacLiammóir et Hilton Edwards. Orson Welles, adolescent, y fit sa première apparition sur scène. La qualité de ses productions est remarquable.
The Gaiety Theatre
South King Street, tél. 771 717
Beau bâtiment victorien, récemment restauré. Opéras, ballets et concerts de variétés.
The Olympia Theatre
Dame St., tél. 778 962
Programme identique à celui du Gaiety.
Lambert Puppet Theatre
Clifton Terrace, Monkstown, Co. Dublin, tél. 800 974
Spectacle permanent de marionnettes.

Player's Theatre
Front Square, Trinity College
Ce théâtre est situé dans l'université qui a joué du Goldsmith, du Synge et du Beckett. L'université partage aussi, avec l'université Samuel Beckett Centre, le Lombard Street Theatre.
Project Arts Centre
East Essex Street, Dublin 2, tél. 712 321
Compagnies indépendantes.
Tivoli Theatre
Francis Street, Dublin 8, tél. 535 998
Théâtre récent ouvert dans un ancien cinéma des années 1930.

Parmi les autres théâtres du pays citons :
A **Belfast** :
Grand Opera House, *Great Victoria St., tél. 241 919* ; Lyric Theatre, *Ridgeway St., tél. 381 081* ; Arts Theatre, *Botanic Avenue, tél. 324 936.*
A **Cork** :
Opera House, *Emmet Place, tél. 270 022* ;
Granary Theatre, *Grenville Place, tél. 276 871* ;
Ivernia Theatre, *Grand Parade, tél. 272 703.*
A **Limerick** :
Belltable Arts Centre, *69 O'Connell St., tél. 319 866* ; Granary Tavern, *Charlotte Quay, tél. 472 66.*
A **Galway** :
Druid Theatre Company, *Druid Lane Theatre, Chapel St., tél. 68 617* ;
Taibhdhearc na Gaillimhe, *Middle St., tél. 62 024.*
A **Sligo** :
Hawk's Well Theatre, *Temple St., tél. 61 526 / 61 518.*

VIE NOCTURNE

Les pubs restent animés jusqu'à minuit, y compris en province. Peu avant les douze coups de minuit tombe le fatidique *« Last order gentlemen »*, « dernière commande messieurs », signal de la fermeture du pub. Les Irlandais aiment se retrouver au comptoir de ces clubs d'habitués pour des discussions sans fin autour d'une Guinness et chanter en groupe. La vie sociale du pays s'organise autour des pubs même si se déroulent par ailleurs dans les villages des soirées de chants et de danses et, plus rarement, de grands banquets médiévaux en costumes d'époque.

FÊTES ET MANIFESTATIONS

Le nombre de manifestations et de fêtes, grandes et petites, semble augmenter chaque année. La liste en serait démesurée. En voici une sélection mais dates et lieux sont susceptibles de changer. Les bureaux de tourisme fourniront un calendrier précis de toutes les manifestations.
Courses de janvier, *Leopardstown, Dublin*
Réunion de haut niveau de jumping.
Foire des vacances, *RDS Ballsbridge, Dublin* (janvier).
Championnat international de rugby (tournoi des cinq Nations), *Landsdowne Rd., Dublin* (janvier et février).
Salon de l'automobile irlandais, *RDS, Ballsbridge, Dublin* (février).
Ulster Harp National (steeplechase) *Downpatrick*, (fin fév.-début mars).
Saison d'opéra, *Opéra de Cork* (début mars).
Festival de théâtre et de musique de Limerick (début mars).
Championnats de danse irlandaise, *Mansion House Dublin (*début mars).
Fête de la Saint-Patrick (17 mars). Fête du saint patron irlandais. Célébrée dans toute l'Irlande mais aussi dans le monde, comme à New York.
Festival de musique irlandaise de Dublin, le plus souvent dans les pubs (aux alentours du 17 mars).
Championnats du monde de danse irlandaise, endroits variables (fin mars).
Grand National (steeplechase), *Fairyhouse* (lundi de Pâques).
Circuit d'Irlande, rallye automobile (week-end de Pâques).
Saison de printemps du Grand Opéra de Dublin, *Gaiety Theatre,* (fin mars-avril).
Festival international de chant choral et de danse folklorique de Cork (fin avril-début mai).
Festival civique de Belfast et procession du Lord-Maire (mai).
Marathon de Belfast, grand nombre de participants (mai).
Northwest 200, course de motos, la plus rapide de Grande-Bretagne et d'Irlande. Départ de Portstewart (Derry) en mai.
Prix irlandais des 2000 guinées (pour les poulains de 3 ans) et des **1000 guinées** (pour les pouliches), sur une distance d'un mille. Les premières courses classiques de la saison pour le plat, deux samedis de suite sur le Curragh, en mai.
Festival de pêche classique de l'Ulster, *Fermanagh Lakeland* (mai).
Exposition de printemps, *RDS Ballsbridge, Dublin.* La plus importante manifestation agricole, très mondaine, avec de nombreuses manifestations annexes (très prisée des pickpockets), en mai.

Semaine panceltique, *Killarney*. Réunion de Celtes de Bretagne, Cornouailles, pays de Galles, Écosse et Irlande (mai).
Exposition agricole royale d'Ulster, *Belfast* (mai).
Semaine des écrivains, *Listowel (Clare)* (fin mai-juin).
Festival de musique dans de belles demeures irlandaises, en divers endroits près de Dublin (début juin).
Festival littéraire de Bloomsday (16 juin), *Dublin.* Le jour où se déroule l'action du livre de J. Joyce, *Ulysse*. Réservé aux inconditionnels de Joyce.
Festival d'Été, *Sligo* (mi-juin).
Festival international des célibataires, *Ballybunion (Kerry)*. Équivalent masculin de l'élection de miss Monde (fin juin).
Derby irlandais, course de plat de 2 400 m pour poulains de 3 ans. Le plus beau jour du calendrier hippique irlandais. Sur le Curragh (fin juin).
Festival de pêche en mer, *Westport (Mayo)*, (fin juin).
Oaks d'Irlande, sur le Curragh, équivalent du Derby pour les pouliches (début juillet).
École d'été Willie-Clancy, *Miltown Malbay (Clare)*. Flûte irlandaise (juillet).
Ulster Harp Derby (course de plat), *Downpatrick* (juillet).
Fête de Guillaume d'Orange, dans toute l'Irlande du Nord (le 12 juillet).
Concours international de roses, *Sir Thomas & Lady Dixon Park, Belfast*, (juillet à septembre).
Courses de Galway, courses de chevaux souvent comiques (fin juillet-août).
Festival international de Mary à *Dungloe (Donegal)* (fin juillet-août).
Rallye des locomotives à vapeur, *château de Shane, Antrim* (juillet).
Rallye à vapeur, *Stradbally (Laois)* (début août).
Concours hippique de Dublin, *RDS Ballsbridge*. La plus grande manifestation de jumping (août).
Puck Fair, *Killorglin (Kerry)*. Ancienne fête païenne au cours de laquelle un bouc est couronné (août).
Rallye de l'aéro-club international d'Ulster, *Newtonards (Down)* (août).
Université d'été internationale de Yeats, *Sligo*. Deux semaines d'études et de discussions sur le grand poète (août).
Ould Lammas Fair, *Ballycastle (Antrim)*. La foire la plus populaire d'lrlande du Nord où, selon la tradition, vous devez « offrir à votre Marie-Anne douceurs et Yellow-man ». Les derniers lundi et mardi d'août.
Festival amateur d'art dramatique d'Irlande (août).
Festival international de la rose, *Tralee (Kerry)* (fin août).
Fleadh Ceoil nah Eireann (Festival irlandais de musique irlandaise) Organisation de concours, (août).
Foire aux mariages d'Irlande, *Lisdoonvarna (Clare)* (septembre).
Hurling et football gaélique, finale du championnat national, *Croke Park, Dublin* (septembre).
Fête des huîtres de Galway, *Falway* (fin septembre).
Championnat irlandais de ballons à air chaud, *Ballymahon (Longford)* (fin septembre).
Festival théâtral, *Dublin* (fin septembre-octobre).
Festival d'opéra, *Wexford* (octobre).
Festival de jazz, *Cork* (octobre).
Marathon de Dublin (fin octobre).
Festival de Belfast, *Queen's University, Belfast.* Deux semaines de musique, théâtre, chants populaires, cinéma, etc. (novembre).
Saison d'hiver du Grand Opéra, *Dublin, Gaiety Theatre* (décembre).

SPORTS

Golf

Bienvenue sur les quelque 180 parcours de golf d'Irlande du Sud ! Le droit d'entrée est de 8 à 20 IR£ par jour. Des réductions sont envisageables ; elles s'appliquent à la semaine ou au mois, parfois à des groupes et des associations. Les prix sont calculés à la journée. Des cannes peuvent être louées. Les caddies ne sont disponibles que s'ils ont été réservés à l'avance. La plupart des clubs allouent également des chariots (mécaniques uniquement). Il vaut mieux toutefois prévoir de légers sacs de golf, au cas où les joueurs devraient les porter eux-mêmes.

Pour obtenir plus de renseignements sur les clubs de golf (situation, parcours, tarifs vacances), s'adresser à J. P. Murray, *Golf Promotion Executive, Irish Tourist Board, Dublin 2.* L'Office de tourisme irlandais a édité une nouvelle brochure, *Golfer's Guide to Ireland* (*Le Guide du golfeur en Irlande*), disponible sur place et à l'étranger.

PÊCHE

• En mer

La pêche est très populaire en Irlande : plus de 250 compétitions se déroulent entre février et novembre. Aucun permis n'est nécessaire pour s'adonner à ce sport. Pour plus de détails sur ces compétitions, lisez *Sea Angling in Ireland* (*La Pêche en mer en Irlande*), disponible pour 1,50 IR£ port compris, à l'Irish Tourist Board Literature Dept., *PO Box 1083, Dublin 8, Ireland.*

• En eau douce

Les poissons convoités sont le brochet, le perche, la brème, le gardon, la tanche, la vandoise et autres hybrides. La région la plus propice est celle des Midlands, depuis l'Erne et ses affluents au nord jusqu'au sud, en passant par le bassin du Shannon, les lacs Monaghan et Westmeath, le Grand Canal, le Royal Canal, la Barrow et son canal, et la Munster Blackwater. Il n'y a aucune clôture légale de la saison mais, depuis 1990, une simple protection du brochet. Si aucun droit n'est exigé en Irlande du Sud, les pêcheurs du Nord doivent se procurer un permis annuel pour pêcher en eau douce, et une licence (de 15 jours ou d'une saison entière). Les hôtels, les magasins d'articles de pêche ou les bureaux de tourisme les délivreront sur demande.

On peut trouver des appâts tout préparés, chapelure, asticots blancs et vers, chez de nombreux détaillants, mais il est préférable de les commander à l'avance à l'Irish Angling Service, *Ardlougher (Cavan), tél. 049-26 258.*

• Pêche au saumon et à la truite

La saison de la pêche au saumon s'étend du 1er janvier au 30 septembre, mais ces dates varient selon les districts. Une licence est indispensable ainsi qu'un permis de pêche, bien que dans certains lacs (comme ceux de Corrib et Conn) il ne faille aucun permis. La licence et le permis de pêche au saumon sont valables pour la truite de mer qui se pêche entre juin et fin septembre (jusqu'au 12 octobre dans certaines régions). Pour la truite de rivière, une licence n'est demandée qu'en Irlande du Nord, et sa pêche est en général libre.

SPORTS D'AVENTURE

Le canoë, la voile, la spéléologie, le vol libre, l'alpinisme, le parachutisme, la plongée, le surf et le ski sont les principales activités des centres de sports d'aventure qui se trouvent de Cork à Galway et du Donegal à Wicklow. Ces centres sont affiliés à l'AFAS (Association for Adventure Sports), *House of Sport, Long Mile Road, Dublin 12, tél. 01-509 845.*

MARCHE, ESCALADE, RANDONNÉE

Est-il encore nécessaire de vanter la beauté intacte des collines et des montagnes d'Irlande ? Elles ne dépassent guère 1 000 m, mais présentent des configurations très diverses, depuis les sommets arrondis du Wicklow, couverts de fondrières, jusqu'aux pics déchiquetés du Connemara, en passant par les crêtes de Cork et de Kerry, les étranges affleurements basaltiques du plateau d'Antrim et les montagnes de Mourne aux défilés impressionnants. Du haut de la plupart de ces montagnes s'offrent de merveilleuses vues sur la mer.

Le plus célèbre sentier de marche de l'Irlande du Sud est le « *Wicklow Way* », qui serpente sur 126 km en direction du sud, de Marlay Park (Dublin) jusqu'à Clonegal (Carlow). Il longe les flancs est des montagnes de Dublin et de Wicklow, traversant la plus vaste zone de hautes terres non accidentée du pays mais très peu habitée. Pour des détails sur la route, les possibilités d'hébergement, et les randonnées dans d'autres régions montagneuses de cette partie de l'Irlande, s'adresser au COSPOIR (The Irish Sports Council), *Hawkins House, Dublin 2, tél. 714 322.*

L'un des plus grands chemins de randonnée de toute l'Europe, l'« Ulster Way », fait presque le tour de l'Irlande du Nord et s'étend sur 800 km. Pour plus de précisions, s'adresser à : The Sports Council for Northern Ireland, *House of Sport, Malone Rd, Belfast 9, tél. 0232-381 222.*

Pour obtenir des renseignements et des conseils sur l'alpinisme et la varappe, s'adresser à l'AFAS (Association for Adventure Sports), *House of Sport, Long Mile Road, Dublin 12, tél. 01-509 845.*

• Observation d'oiseaux

Il y a plus de 55 observatoires d'oiseaux agréés en Irlande. Pour plus de détails sur leur emplacement et sur les espèces d'oiseaux visibles aux diverses périodes de l'année, s'adresser à The Irish Wildbird Conservancy, *8 Longford Place, Monkstown, Dublin, tél. 01-280 4322.* Deux observatoires prévoient une possibilité d'hébergement pour les visiteurs : Cape Clear Bird Observatory (réserver auprès de Mr. K. Grace, *34 Dorney Court, Shankill, Co. Dublin*) et Copeland Bird Observatory (réserver auprès de Mr N. MacKee, *67 Temple Rise, Templepatrick, Antrim*).

POUR LES GOURMETS

Vous trouverez dans les restaurants irlandais d'excellents produits naturels : saumons frais et fumés, truites, huîtres, langoustines et crevettes ; du porc, du bœuf et de l'agneau succulents — et surtout un pain au levain (*soda bread*) ou un pain complet délicieux. Et pourtant, peu de plats sont spécifiquement irlandais puisque le pays n'a pas de tradition gastronomique et que les habitants ont tendance à assimiler les plats traditionnels — tel l'*Irish stew*, pot-au-feu de chou et de bacon — aux jours anciens de pauvreté. Ce sont des mets simples, savoureux et sains. Les fromages locaux sont également remarquables.

Les repas en Irlande sont assez chers — bien qu'ils soient moins onéreux au Nord qu'au Sud. Il ne manque pas de fast-foods proposant des «*fish and chips*» (poisson et frites) ou du poulet sucré-salé. Des restaurants de haut niveau soutiennent à l'inverse la comparaison avec les plus grands. Entre les deux extrêmes, soit vous savourerez des produits frais délicieux, cuisinés avec simplicité, soit vous paierez un prix excessif pour un repas médiocre.

La boisson la plus réputée d'Irlande est évidemment la **Guinness**, cette bière brune royale et crémeuse. Bien qu'elle soit vendue dans le monde entier, son goût est incomparablement meilleur sur place. Les whiskies irlandais jouent les seconds violons par rapport aux whiskies écossais depuis l'époque de la prohibition aux États-Unis, lorsque « *Irish* » était presque synonyme de whisky de contrebande. A présent ils retrouvent un succès justifié. Citons les marques *Jameson*, *Powers*, *Paddy*, *Bushmills* et *Tullamore Dew*. Donc, qu'il soit sec ou non : « *Slainte* » (« A votre santé ! »).

• Restaurants d'Irlande du Sud

Pour donner une idée des prix, nous nous basons sur le système suivant : le coût moyen d'un dîner comprenant trois plats, sans vin, inférieur à 8 £ par personne, correspond à £ ; entre 8 et 17 £ : ££ ; plus de 17 £ par personne : £££. Le déjeuner est généralement moins cher. La lettre T indique que le restaurant offre un menu touristique comprenant 3 plats, dans trois catégories de prix : 6 £, 8,25 £ ou 12 £.

• Dublin

Bad Ass Café
9-11 Crown Alley, tél. 712 596
Pizzeria sans prétention, fréquentée par des jeunes gens. Musique rock diffusée par vidéo-jukebox. Portions généreuses. ££ T

Bewley's Cafés
11-12 Westmoreland St., 13 South Great George's St., et 78-79, Grafton St.
Les Dublinois ont l'habitude de se donner rendez-vous dans ces vastes salons de thé surannés, aux vitraux colorés, pour un petit déjeuner rapide et jeter un coup d'œil sur les journaux, avant de se rendre à leur travail. La cuisine est quelconque, mais l'atmosphère est typiquement dublinoise. £ T

Gallagher's Boxty House
20-21 Temple Bar, tél. 772 762
« *Boxty* » est la galette de pomme de terre traditionnelle, à accomoder à son goût. Décor désuet et musique traditionnelle. ££

Kilkenny Kitchen
Nassau St., au-dessus du Kilkenny magasin
Libre-service toujours bondé à l'heure du déjeuner. Cuisine maison, salades agréables, charlottes aux fruits, etc. Fermé le soir. £

Lobster Pot
9 Ballsbridge Terrace, tél. 680 025/609 170
Restaurant de fruits de mer vieillot mais confortable. £££

Lord Edward
23 Christchurch Place, tél. 542 420
Restaurant de fruits de mer, gentiment vieillot, dans le vieux Dublin. £££

National Gallery
Merrion Square
Spacieux et agréable libre-service. Plats chauds, salades. Fermé le soir, sauf le jeudi jusqu'à 20 h 30. £

Oisin's
31 Upper Camden St., tél. 753 433
Nourriture traditionnelle avec soupe aux coques et *Irish stew*. £££

Old Dublin
91 Francis St., tél. 542 028
Cuisine russe et scandinave et donc grand choix de plats à base de poissons ; intime. ££

• Sud de Dublin

Enniscree Lodge
Cloon, Enniskerry, tél. 863 542
Auberge de style Tudor sur une colline boisée. Bons potages, fondue. ££

Hunter's
Rathnew, tél. 0404-40106
Un des plus anciens relais de poste irlandais avec jardins descendant jusqu'à la Vartry. ££

Restaurant na Mara
Port de Dun Laoghaire, tél. 800 509/806 767
Anciens bureaux victoriens du chef de gare. Salles élégantes. Fruits de mer et bouillabaisse présentés avec recherche. £££

The South Bank
1 Martello Terrace, Dun Laoghaire
Restaurant en bord de mer, situé près d'une tour Martello. ££

• Nord de Dublin

Abbey Tavern
Howth, tél. 390 307
Atmosphère rétro — feux de tourbe, éclairage au gaz, musique folklorique. Poisson. £££

Forge Gallery
Collon, tél. 041-26 272
Bons produits locaux, simplement cuisinés. Portions copieuses. £££

The Gables
Dundalk Rd., Ardee, tél. 041-53 789
Marée du jour, gibier en saison. ££

King Sitric
East Pier, Howth, tél. 325 235/326 729
Restaurant à la mode qui donne sur le port. Poisson ou gibier en saison. £££

Red Bank
7 Church St., Skerries, tél. 491 005
Restaurant familial, excellents fruits de mer. £££

• Ouest de Dublin

Country Shop
Mill St., Maynooth
Boutique d'artisanat et restaurant ; endroit agréable pour un déjeuner léger ou pour savourer une tasse de café accompagnée de *scones*. Fermé le soir. £ T

Curryhills House
Prosperous, tél. 045-68 150/68 336
Hôtel-restaurant familial, dans maison de campagne georgienne. Représentation de musique irlandaise traditionnelle les mercredis et vendredis soirs. ££ T.

Kilkea Castle
Castledermot, tél. 0503-45 156
Dîner raffiné avec argenterie. £££

Moyglare Manor
Maynooth, tél. 286 351
Manoir georgien magnifiquement meublé. Fréquenté après des parties de chasse, de pêche, ou après les courses par les habitués du Curragh. £££

• Région Sud-Est

Dooley's Hotel
Waterford, tél. 051-73 531
Hôtel-restaurant familial dans le centre. ££ T

Dwyer's
5 Mary St., Waterford, tél. 051-77 478 / 71 183.
Excellente cuisine, cadre agréable. ££

Lacken House
Carlow Road, Kilkenny, tél. 056-61 085. £££

Marfield House
Gorey, tél. 055-21 124
Manoir Régence dans un beau parc paysager. Spécialité de poissons. Sur réservation. ££

Merry's
Lower Main St., Dungarvan, tél. 058-41 974
Demeure d'un marchand de vins datant du XVIIe siècle. ££ T

Step House Restaurant
Borris, tél. 0503-73 209
Maison georgienne. Crustacés et gibier. ££

Tonlegee House
Athy, tél. 0507-31 473
Bonne nourriture dans un cadre familial. £££

Waterford Castle
The Island, Ballinakill, tél. 051 78 203
Hôtel-restaurant de luxe, dans le château restauré de Fitzgerald, auquel on accède par ferry sur la Suir.

• Région Sud-Ouest

Arbutus Lodge
Montenotte, Cork, tél. 021-501 237
Renommé pour sa cuisine et sa cave bien garnie. *Gallery Bar* et patio (pour déjeuner uniquement) spécialisés dans les fruits de mer et moins chers que le restaurant. £££

Ballymaloe House
Shangarry, tél. 021-652 531
Restaurant de renommée internationale qui est aussi une école de cuisine. Quand la cuisine traditionnelle devient un art... £££

Blairs Cove
Durrus, tél. 027-61 127
Restaurant dans les écuries d'un manoir georgien, dominant la baie de Dunmanus. En été, dîner sur la terrasse chauffée, ornée d'une fontaine. Rôtisserie en plein air. ££

Blue Haven
Pearse St., Kinsale, tél. 021-77 209
Petit hôtel confortable. Fruits de mer. ££

Deenach Grill
College St., Killarney, tél. 064-31 656
Sans prétention, bon rapport qualité-prix. Menu pour enfants. £ T

Doyle's Seafood Bar
John St., Dingle,
tél. 066-51 174
Spécialités de homards. Menu préparé chaque jour en fonction de la pêche dans la Dingle. L'un des meilleurs restaurants de fruits de mer du pays. ££

Longueville House
President's Restaurant, près de Mallow, tél. 022-47 156
Splendide manoir georgien (1720) avec serres victoriennes. Vin provenant de l'unique vignoble irlandais. £££
Man Friday
Scilly, Kinsale, tél. 021-772 260
Restaurant populaire. Nourriture bien cuisinée et servie généreusement. Steaks, sole et salades de crevettes. £££
Park Hotel
Kenmare, tél. 064-41 200
Cuisine française de première qualité. £££
Shiro Japanese Dinner House
Ahakista, Durrus, tél. 027-67 030
Cuisine et cadre sublimes. £££
Smugglers Inn
Cliff Rd., Waterville, tél. 0667-4330
Restaurant familial sur la plage. ££ T.
The Strawberry Tree
24 Plunkett Street, Killarney, tél. 064-32 688
Nourriture irlandaise innovatrice. £££

• Région Centre-Ouest
Bulgaden Castle
Kilmallock, tél. 063-98 209
Taverne du XVIIIe siècle restaurée. Cabaret les lundis, mercredis et jeudis en été. ££ T.
Chez Hans
Cashel, tél. 0623-61 177
Bistro aménagé dans une église baptiste. £££
Four Seasons
Cashel Palace Hotel, Cashel, tél. 062-61 411
Gastronomique. £££
Gregan's Castle Hotel
Près de Ballyvaughan, tél. 065-77 005
Demeure campagnarde aménagée en hôtel. Vue superbe sur la baie de Galway. Spectacles tous les soirs en saison. Fruits de mer. £££
Kilcoran House
Cahir, tél. 052-41 288/41 465
Ancien rendez-vous de chasse. Belle vue. Cuisine traditionnelle. ££
MacCloskey's
Bunratty House Mews, Bunratty, tél. 061-364 082.
Caves restaurées du XVIIe siècle. Le restaurant surplombe le château de Bunratty. Cuisine franco-irlandaise. £££
Matt the Thresher
Birdhill, sur la route de Limerick à Nenagh, tél. 061-379 227
Vieux pub-restaurant. Concerts improvisés. £
The Mustard Seed
Adare, tél. 061- 396 451
Cuisine originale dans une vieille maison. £££

• Région des Midlands
Bridge House
Bridge St., Tullamore, tél. 050-621 704
Poisson frais et gibier en saison. ££
Crookedwood House
Mullingar, tél. 044-72 165
Restaurant familial installé dans une cave. ££
Moorhill House
Clara Rd., Tullamore, tél. 050-621 395
Restaurant dans les écuries d'une maison de campagne. ££ T.
Royal Hotel
Bridge St., Boyle, tél. 079-62 016
Restaurant au bord de la rivière. Ambiance sympathique. Portions généreuses. ££ T.

• Région Ouest
Abbeyglen Castle
Sky Rd., Clifden, tél. 095-21 201
Excellent restaurant servant saumons, homards et fruits de mer pêchés sur place. ££ T
Drimcong House
Moycullen, tél. 091-85 115
Demeure campagnarde vieille de 300 ans, tables de chêne poli. £££
Enniscoe House
Castlehill, près de Crossmolina, tél. 096-31112
Petit restaurant dans une maison georgienne. Meubles anciens, portraits de famille, feu dans les cheminées. ££
The Malt House
Olde Malte Arcade, High St., Galway, tél. 091-67 866/63 993. £££
Moran's Oyster Cottage
The Weir, Kilcolgan, tél. 091-96 113
Cottage bien situé. Fruits de mer. ££ T

• Région Nord-Ouest
County Hotel
Carrick on Shannon, tél. 078-20 042. ££ T
Dragon Restaurant
Rock House Hotel, Lough Arrow, Ballindoon, Castlebaldwin, tél. 079-66 073
Résidence de campagne sur les bords du Lough Arrow. Ameublement ancien, feux de tourbe, produits maison. ££ T.
Knockmuldowney Restaurant
Culleenamore, près de Strandhill, tél. 071-67 800
Maison georgienne dans la «Yeat's Country» du comté de Sligo. Produits locaux. ££ T
Mooney's
Bunbeg, tél. 075-31 147
Restaurant douillet et plein de charme au toit de chaume, avec feux de tourbe. Fruits de mer et crustacés. ££ T

The Moorings
Rosses Point, tél. 071-77 112
Agréable restaurant de fruits de mer. ££
Restaurant Saint John
Fashan, tél. 077-60 289
Nourriture familiale dans maison georgienne restaurée. Domine Lough Swilly. £££
Water's Edge
Rathmullan, tél. 074-58 182
Au bord du Lough Swilly. Fruits de mer, canard et steaks. ££

• Restaurants d'Irlande du Nord

Le symbole £ à la fin de chaque rubrique permet de définir des prix approximatifs, basés sur le coût moyen d'un repas du soir de 3 plats, comprenant le service (10 %) et la TVA, mais pas la boisson.
£ = moins de 12 £ sterling; ££ = de 12 à 16 £ sterling; £££ = plus de 16 £ sterling.

• Belfast
Barclay Carvery
Shawsbridge, tél. 0232-64 0485
Self-service bon et copieux. £/££
Four Winds Inn
111 Newton Park, tél. 0232-401 957
Portions énormes. £££
Nick's Warehouse
35 Hill St., tél. 0232-439 690
Restaurant-bar à vin à la mode.
Pips International
43 Dublin Rd., tél. 0252-326 423
Crevettes à l'ail, steaks au barbecue. ££
Restaurant 44
44 Bedford St., tél. 0232-244 844
Gibier, poisson. £££
Roscoff
Shaftsbury Square, tél. 0232-331 532
Nouvelle cuisine irlandaise de qualité. £££
Strand
12 Stramillis Rd., tél. 0252-682 266
Cuisine excellente, atmosphère décontractée. ££

• Comté d'Antrim
Adair Arms
Ballymoney Rd., Ballymena, tél. 0266-653 674. ££
Ballygalley Castle
Balligalley, tél. 0574-83 212. ££
Ballymac
7a Rock Rd., Stoneyford, tél. 084664-313. £
Bayview
Portballintrae, tél. 02657-31453. £
Causeway Hotel
Giant's Causeway, tél. 02657-31226 / 31210. £
Chimney Corner
630 Antrim Rd., Glengormley, tél. 02313-44925. ££
Corr's Corner
Ballyhenry, Newtownabbey, tél. 02313-492 21. ££
Dobbins Inn
6 High St.,Carrickfergus, tél. 0960-651 905. £
Harbour Inn
5 Harbour Rd., Portrush, tél. 0265-825 047. £
Laragh Lodge
Glenariff, tél. 026673-221 /383. £
Leighinmohr House
Leighinmohr Ave., Ballymena, tél. 0266-652 313. ££
Londonderry Arms
Carnlough, tél. 0574-85255. £
Magheramorne House
59 Shore Rd., Larne, tél. 0574-79 444. ££
North Irish Horse
15 Main St., Dervock, tél. 0265-741 205. £
Ramore and Lobster Pot
The Harbour, Portrush, tél. 0265-823 444. ££
Rathlin Guesthouse
Rathlin Island, tél. 0265-763 917. £
Sleepy Hollow
15 Kiln Rd., Newtownabbey, tél. 0232-342 042
Galerie d'art, décor victorien. Bonne cuisine. ££
Swiss Chalet
81 Ballyclare Rd., Glengormley, tél. 02313-48630. £
Thornlea
Cushendall, tél. 02667-71 223. ££

• Comté de Down
Balloo House
Killinchy, tél. 0238-541 210. ££
Poisson frais et gibier recommandé.
The Barn
120 Monlough Rd., Saintfield, tél. 0238-510 396
Réservation impérative. ££
Buck's Head Inn
7 Main St., Dundrum, tél. 0396-75 228. £
Cranfield House
57 Cranfield Rd., Kilkeel, tél. 0693-762 327. ££
Culloden Hotel
Cultra, tél. 02317-5223. £££
Cultra Inn
Cultra, tél. 02317-5840. £
Fisherman
43 Kilkeel Rd., Annalong, tél. 0396-768 733
Fruits de mer. £
Glassdrumman House
224 Glassdrumman Rd., Annalong, tél. 03967-68585. £££

The Grange
Main St., Waringstown, tél. 0762-881 989. ££
Hillside Bar
21 Main St., Hillsborough, tél. 0846-682 765. ££
Jenny Watts
41 High St., Bangor, tél. 0247-270 401
Bistro à l'ambiance sympathique. ££
Lobster Pot
11 The Square, Stangford, tél. 039-686 288. ££
Marquis of Downshire
48 Lisburn St., Hillsborough, tél. 0846-682 095. £
Old Inn
15 Main St., Crawfordsburn, tél. 0247-853 255
Auberge ancienne à toit de chaume. ££
O'Reilly's
7 Rathfriland Rd., Dromara, tél. 0238-532 209
Fruits de mer. ££
Portaferry Hotel
10 The Strand, Portaferry, tél. 0247-728 231. ££
Pot Belly
Tullylish Pottery, Banbridge Rd., Gilford, tél. 0762-831404. ££
Primrose Bar
30 Main St., Ballynahinch, tél. 0238-563 177. £
Rea's
78 Market St., Downpatrick, tél. 0396-612017
Bar rétro. ££
Schooner
30 High St., Holywood, tél. 0232-428 880. ££
Villager
3 *Downpatrick St., Crossgar, tél. 0396-830 385.* ££
Woodlands
29 Spa Rd., Ballynahinch, tél. 0238-562650
Fruits de mer. ££

• Comté de Derry
Ballymaclary House
57 Seacoast Rd., Magilligan, tél. 05047-5028. £
Brown Trout Inn
Mullaghmore, Aghadowey, tél. 026585-868209. £
Everglades
Prehen Rd., Londonderry, tél. 0504-46 722. ££
Glen House
Main St., Eglinton, tél. 0504-810 527. ££
McDuff's
112 Killeague Rd., Blackhill, Coleraine, tél. 0265-868 433. £
White Horse Inn
68 Clooney Rd., Londonderry, tél. 0504-860606. £££

• Comté d'Armagh
Carngrove Hotel
2 Charlestown Rd., Portadown, tél. 0762-339 222. ££
Charlemont Arms
63 English St., Armagh, tél. 0861-522028. £
Seagoe
Upper Church Lane, Portadown, tél. 0762-333 076. ££
Silverwood Hotel
Kiln Lane, Lurgan, tél. 0762-2327 722. ££

• Comté de Tyrone
Fir Trees Lodge
Melmount Rd., Strabane, tél. 0504-382 382. £
Inn on the Park
Moy Rd., Dungannon, tél. 0868-725 151. ££
Royal Arms
51 High St.,Omagh, tél. 0662-32 62. £

• Comté de Fermanagh
Carlton
Main St., Belleek, tél. 0365-65 282. £
Crow's Nest
12 Aigh St., Enniskillen,tél. 0365-25 256. £
Encore Steak House
Main St., Ballinamallard, tél. 0365-81606. £
Killyhevlin
Dublin Rd., Enniskillen, tél. 0365-23481. £
Lough Erne
Main St., Kesh, tél. 03656-31281. £
McCartney's Inn
17 Belmore St., Enniskillen, tél. 0365-220122
Pot-au-feu irlandais. ££
May Fly
Main St., Kesh, tél. 02657- 21206. ££
Ortine Hotel
Main St., Lisnaskea, tél. 03657-21206. ££
The Sheelin
Bellanaleck, tél. 036582232. £££

OÙ LOGER

Les prix d'une nuitée vont de 100 IR£, dans un hôtel de luxe, à 12 £, la nuit chez l'habitant... pour une prestation équivalente. Un certain nombre de *bed-and-breakfast* proposent ainsi une chambre agréable avec salle de bains.

L'Irlande entière applique la classification suivante :

• Hôtels
A☆ : hôtels luxueux offrant un très haut niveau de confort et de service. La cuisine est aussi raffinée que variée.
A : chambres spacieuses et très agréables ; la plupart ont une salle de bains attenante. Cuisine de bonne qualité.
B☆ : du bon hôtel familial à l'accueil plus impersonnel. Beaucoup de chambres possèdent leur salle de bains. Bonne cuisine.

B : hôtels familiaux dont le confort et la cuisine sont satisfaisants.
C : hôtels simples mais corrects.

• Pensions de famille
Petits hôtels simples, souvent dirigés en famille.

• « Bed-and-breakfast »
Vous serez hébergé chez l'habitant. Le dîner est inclus si vous le demandez avant midi.

• Auberges de jeunesse
Les auberges de jeunesse ne dépendent pas du même organisme selon qu'elles se trouvent en Irlande du Nord ou du Sud mais, muni d'une carte de la Fédération internationale, il sera possible d'aller indifféremment dans les deux parties du pays.

Une trentaine d'auberges d'Irlande du Sud reçoivent surtout pendant les vacances. Elles sont simples et propres, proposent des dortoirs ou des chambres à deux. Le prix de la nuit est de 6 £ irlandaises.

• « Self-catering »
Il s'agit d'un système de location permettant de jouir d'une caravane, d'un appartement, d'un cottage, ou même d'un château. Les prix varient selon les saisons. Vous obtiendrez plus de précisions en vous renseignant à l'office de tourisme.

HÔTELS EN IRLANDE DU SUD

• Dublin
Gresham Hotel
23 O'Connell St. Upper, tél. 746-881
L'un des plus anciens et plus célèbres hôtels de la ville, proche du centre animé.
Jury's Hotel
Pembroke Rd., tél. 605-000
Hôtel moderne dans le faubourg de Ballsbridge. Centre populaire de conférences et de banquets. Son « *Irish Cabaret* » est le plus prisé.
Landsdowne Hotel
Pembroke Rd., tél. 68 2522
Petit hôtel familial, à Ballsbridge.
Mount Herbert
Herbert Rd., tél. 68 4321
Entre l'hôtel et la pension de famille, à Ballsbridge. Excellent rapport qualité-prix.
Powers Hotel
Kildare St., tél. 679 4388
Bien situé, dans la même rue que *Dáil Eireann* (le Parlement irlandais), le *National Museum* et la *National Library*.
Shelbourne Hotel
St. Stephen's Green, tél. 766 471
Depuis des années, l'un des hôtels les plus connus de la ville, et toujours plus élégant que ses récents concurrents.
Westbury Hotel
Grafton St., Dublin 2, tél. 679 1122
Le plus récent hôtel de luxe de Dublin, proche des grandes boutiques, de *Trinity College* et de *St. Stephen's Green*. Comprend sa propre galerie marchande avec restaurants indien et chinois, librairie, salon de coiffure, etc.

• Au Sud de Dublin
Court Hotel
Killiney, tél. 285 1622
Grand bâtiment ancien, au-dessus de la baie.
Dalkey Island Hotel
Dalkey, tél. 2850377
Sur la côte rocheuse, dominant une petite île avec une des tours Martello, proche du charmant village de Dalkey.
Downshire House
Blessington, tél. 045-65199
Hôtel familial, dans la rue principale du joli village de Wicklow, à 29 km de Dublin. Bonne cuisine.
Hunter's Hotel
Rathnew, tél. 0404-40106
Vieux relais de poste avec charmants jardins au bord de l'eau. Délices du bon vieux temps.
Old Rectory Country House
Wicklow, tél. 040-467 048
Vieille demeure calme, joliment restaurée. Cuisine gastronomique.
Royal Marine Hotel
Marine Rd., Dun Laoghaire, tél. 280 1911
Proche de la gare maritime, de la marina et des boutiques. Édifice victorien, récemment restauré.
La Touche Hotel
Greystones, tél. 287 4401
Hôtel de bord de mer restauré dans le grand style ancien. Bon rapport qualité-prix.

• Au Nord de Dublin
Ballymacscanlon House Hotel
Dundalk, tél. 042-711 24
Vieux manoir de campagne transformé et agrandi. Piscine, terrain de sport.
Barley Cove Beach Hotel
Goleen, tél. 028-352 34
Fruits de mer au restaurant. £
Blue Haven Hotel
Kinsale, tél. 021-772 209
Petit hôtel familial et confortable. Bonne cuisine.
Cahernane Hotel
Muckross Rd., Killarney, tél. 064-318 95

Magnifique manoir, couvert de lierre. Tennis, croquet, pêche réservée, bonne cuisine.
Conyngham Arms
Slane, tél. 041-241 55
Auberge victorienne dans un charmant village du XVIIIe siècle sur la Boyne.
Howth Lodge Hotel
Howth, tél. 390 288
Hôtel familial dominant la mer, proche du château de Howth.
McKevitts' Village Hotel
Carlingford, tél. 042-731 16
Petit hôtel familial.

• A l'ouest de Dublin
Barberstown Castle Hotel
Straffan, tél. 628 8157
Atmosphère chargée d'histoire.
Curryhills House Hotel
Prosperous, tél. 045-681 50
Ferme georgienne, près du Grand Canal. Bonne cuisine.
Moyglare Manor Hotel
Maynooth, tél. 628 6351
Manoir georgien entouré d'un parc. Confortable.

• Région Sud-Est
Cedar Lodge Hotel
Carrigbyrne, Newbawn, près de New Ross, tél. 051-28 386
Petit hôtel moderne et familial. Bonne cuisine.
Courtown Hotel
Courtown Harbour, près de Gorey, tél. 055-25 108
Piscine couverte et chauffée.
Dooley's Hotel
Waterford, tél. 051-73 531
Hôtel familial dans le centre-ville. Bonne cuisine.
Ferrycarrig Hotel
Ferrycarrig Bridge, près de Wexford, tél. 053-22 999
Situation admirable près de la Slaney.
Hotel Kilkenny
College Rd., Kilkenny, tél. 056-62 000
Hôtel moderne et centre de loisirs. Piscine intérieure, jacuzzi, serre.
Lacken House
Dublin/Carlow Rd., Kilkenny, tél. 056-65 611.
Pension familiale, confort et bonne cuisine.
Marlfield House
Gorey, tél. 055-21 124
Manoir Regency, restauratation de qualité.
Richmond House
Cappoquin, tél. 058-54 278
Pension de famille dans une résidence georgienne. Parc boisé. Bon rapport qualité-prix.
Hotel Rosslare
Rosslare Harbour, tél. 053-33 110
Court de squash, planche à voile, bonne cuisine.
Whitechurch House Hotel
Cappagh, près de Dungarvan, tél. 058-68 182
Maison georgienne près de la Blackwater.

• Région Sud-Ouest
Arbutus Lodge Hotel
Montenotte, Cork, tél, 021-501 237
Petit hôtel dans une maison du début du XIXe siècle, beaux jardins. Cuisine et vins renommés.
Ard-na-Sidhe Guesthouse
Caragh Lake, Killorglin, tél. 066-69 105
Manoir victorien, meubles anciens et feux de cheminée.
Ashbourne House Hotel
Glounthane, Cork, tél. 021-353 319
Résidence de campagne du XIXe siècle, au bord de la Lee. Piscine, tennis.
Assolas Country House
Kanturk, tél. 029-500 15
Superbe demeure du XVIIe siècle, jardins descendant au bord de la rivière. Idyllique.
Ballymaloe House
Shangarry, Midleton, tél. 021-652 531
Vaste maison georgienne, piscine, tennis, golf miniature.
Butler Arms Hotel
Waterville, tél. 0667-41 44
Bel hôtel familial, dominant la mer. Golf, tennis, pêche. Bonne cuisine.
Caragh Lodge
Caragh Lake, tél. 066-69 115
Beau jardin, piscine, tennis, pêche.
Grand Hotel
Fermoy, tél. 025-31 444
Chaleureux, animé, très apprécié des pêcheurs.
Great Southern Hotel
Killarney, tél. 064-31 262
Grand hôtel victorien, style Terminus. Natation, tennis, sauna. De mai à septembre, *Siamsa*, le théâtre national populaire, donne quatre représentations par semaine, en soirée.
Great Southern Hotel
Parknasilla, tél. 064-45122
Manoir du XIXe siècle, grands jardins semi-tropicaux. Golf privé, natation, équitation, tennis, pêche, ski nautique. Bonne cuisine.
Jury's Hotel
Western Rd., Cork, tél. 021-276 622
Vaste hôtel moderne, proche du centre-ville.
Kathleen's Country House
Tralee Rd., Killarney, tél. 064-32 810
Pension de famille bien équipée.
Metropole Hotel
MacCurtain St, Cork, tél. 021-508 122
Grand hôtel victorien dans le centre-ville.
Park Hotel
Kenmare, tél. 064-41 200

Luxueux hôtel dans un superbe bâtiment de pierre grise. Excellente cuisine.
Smuggler's Inn
Cliff Road, Waterville, tél. 0667 4422
Petite pension de famille. Bonne cuisine.

• Région Centre-Ouest
Auburn Lodge Hotel
Galway Rd., Ennis, tél. 065-21 247
Moderne et familial. Squash, tennis, jacuzzi. Bon rapport qualité-prix.
Ballykilty Manor Hotel
Quin, tél. 065-25 627
Manoir georgien dans une région boisée, sur la Rine, où l'on pêche saumons et truites.
Cashel Palace Hotel
Cashel, tél. 062-61 411
Manoir palladien du XVIIIe siècle, ancien palais épiscopal.
Dundrum House
Cashel, tél. 062-71 116
Manoir georgien familial du XVIIIe siècle.
Dunraven Arms Hotel
Adare, tél. 061-396 209
Auberge ancienne pleine de charme.
Falls Hotel
Ennistymon, tél. 065-71 004
Maison georgienne près des cascades de l'Inagh.
Jury's Hotel
Ennis Rd., Limerick, tél. 061-327 777
Hôtel moderne, bar agréable, cuisine française classique.
Kilcoran Lodge Hotel
Cahir, tél. 052-41 288
Rendez-vous de chasse transformé, vue splendide sur les monts Galtee.
Old Ground Hotel
Ennis, tél. 065-28 127
Spacieux, en partie du XVIIe siècle.
Rectory House Hotel
Dundrum, tél. 062-71 115
Petit hôtel familial, dans une gentilhommière.
Sheedy's Spa View Hotel
Lisdoonvarna, tél. 065-74 026
Confortable et familial, feux de tourbe. Tennis.
Woodfield House Hotel
Ennis Rd., Limerick, tél. 061-53 022
Petit hôtel confortable.

• Région des Midlands
Abbey Hotel
Abbeytown, Roscommon, tél. 090-326 240
Hôtel moderne dans sa vénérable coquille ancienne.
Bloomfield House Hotel
Belvedere, Mullingar, tél. 044-40 894/5/6
Vieille demeure de style féodal, ancien internat dirigé par des religieuses. Bon rapport qualité-prix.
County Arms Hotel
Birr, tél. 0509-20 791
Petit hôtel installé dans un manoir georgien.
Prince of Wales Hotel
Church St., Athlone, tél. 0902-72 626
Bien que l'hôtel date de 1848, le bâtiment actuel est moderne. Bon rapport qualité-prix.
Royal Hotel
Bridge St., Boyle, tél. 079-62 016
Hôtel familial, au bord de la rivière d'un village ancien.
Village Hotel
Tyrrellspass, tél. 044-23 171
Petit hôtel familial dans un village pittoresque.

• Région Ouest
Ahbeyglen Castle
Clifden, tél. 095-21201
Magnifiquement situé. Piscine découverte chauffée. Bonne cuisine.
Ashford Castle
Cong, tél. 092-46 003
Magnifique demeure, ancienne résidence de la famille Guinness, sur l'isthme joignant Lough Corrib et Lough Mask. Golf privé, tennis, pêche, canotage, chasse.
Ballynahinch Castle Hotel
Ballinafad, tél. 095-31 006
Dans le Connemara sauvage, au pied de l'un des « douze Bens » dominant l'Owenmore.
Cashel House Hotel
Cashel, tél. 095-31 001
Élégante résidence de campagne avec jardins dominant la baie. Bonne cuisine.
Connemara Gateway Hotel
Oughterard, tél. 091-82 328
Vaste hôtel moderne agréable. Piscine, tennis.
Curraveragh House
Oughterard, tél. 091-82 313
Manoir du XIXe siècle dans un parc boisé près du Lough Corrib. Bonne cuisine.
Great Southern Hotel
Eyre Square, Galway, tél. 091-64041
Hôtel style Terminus sur la grand-place. Piscine intérieure, salle de gymnastique.
Mount Falcon Castle
Ballina, tél. 096-21 172
Manoir de pierre grise. Cuisine de la ferme. Pêche.
Olde Railway Hotel
The Mall, Westport, tél 098-25 090/25 166
Hôtel familial de plus de deux siècles. Selon Thackeray, « l'une des plus jolies et des plus confortables auberges d'Irlande ».

Ostan Gob A'Choire
Achill Island, tél. 098-45 245
Ile splendide, reliée à la terre par une digue.
Rock Glen Manor House
Clifden, tél. 095-21035
Ancien rendez-vous de chasse. Confortable.
Rosleague Manor Hotel
Letterfrack, tél. 095-41 101
Belle demeure georgienne. Bonne cuisine.

• Région Nord-Ouest
Carrig-Rua Hotel
Dunfanaghy, tél. 07-36 133
Hôtel familial. Bon rapport qualité-prix.
County Hotel
Carrick-on-Shannon, tél. 078-20 042
Hôtel familial, dans le centre.
Ostan Radharc na Mara
Seaview Hotel, Bunbeg, tél. 075-31 159
Bon rapport qualité-prix.
Port-na-Blagh Hotel
Port-na-Blagh, tél. 074-36 129
L'hôtel domine la baie de Sheephaven. Bon rapport qualité-prix.
Rathmullan House
Rathmullan, tél. 074-58 117/58 188
Maison de campagne sur les bords du Lough Swilly. Très beaux jardins.
Rock View Hotel
Lough Arrow, Castlebaldwin, tél. 079-66 073
Ferme familiale restaurée.
Sligo Park Hotel
Pearse Rd., Sligo, tél. 071-60 291
Hôtel moderne. Prix raisonnables.

HÔTELS EN IRLANDE DU NORD

• Belfast
Culloden Hotel
Holywood, tél. 0232-5223
De style féodal, en dehors de la ville, sur les bords de la Lagan.
Forte Crest Hotel
Dunmurry, tél. 0232-301 234
Hôtel très confortable, de grande classe, connu dans la banlieue sud.
Landsdowne Court Hotel
Antrim Road, tél. 0232-773 317
Hôtel de banlieue modeste au nord de la ville.
Park Avenue Hotel
Hollywood Road, tél. 0232-656 520
Hôtel simple à l'est de la ville.
Plaza Hotel
Brunswick St., tél. 0232-333 555
Hôtel flambant neuf en plein centre-ville.
Regency Hotel
Botanic Av., tél. 0232-323 349
Hôtel proche des quartiers animés la nuit.
Wellington Park Hotel
Malone Rd., tél. 0232-38 111
Hôtel élégant près de l'université.

• Pensions de famille
Botanic Lodge
Botanic Av., tél. 0232-327 682
Logement pratique dans un quartier animé.
YMCA
Malone Rd., tél. 0232-662 693
Près de l'université et des musées.

• Comté d'Antrim
Adair Arms Hotel
Ballymoney Rd, Ballymena, tél. 0266-653 674
Hôtel dans le centre.
Atlantic Guest House
The Promenade, Ballycastle, tél. 02657-62 412
Dunadry Inn
Templepatrick, tél. 08494-32 474
Bâtiment plein de charme. Proche de l'aéroport.
Leighinmohr House Hotel
Ballymena, tél. 0266-652 313/656 669
Hôtel en banlieue.
Londonderry Arms Hotel
Carnlough, tél. 0574- 885 255/885 458
Vieux relais de poste qui appartint jadis à sir Winston Churchill.
Rathlin Guest House
Rathlin Island, tél. 026 57-63 917
Accessible en bateau depuis Ballycastle.

• Comté de Derry
Bohill Auto Inn
Bushmills Rd., Coleraine, tél. 0265-44 406
Simple motel.
Edgewater Hotel
88 Strand Rd., Portstewart, tél. 026583-3314/3688
Domine une plage magnifique. Jacuzzi.
Everglades Hotel
Prehen Rd., Londonderry, tél. 0504-467 221
Glen House Hotel
Main St., Eglinton, tél. 504-810 527
Lodge Hotel
Lodge Rd., Coleraine, tél. 0265-44 848
White Horse Inn
68 Clooney Rd, Campsie, Londonderry, tél. 0504-860 606

• Comté de Down
Abbey Lodge Hotel
Downpatrick, tél. 0396-4511
Burrendale Hotel
Castlewellan Rd., Newcastle, tél. 03967-22599
Enniskeen Hotel
Bryansford Rd., Newcastle, tél. 03967-22392

Kilmorey Arms Hotel
Kilkeel, tél. 06937-62220
O'Hara's Royal Hotel
Bangor, tél. 0247-271866

• Comté d'Armagh
Carngrove Hotel
Charlestown Rd., Portadown, tél. 0762-339 222
Seagoe Hotel
Upper Church Lane, Portadown, tél. 0762-333076
Silverwood Hotel
Kiln Lane, Silverwood, Lurgan, tél. 07622-327722

• Comté de Tyrone
Fir Trees Lodge Hotel
Melmount Rd., Strabane, tél. 0504-382 382
Royal Arms Hotel
High St., Omagh, tél. 0662-3262
Valley Hotel
Fivemiletown, tél. 03655-21505

Comté de Fermanagh
Brooklands Hotel
Main St., Ballinamallard, tél. 036581-515/6
Killyhevlin Hotel
Dublin Rd. Enniskillen, tél. 0365-23481
Lough Erne Hotel
Kesh, tél. 03656-31275
Mahons Hotel
Enniskillen Rd., Irvinestown, tél. 03656-21656
Ortine Hotel
Lisnakea, tél. 03657-21206

PETIT LEXIQUE

gaélique	français
ar(d)	lieu élevé
baile, bally	hameau, ville
beann, ben	sommet
carrick, carrig	rocher
clachan, clochan	groupe d'habitations
clon, cluain	prairie
corrach	marécage ou plaine basse
currach	petit bateau
derry, dare	chêne ou forêt
donagh	église
drum, drom	crête, colline
dun, doon	fort
ennis, inch, innis(h)	île
keel, kill, caol	détroit
kil, kill, cill	église, ermitage
lough	lac, bras de mer
ros	promontoire ou bois
sceillig, skellig	rocher, promontoire
sliabh, slieve	montagne

ANNEXES

OFFICES DU TOURISME SUR PLACE

Pour tous renseignements, écrire à Irish Tourist Board, *PO Box 273, Dublin 8, Irlande. Numéro de fax : 764764.*

Voici la liste des principaux bureaux de tourisme, selon les régions.

• Dublin et ses environs
Dublin : *14 Upper O'Connell St., Dublin, tél. 747 733*
Aéroport de Dublin : *tél. 376 387 / 375 533*
Dun Laoghaire : *St. Michael's Wharf, tél. 806 984/5/6.*
• Région Sud-Est
Rosslare Harbour : *tél. 053-33 622*
Wexford : *Crescent Quay, tél. 053-23 111*
Waterford : *41 The Quay, tél. 051-75 788*

• Région Sud-Ouest
Cork : *Tourist House, Grand Parade, tél. 021-27325*
Skibbereen : *The Square, tél. 028-21 766*
Killarney : *Town Hall, tél. 064-31 633*
Tralee : *Aras Siamsa, Godfrey Place, tél. 066-21288*

• Région Centre-Ouest
Limerick : *The Granary, Michael St., tél. 061-317522*
Aéroport de Shannon : *tél. 061-61664*
Cashel : *Town Hall, tél. 062-61333*

• Région des Midlands
Mullingar : *Dublin Rd., tél. 044-48650*
Athlone : *17 Church St., tél. 0902-94630*

• Région Ouest
Westport : *The Mall, tél. 098-25711*
Galway City : *Aras Fáilte, Eyre Sq., tél. 091-63081.*

• Région Nord-Ouest
Sligo : *Aras Reddan, Temple St., tél. 071-61201*
Letterkenny : *Derry Rd., tél. 074-21160*

• Irlande du Nord
Belfast : *53 Castle St., tél. 0232 327888,*
Londonderry : *Foyle St., tél. 050436950,*

BIBLIOGRAPHIE

GÉNÉRALITÉS

Bouvier (Nicolas),
Journal d'Aran et d'autres lieux, feuilles de route,
Voyageurs Payot, Paris, 1989.
Connery (Donald Stuart),
Les Irlandais,
Buchet-Chastel, Paris, 1971.
Dressler (Fritz),
Irlande,
Nathan, Paris, 1991.
Héron (Marianne),
Irlande, les Latins du Nord,
Autrement, « série mondes », Paris, 1987.
Reflay (Annie),
Le Royaume-Uni et la République d'Irlande,
Masson, Paris, 1979.
Héron (Marianne),
L'Art de vivre en Irlande,
Flammarion, Paris, 1989.
Verrière (Jacques),
La Population de l'Irlande,
Mouton Cop., Paris, 1979.

HISTOIRE ET POLITIQUE

Breffry (Brian de), sous la direction de,
Le Monde irlandais : histoire et civilisation du peuple irlandais,
Albin Michel, Paris, 1978.
Fréchet (René),
Histoire de l'Irlande,
P U F, 1981 Paris, « Que sais-je ? ».
Lydon (James), MacCurtains (Margaret),
The Gill History of Ireland (12 vols.),
Gill & MacMillan.
Woodham Smith (C.),
La Grande Famine d'Irlande,
Plon, Paris, 1965.
Casteran (Christian),
Guerre civile en Irlande,
Mercure de France, Paris, 1980.
Collins (Michaël),
La Naissance de l'IRA,
La Table Ronde, Paris, 1978.
Croulard (Claude de),
Ulster : l'Irlande des fous de Dieu,
Rossel, Paris, 1976.
Faligot (Roger),
La Résistance irlandaise 1916-1976,
F. Maspero, 1977 ;
Nous avons tué Mountbatten ! L'IRA parle,
Éditions Jean Picollec, Paris, 1981.
James Connolly et le mouvement révolutionnaire irlandais,
Paris, F. Maspero, 1978 ;
Guerre spéciale en Europe : le laboratoire irlandais,
Flammarion, Paris, 1980 ;
Goldning (Maurice),
Irlande, idéologie d'une révolution nationale,
Éditions sociales, Paris, 1975.
Lewis (John),
L'Irlande, un pays déchiré,
Gamma Saint-Loup, 1990.
Marx (Roland),
Mort d'un amiral : L'IRA contre Mountbatten,
Calmann-Lévy, Paris, 1985.

ARTS ET LITTÉRATURE

Behan (Brendan),
Un Peuple partisan,
Gallimard, Paris, 1972.
Chmelova (E.) et Clément (C.),
Contes celtes,
Gründ, 1982.
Eluere (C.),
L'Or des Celtes,
Bibliothèque des Arts, Paris, 1987.
FitzSimmon (Christopher),
The Arts in Ireland,
Gill & MacMillan
FitzSimmon (Christopher),
The Irish Theatre,
Thames & Hudson
Craig (Maurice),
The Architecture of Ireland,
Batsford
Fauchereau (Serge),
Écrivains irlandais d'aujourd'hui,
Les Lettres Nouvelles, Paris, 1973.
Henry (Françoise),
Art irlandais,
La Pierre-qui-Vire, Zodiaque, 1963-1964, 3 vol.
Jolas (Eugen),
Sur Joyce,
Plon, Paris, 1990.
Markale (Jean),
L'Epopée celtique d'Irlande,
Payot, Paris, 1971.
Rafroidi (Patrick),
L'Irlande,
Armand Colin, Littérature, Paris 1970.
Œuvres de **Joyce** (Gallimard), **Beckett** (Éditions de Minuit), **Swift** (Gallimard), **Yeats** (Aubier-Montaigne, Mercure de France), **Behan** (Denoël), **O'Flaherty** (Éditions Jean Picollec, Livre de Poche), Synge (Éditions Amicale, Arthaud, Gallimard), etc.

CRÉDITS PHOTOGRAPHIQUES

Illustration de couverture :	**François Bouillot (Marco Polo)**
42, 43, 46, 50G, 110, 111	**BBC Hulton Picture Library**
73, 101,106-107, 140, 141, 180, 217, 227G, 228	**Bord Fáilte (Office du tourisme national)**
189	**Christopher Cormack**
152-153, 160	**Phil Crean**
112-113	**Jim Fitzpatrick**
58G	**Rowel Friers**
65	**Guglielmo Galvin**
23D, 137, 178	**Gamma**
232, 233	**Brian Harris**
237	**Michel Hetier**
21, 56, 125, 250, 262-263, 275, 276-277, 280, 281, 282G, 284, 285G, 285D, 286, 287, 289, 290-291, 293	**Christopher Hill**
144-145, 207, 219, 220, 251	**Bob Hobby**
26-27	**Hubert Schaafsma Collection**
53	**Irish Times**
1, 20, 22, 23D, 24-25, 49, 72, 75G, 75D, 76, 90, 91, 104, 105, 109, 114, 115, 120, 121, 129, 130, 154, 155, 163, 164, 165, 168, 169D, 170, 172, 173, 174, 175, 177, 182, 183, 205, 210, 211, 221, 222-223, 224, 227D, 229, 248, 252, 254, 296	**Thomas Kelly**
84	**Kobal Collection**
12-13, 14-15, 16-17, 18-19, 98-99 126-127, 128, 132-133, 146-147	**Peter Lavery**
60, 77, 171G, 240, 260,	**Alain Le Garsmeur**
74, 78, 79D, 241	**Barry Lewis**
108	**Mansell Collection**
236	**Olivier Martin**
131, 159D, 162, 171D, 184-185, 192, 194, 202, 204	**Antonio Martinelli**
54, 58G, 59	**Tony McGrath**
122	**George Morrison**
29,44	**Musée national d'Irlande**
68-69	**Network**
57, 92-93, 94, 95, 96, 97, 283	**Jeremy Nicholl**
118, 264, 265, 266, 267, 272, 273, 274, 288, 292, 295	**Office du tourisme d'Irlande du Nord**
244	**Paul O'Driscoll**
116, 161	**David Reed**
51, 80-81, 136, 226, 268-269	**G.P. Reichelt**
119, 214-215	**John Russell**
61	**The Slide File**
52	**John Sturrock**
55	**David Newell Smith**
138-139, 142-143	**Billy Strickland**
216, 246-247, 261, 271	**Heinz Stücke**
67, 82-83, 86-87, 88-89, 100, 159G, 282D	**Jacob Sutton**
134-135, 148-149, 179, 196, 197, 198-199, 200, 201, 230-231, 235, 253, 255, 256-257, 270, 294	**Tony Stone Worldwide**
62, 63, 79G	**Topham Picture Source**
102-103, 158, 166, 167, 181, 186, 187, 190, 191, 193, 195	**Joseph F. Viesti**
7, 70-71, 123, 206, 208-209, 213, 238, 239, 242-243	**George Wright**

INDEX